Geografia da escravidão no Vale do Paraíba cafeeiro

Bananal, 1850-1888

CONSELHO EDITORIAL

Ana Paula Torres Megiani
Eunice Ostrensky
Haroldo Ceravolo Sereza
Joana Monteleone
Maria Luiza Ferreira de Oliveira
Ruy Braga

Marco Aurélio dos Santos

Geografia da escravidão no Vale do Paraíba cafeeiro

Bananal, 1850-1888

Copyright © 2016 Marco Aurélio dos Santos

Grafia atualizada segundo o Acordo Ortográfico da Língua Portuguesa de 1990, que entrou em vigor no Brasil em 2009.

Edição: Haroldo Ceravolo Sereza
Editora assistente: Camila Hama
Projeto gráfico, diagramação e capa: Cristina Terada Tamada
Revisão: Julia Barreto
Assistente acadêmica: Bruna Marques
Assistente de produção: Larissa Polix Barbosa
Imagem de capa: "O feitor observa os escravos trazerem café para secagem no terreiro" de Christiano Júnior

CIP-BRASIL. CATALOGAÇÃO NA PUBLICAÇÃO
SINDICATO NACIONAL DOS EDITORES DE LIVROS, RJ

S233g

Santos, Marco Aurélio dos
Geografia da escravidão no Vale do Paraíba cafeeiro: Bananal (1850-1888)
Marco Aurélio dos Santos. - 1. ed.
São Paulo : Alameda, 2016.

242 p. : il. ; 23 cm.

Inclui bibliografia
ISBN 978-85-7939-374-7

1. Escravos - São Paulo (Estado) - História. 2. Café - Cultivo - São Paulo
(Estado) - História. 3. São Paulo (Estado) - História. 4. Negros - São Paulo
(Estado). I. Título.

16-29618   CDD: 305.89608161
                        CDU: 316.347(815.6)

ALAMEDA CASA EDITORIAL
Rua Treze de Maio, 353 – Bela Vista
CEP 01327-000 – São Paulo – SP
Tel. (11) 3012-2400
www.alamedaeditorial.com.br

"(...) o homem, uma vez criado, desobedeceu logo ao Criador, que aliás, lhe dera um paraíso para viver; mas não há paraíso que valha o gosto da oposição. Que o homem se acostume às leis, vá; que incline o colo à força e ao bel-prazer, vá também; é o que se dá com a planta quando sopra ao vento. Mas que abençoe a força e cumpra as leis sempre, sempre, sempre, é violar a liberdade primitiva, a liberdade do velho Adão."

Machado de Assis em *Esaú e Jacó*

SUMÁRIO

APRESENTAÇÃO   9

INTRODUÇÃO   11

CAPÍTULO I   41
"(…) E tudo isso a tempo e a hora!": A geografia
senhorial em Bananal

CAPÍTULO II   107
Mobilidade escrava, vizinhança e redes de relacionamentos

CAPÍTULO III   143
Os usos do espaço de plantação e a resistência escrava

CONSIDERAÇÕES FINAIS   203

FONTES E BIBLIOGRAFIA   207

APRESENTAÇÃO

Este estudo é uma versão modificada de minha tese de doutorado em História Social, defendida no Programa de Pós-Graduação em História da Faculdade de Filosofia, Letras e Ciências Humanas (FFLCH) da Universidade de São Paulo (USP) no ano de 2014. Ao longo de cerca de cinco anos, contei com a colaboração de diversas pessoas, que me auxiliaram, direta ou indiretamente, para terminar este trabalho. Nesse sentido, gostaria de agradecer, em primeiro lugar, minha esposa Clarissa e meus filhos Tomás e Tarsila. Eles foram de fundamental importância para que eu pudesse me sentir motivado a terminar um trabalho árduo e que foi feito de modo honesto. Lutei muito por esta pesquisa e eles se sacrificaram por causa da minha necessidade de ficar isolado, estudando. Também devo agradecer minha mãe, Maria José, que me ajudou a conferir inventários de alguns proprietários de Bananal e lembrar a memória de meu pai, Mauricio dos Santos, que faleceu durante a minha empreitada.

Gostaria de agradecer aos meus tios Kid e Ademar, e minha tia Aragua – *in memoriam* –, todos de Cruzeiro. Sempre que eu precisei viajar, as portas de suas casas estiveram abertas para mim. Isso sem dúvida foi um facilitador para as pesquisas no Museu Histórico e Pedagógico Major Dias Novaes. Também tenho de agradecer ao colega do museu Carlos Felipe do Nascimento que sempre me recebeu e me ajudou, disponibilizando, desde o primeiro dia, o acervo do museu para minhas pesquisas.

Também sou grato ao amigo Breno Aparecido Servidone Moreno, que muitas vezes me auxiliou e sempre me disponibilizou seu Bando de Dados. Viajamos juntos muitas vezes para realizarmos nossas pesquisas e daí se desenvolveu uma boa amizade. Aos amigos do grupo de estudos que leram e fizeram apontamentos críticos Tâmis Parron, Waldomiro Lourenço da Silva Junior, Priscila Lima, Marcelo Ferraro, Felipe Landim e Gabriel Aladrén.

Tenho de realizar um agradecimento especial ao meu orientador, Rafael de Bivar Marquese, que me recebeu em sua sala no início de 2008 e sempre me auxiliou. Aprendi muito nesses anos de pesquisa e o Rafael foi de fundamental importância nesse processo. Tiro do relacionamento orientador-orientando uma boa amizade e um amadurecimento intelectual que nunca me abandonará.

Gostaria de agradecer ao professor Ricardo Salles por ter esclarecido inúmeras dúvidas. Trocamos vários *e-mails* ao longo desses anos e sua atenção merece elogios. Também sou grato à professora Maria Cristina Cortez Wissenbach e ao professor Carlos de Almeida Prado Bacellar, que participaram de minha banca de qualificação e fizeram inúmeros e proveitosos comentários.

Por fim, o apoio financeiro do CNPq foi crucial para a realização deste trabalho de pesquisa. Este auxílio é importante para que o pesquisador possa ter meios para desenvolver seu trabalho científico.

INTRODUÇÃO

É a sociedade, isto é, o homem, que anima as formas espaciais, atribuindo-lhes um conteúdo, uma vida. (...) Tudo o que não retira sua significação desse comércio com o homem, é incapaz de um movimento próprio, não pode participar de nenhum movimento contraditório, de nenhuma dialética.

Uma casa vazia ou um terreno baldio, um lago, uma floresta, uma montanha não participam do processo dialético senão porque lhes são atribuídos determinados valores, isto é, quando são transformados em espaço. O simples fato de existirem como formas, isto é, como paisagem, não basta. A forma já utilizada é coisa diferente, pois seu conteúdo é social. Ela se torna espaço, porque forma-conteúdo.[1]

No dia 19 de setembro de 1881, por volta das cinco horas da manhã, o escravo Marcolino feriu, na fazenda do Resgate, seus parceiros Clemente e Lourenço. No dia 10 de outubro do mesmo ano, a proprietária desses escravos, d. Domiciana Maria de Almeida Vallim, prestou depoimento e afirmou que

> era de madrugada e achava-se ainda no seu quarto, quando ouvindo barulho e choro e *tendo vindo uma preta lhe pedir a chave do hospital*, tratou de indagar o que havia e soube a princípio por alguns escravos que haviam morto a Lourenço. Pouco depois dirigiu-se ao hospital e encontrou a Lourenço apenas ferido e inquirindo do autor do ferimento soube do mesmo Lourenço que tinha sido o acusado [Marcolino].

---

1   SANTOS, Milton. *A natureza do espaço: técnica e tempo, razão e emoção.* São Paulo: Ed. USP, 2006 p. 109.

Indagada sobre o motivo que teria levado Marcolino a cometer esse crime, d. Domiciana respondeu que

> *os escravos da fazenda têm ordem de não voltarem mais às senzalas, depois da forma ou revista,* e como o acusado infligisse [sic] essa ordem foi avisado por Lourenço para que acompanhasse seus parceiros que vinham trabalhar na fazenda das Três Barras. Nessa ocasião, se bem se recorda, Lourenço deu no acusado uma relhada sendo esse o motivo que levou o mesmo acusado a feri-lo com uma faca pequena.[2]

Deixando de lado o crime propriamente enunciado, o depoimento de D. Domiciana explicita que das várias exigências disciplinares que existiam na fazenda do Resgate, era vedado aos escravos o retorno às senzalas após a forma ou revista. Mais ainda, a fala da proprietária mostra como foi comum uma ordem verbal ser acompanhada por uma punição física (no caso em questão, a "relhada"). Características marcantes e mesmo óbvias de relações de poder que se apoiam na violência. Contudo, um aspecto de fundamental importância vem sendo trabalhado de forma apenas circunstancial, qual seja, a organização do espaço como um mecanismo para auxiliar o cumprimento das normas disciplinares e facilitar o bom funcionamento dos trabalhos. No processo em questão, fica evidente que numa fazenda de café o hospital era um lugar que deveria ser controlado. O hospital ficava trancado e uma escrava de d. Domiciana teve de se dirigir ao quarto dela, ainda de madrugada, para solicitar a chave que se encontrava em poder da proprietária da fazenda do Resgate. Só assim seria possível abrir o hospital.

A historiografia sobre a escravidão há muito tempo investiga as formas de controle e as ações de resistência dos escravos. São dois temas correlatos e cruciais para a compreensão da realidade escravista. Com base em inúmeras fontes documentais, especialmente os processos criminais, os periódicos, os relatórios de presidentes de província, entre outras, os historiadores perscrutaram, sob diferentes perspectivas, a importância daqueles dois assuntos. Esses temas verificaram um grande salto qualitativo a partir da década de 1980 quando diversos pesquisadores apresentaram no-

---

2   Museu Histórico e Pedagógico Major Dias Novais – Cruzeiro–SP (doravante MMN)/ Caixa 44/ nº de ordem 943. (grifos meus)

vas interpretações para o estudo da escravidão no Brasil. Nesse quadro, vários temas correlacionados surgiram, como, por exemplo, o da roça escrava, o da família, o das irmandades, o do compadrio, desvendando cada vez mais o cotidiano das relações escravistas.[3]

Também os pesquisadores que trabalharam especificamente com a matriz política, por um lado, e com o abolicionismo e a crise da escravidão, por outro, foram de fundamental importância para se entender a formação, consolidação e derrocada do Estado imperial e a agência escrava. A escravidão sempre esteve presente nesses estudos ora de maneira determinante, ora de modo incidental, como pano de fundo para as análises do funcionamento político do Estado brasileiro. No primeiro grupo, cumpre destacar os trabalhos de José Murilo de Carvalho, Thomas Flory, Ilmar Rohloff de Mattos, Miriam Dolhnikoff e Maria Aparecida de Fátima Gouvêa. No que tange aos estudos que focam o movimento abolicionista, destacam-se Elciene Azevedo, Maria Helena Machado, Robert Conrad, Robert Brent Toplin, Joseli Maria

---

3 A bibliografia a esse respeito é ampla e bastante diversificada. Dentre os autores diretamente relacionados com esta pesquisa, estão CARDOSO, Fernando Henrique. *Capitalismo e escravidão no Brasil meridional: o negro na sociedade escravocrata do Rio Grande do Sul.* São Paulo: Difusão Europeia do Livro, 1962. REIS, João José. *Rebelião escrava no Brasil: a história do levante dos malês (1835).* São Paulo: Brasiliense, 1986. REIS, João José; SILVA, Eduardo. *Negociação e conflito: a resistência negra no Brasil escravista.* São Paulo: Companhia das Letras, 1989. COSTA, Emília Viotti. *Da senzala à colônia.* São Paulo: Brasiliense, 1989. FERNANDES, Florestan. *A integração do negro na sociedade de classes: o legado da "raça branca".* São Paulo: Globo, 2008. 2 v. GOMES, Flávio dos Santos. *Histórias de quilombolas: mocambos e comunidades de senzalas no Rio de Janeiro, século XIX.* São Paulo: Companhia das Letras, 2006. GORENDER, Jacob. *A escravidão reabilitada.* São Paulo: Ática, 1990. JESUS, Alysson Luiz Freitas de. *No sertão das Minas: escravidão, violência e liberdade (1830-1888).* São Paulo: Annablume; Belo Horizonte: Fapemig, 2007. LARA, Silvia Hunold. *Campos da violência: escravos e senhores na capitania do Rio de Janeiro, 1750-1808.* Rio de Janeiro: Paz e Terra, 1988. MACHADO; Maria Helena Pereira Toledo. *Crime e escravidão: trabalho, luta e resistência nas lavouras paulistas: 1830-1888.* São Paulo: Brasiliense, 1987. MATTOS, Hebe Maria. *Das cores do silêncio: os significados da liberdade no Sudeste escravista – Brasil, século XIX.* Rio de Janeiro: Nova Fronteira, 1998. SLENES, Robert W. *Na senzala uma flor: esperanças e recordações na formação da família escrava – Brasil Sudeste, século XIX.* Rio de Janeiro: Nova Fronteira, 1999. WISSENBACH, Maria Cristina C. *Sonhos africanos, vivências ladinas: escravos e forros em São Paulo (1850-1880).* São Paulo: Hucitec. 1998. Para diversos historiadores que pautaram suas pesquisas nas leituras de processos criminais a concepção de Edward P. Thomson sobre legislação, vista não apenas como uma imposição das classes dominantes, foi determinante para o estudo e a compreensão da resistência escrava. Além de Edward P.Thompson, vale, contudo, mencionar a importância de Eugene D. Genovese para os estudos sobre a escravidão no Brasil. Ver THOMPSON, Edward P. *Senhores e caçadores: a origem da Lei Negra.* Rio de Janeiro: Paz e Terra, 1987 e GENOVESE, Eugene D. *A terra prometida: o mundo que os escravos criaram.* Rio de Janeiro: Paz e Terra; Brasília (DF): CNPq. 1988.

Nunes Mendonça e Jonas Marçal de Queiroz.[4] A crise do Estado imperial e a crise da escravidão são dois processos concomitantes e muitos desses autores estudaram as implicações políticas do abolicionismo e dos movimentos sociais nas décadas finais do império no Brasil. Os trabalhos do primeiro grupo são de fundamental importância para se entender o funcionamento do poder no século XIX e as articulações desenvolvidas pelos sujeitos entre os diferentes níveis de governo. Já os estudos sobre o abolicionismo também se preocuparam com a agência escrava e abordaram a crise política e a crise da escravidão a partir de diversas perspectivas. Distingue-se, nesse último grupo, o mestrado de Jonas Marçal de Queiroz, que estudou a questão das disputas políticas na crise do Estado Imperial, nas décadas de 1870 e 1880. Essa distinção é necessária porque nenhum dos trabalhos citados do segundo grupo (e muitos do primeiro) analisa a crise da perspectiva das lutas políticas e do esfacelamento do que se convencionou denominar de "classe senhorial".

Malgrado o avanço das pesquisas, as fontes documentais acima mencionadas, principalmente os processos criminais e inventários, ainda podem elucidar muitas facetas da escravidão no Brasil. Uma delas é a dos usos do espaço de plantação. As questões da organização do espaço agrário, da sua conexão com o poder senhorial e dos diversos usos feitos pelos escravos e homens livres de diferentes categorias sociais são temas ainda relativamente pouco explorados pelos pesquisadores.

Apesar disso, a interação entre o histórico e o geográfico não é um assunto totalmente ausente dos estudos sobre escravidão. Diversos pesquisadores vêm se utilizando de uma gama de conceitos que remetem diretamente à consideração de que a geografia pode ser

---

4 AZEVEDO, Elciene. *O direito dos escravos: lutas jurídicas e abolicionismo na província de São Paulo*. Campinas: Ed. da Unicamp, 2010. CARVALHO, José Murilo de. *A construção da ordem: a elite política imperial/ Teatro de sombras: a política imperial*. Rio de Janeiro: Civilização Brasileira, 2008. CONRAD, Robert. *Os últimos anos da escravatura no Brasil: 1850-1888*. Rio de Janeiro: Civilização Brasileira, 1978. FLORY, Thomas. *El juez de paz y el jurado en el Brasil imperial*. México: Fondo de Cultura Económica, 1986. DOLHNIKOFF, Miriam. *O pacto imperial: origens do federalismo no Brasil*. São Paulo: Globo, 2005. GOUVÊA, Maria de Fátima Silva. *O império das províncias: Rio de Janeiro, 1822-1889*. Rio de Janeiro: Civilização Brasileira, 2008. MACHADO, Maria Helena. *O plano e o pânico: os movimentos sociais na década da abolição*. Rio de Janeiro: Ed. da UFRJ, 1994. MENDONÇA, Joseli Maria Nunes. *Entre a mão e os anéis: a lei dos sexagenários e os caminhos da abolição no Brasil*. Campinas: Ed. da Unicamp, 2008. MATTOS, Ilmar Rohloff de. *O tempo saquarema*. São Paulo: Hucitec, 2004. QUEIROZ, Jonas Marçal de. *Da senzala à República*: tensões sociais e disputas partidárias em São Paulo (1869-1889). 1995. Dissertação (mestrado em História) – IFCH–Unicamp, Campinas, 1995. TOPLIN, Robert Brent. *The Abolition of Slavery in Brazil*. Nova York: Atheneum, 1975.

um dos elementos cruciais para compreender as relações sociais e de poder construídas em localidades que fundamentaram sua economia no trabalho escravo. Por outro lado, esses mesmos estudos demonstram que as considerações geográficas podem ser de extrema importância para se entenderem as ações de resistência dos escravos. Apesar de não transformarem a geografia em um objeto central de seus estudos, o trabalho dos historiadores aponta para a compreensão de que uma "epistemologia essencialmente histórica"[5] não contribui para se entender os diversos aspectos da escravidão.

O trabalho pioneiro de Stanley J. Stein sobre o município de Vassouras pode representar uma boa porta de entrada para apresentar o objeto da investigação ora proposto. Lançado originalmente em inglês em 1957, essa pesquisa aborda uma série de temas que se relacionam diretamente com a questão do espaço e com a conformação de uma paisagem agrária em processo de humanização. Desde as formas tradicionais de ocupação da terra, como a posse e as sesmarias, até os conflitos de terra gerados pela expansão da agricultura do café, vê-se nessa obra o modo de estruturação de um espaço agrário com economia voltada para o mercado mundial. Temas concernentes à expansão da cafeicultura, como os litígios entre os pequenos e os grandes proprietários e a consequente concentração da propriedade, foram abordados por Stein, que analisou, ainda, os espaços da fazenda, notando que muitas delas eram organizadas em "quadriláteros funcionais", ao redor dos quais se enfileiravam os demais edifícios como as senzalas, as tulhas e os armazéns.[6]

No processo de conformação da paisagem agrária em Vassouras, Stein identificou "as bases sólidas" para que o café pudesse se expandir: autossuficiência das fazendas, terra abundante e barata e um contingente de mão de obra escrava sempre crescente. Ao expor a tríade "fiscalização, disciplina e castigo", o autor revelou os pressupostos do que era reputado como um "fazendeiro bom administrador", ou seja, aquele que extraía a maior quantidade de trabalho de seus escravos com o menor custo possível. Para conseguir tal intento, seria necessário que o fazendeiro fosse ao mesmo tempo um pai e um déspota para com seus cativos.[7]

---

5   SOJA, Edward W. *Geografias pós-modernas: a reafirmação do espaço na teoria social crítica*. Rio de Janeiro: Jorge Zahar, 1993, p. 17.

6   STEIN, Stanley J. *Grandeza e decadência do café no Vale do Paraíba: com referência especial ao município de Vassouras*. São Paulo: Brasiliense, 1961.

7   *Ibidem*, p. 30.

Partindo da obra de Stanley Stein, é possível identificar cinco abordagens que tratam de questões referentes ao espaço na conformação da paisagem rural escravista no Vale do Paraíba e em outras regiões escravistas.

Os trabalhos na área de arquitetura compõem uma primeira linha de abordagem. Os estudos de Marcos José Carrilho, Vladimir Benincasa e Carlos A. C. Lemos se destacam como pesquisas que analisam e catalogam os diversos espaços de uma fazenda cafeeira, com a demonstração de plantas, das técnicas construtivas e dos estilos e critérios de composição arquitetônica.[8] Marcos José Carrilho estudou a organização das instalações, a arquitetura, as formas e os padrões, as variações e as particularidades das fazendas cafeeiras remanescentes do Vale do Paraíba, especialmente do município de Bananal.[9] Vladimir Benincasa, em um trabalho bastante extenso, procurou mapear o "acervo arquitetônico rural produzido durante o ciclo cafeeiro" de uma ampla área do estado de São Paulo ao longo do século XIX até os anos 40 do século XX. O objetivo do autor foi verificar "a criação do modo paulista de construir e morar no meio rural", "as influências externas sofridas" e relacioná-las com "os impactos das transformações introduzidas pelo capitalismo – como mecanização, eletrificação, etc. – na configuração dos espaços de produção e de moradia". O autor pretendeu analisar também possíveis alterações "na tipologia, nos usos dos materiais e nas técnicas construtivas empregadas" e "desvendar as relações de poder existentes nas fazendas cafeeiras, à época em que foram construídas e como estas relações determinaram as estratégias de sua configuração".[10] Esses trabalhos de arquitetura têm o mérito de examinar os ambientes construídos pelos proprietários de escravos, observando a organização espacial das propriedades rurais e lançando pistas para compreendermos os possíveis usos que senhores, prepostos e escravos fizeram dos espaços de plantação. Contudo, é evidente que essas pesquisas não trabalham com o conjunto mais amplo das relações sociais. Os seres humanos e a multiplicidade

---

8   LEMOS, Carlos A. C. *Casa paulista: história das moradias anteriores ao ecletismo trazido pelo café*. São Paulo: Edusp, 1999. CARRILHO, Marcos José. "Fazendas de café oitocentistas no Vale do Paraíba", *Anais do Museu Paulista*, São Paulo, v. 14, n. 1, jan./jun. 2006, p. 59-80. CARRILHO, Marcos José. *As fazendas de café do caminho novo da Piedade*. Dissertação (Mestrado em Arquitetura) – FAU-USP, São Paulo, 1994. BENINCASA, Vladimir. *Fazendas paulistas: arquitetura rural no ciclo cafeeiro*. Tese (Doutorado em Arquitetura e Urbanismo) – EESC-USP, São Carlos, 2007. 2 v.

9   CARRILHO, Marcos José, *As fazendas de café do caminho novo da Piedade*, op. cit., p. 60.

10 BENINCASA, Vladimir, op. cit., v. 1, p. 6.

de usos que são feitos dos espaços construídos são colocados em segundo plano ou simplesmente negligenciados.

Um segundo grupo é representado pelas pesquisas na área de história social. A relação exaustiva dessas obras não caberia nesta introdução. Contudo, vale a pena apresentar algumas delas para circunscrever o campo historiográfico desta pesquisa. Maria Helena P. T. Machado, Robert W. Slenes, João Luis Ribeiro Fragoso, Carlos Eugênio Líbano Soares, Maria Cristina Cortez Wissenbach, Flávio dos Santos Gomes e Mariana Muaze são alguns exemplos de estudos que introduzem, em suas perspectivas, questões relacionadas com o espaço.[11] Em todos eles, o espaço sempre desponta como uma dimensão importante da agência escrava e das ações de contenção dos senhores. Líbano Soares abordou a questão dos territórios que os escravos do Rio de Janeiro construíram em diversas partes da cidade e estudou os espaços de concentração escrava como as áreas de comércio ambulante, as "igrejas de *pretos* e *pardos*", as praças, principalmente as que tinham fontes de água, e a zona portuária. Maria Helena P. T. Machado entrou no interior das fazendas para compreendê-lo como espaço de conflitos e Mariana Muaze investiu no estudo dos espaços interiores da casa de vivenda da fazenda Pau Grande, localizada em Paty do Alferes, para entender a convivência familiar de uma abastada família do século XIX e a convivência de diversos núcleos familiares habitando a casa de vivenda senhorial. "Geografia", "arquitetura" e "espaço" se entrecruzam na análise dessa historiadora. Por sua vez, Robert W. Slenes tratou dos espaços conquistados pelos escravos dentro do precário acordo que eles extraíam dos seus senhores. Também abordou elementos da organização do espaço agrário (arquitetura das senzalas). A cultura material (as ferramentas de trabalho) e os espaços agrários (capoeiras, matos etc.) foram dois fundamentos centrais no es-

---

11 Além dos trabalhos já citados de Maria Cristina C. Wissenbach, Maria Helena Pereira Toledo Machado, Flávio dos Santos Gomes e Robert W. Slenes, ver SOARES, Carlos Eugênio Líbano. *A capoeira escrava e outras tradições rebeldes no Rio de Janeiro (1808-1850)*. Campinas: Ed. da Unicamp, 2004. FRAGOSO, João Luis Ribeiro. *Sistemas agrários em Paraíba do Sul (1850-1920): um estudo de relações não-capitalistas de produção*. Dissertação (Mestrado em História) – IFCS-UFRJ, Rio de Janeiro, 1983. MUAZE, Mariana. *As memórias da Viscondessa: família e poder no Brasil Império*. Rio de Janeiro: Jorge Zahar, 2008. Ver também SANTOS, Marco Aurélio dos. "Geografia, História, Escravidão", *Anais do 6º Encontro Escravidão e Liberdade no Brasil Meridional*, Florianópolis, 2013, p. 1-14. Disponível em: <http://labhstc.paginas.ufsc.br/files/2013/04/Marco-Aurelio-dos-Santos-texto.pdf>. Acesso em: 12 jul. 2013. SANTOS, Marco Aurélio dos. "A dimensão espacial no estudo da escravidão", *GEOUSP: Espaço e Tempo (Online)*, São Paulo, v. 18, n. 1, abr. 2014, p. 140-151.

tudo de Fragoso. Na pesquisa de Wissenbach, o espaço apareceu na mobilidade dos escravos, nas estradas, nas pontes, com seu significado simbólico, nos chafarizes, na rua como lócus das camadas desfavorecidas e na cozinha, como local de convivência delicada e palco de crimes. Por fim, em seu trabalho sobre os quilombos do Rio de Janeiro, Flávio dos Santos Gomes destacou, em diversos momentos, a importância da localização dos mocambos em áreas pantanosas ou sítios de difícil acesso para a proteção dos quilombolas. Apesar disso, havia quilombos situados próximos a áreas agrícolas e centros de comércio, permitindo os contatos da "comunidade de fugitivos" com os demais sujeitos. Nesses estudos, foi possível entrever o espaço como elemento para a configuração do poder senhorial e para que os cativos realizassem suas ações de resistência e suas estratégias de sobrevivência.

Uma terceira linha de abordagem remete para a pesquisa de Rafael de Bivar Marquese e para um artigo da arqueóloga Tania Andrade Lima. Esses estudos examinaram a ação dos senhores na construção dos complexos produtivos com o objetivo de atender, ao mesmo tempo, às exigências da produção econômica e aos anseios simbólicos de demonstração de poder.

O espaço aparece como elemento importante do poder senhorial no estudo de Marquese, que analisou a planta arquitetônica de grandes propriedades rurais no ocidente de Cuba, no Baixo Vale do rio Mississipi e no Vale do Paraíba. Daí sua preocupação em entender, no que se refere a essa última área agrícola, a organização das senzalas em quadra (manifestação do desejo de vigilância dos senhores sobre seus trabalhadores) e os significados simbólicos das casas de vivenda monumentais, que expressavam o poder social e político dos senhores.[12]

Em outro artigo, Marquese examinou como os senhores adotaram "formas de administração da paisagem" que serviram para "restringir a autonomia dos cativos no processo de trabalho". As configurações espaciais existentes em muitas fazendas de café, como o quadro e os pés de café plantados em linha, com grande espaçamento entre as fileiras, visavam ao controle da mão de obra escravizada e ao aumento da taxa de exploração do trabalho dos escravos. Partindo de uma lógica de administração da

---

12 MARQUESE, Rafael de Bivar. "Moradia escrava na era do tráfico ilegal: senzalas rurais no Brasil e em Cuba, c. 1830-1860", *Anais do Museu Paulista*, São Paulo, v. 13, n. 2, jul./dez 2005, p. 165-188. MARQUESE, Rafael de Bivar. "Revisitando casas-grandes e senzalas: a arquitetura das *plantations* escravistas americanas no século XIX", *Anais do Museu Paulista*, São Paulo, v. 14, n. 1, jan./jun, 2006, p. 11-57.

paisagem que promoveu um significativo desperdício de recursos naturais, os proprietários do Vale do Paraíba também permitiram que seus escravos ampliassem suas margens de autonomia através do usufruto de uma economia própria. Tais estratégias não evitaram conflitos, porém permitiram a muitos senhores adequarem suas exigências econômicas a uma demografia de *plantation* que se consolidou nas localidades vale-paraibanas. Sendo assim, a conformação do espaço agrário, segundo Marquese, levou em consideração o controle da escravaria e aconteceu a partir de um "esquema agronômico devastador" que foi "adotado de forma consciente pelos proprietários das fazendas" para permitir o aumento da exploração dos escravos.[13]

Por fim, Marquese, estudando um caso particular – o da fazenda do Resgate, em Bananal (estado de São Paulo) – e utilizando-se da categoria de "regime visual", procurou estudar o "ordenamento visual" dessa fazenda. A casa de vivenda estava inscrita em um conjunto de construções que se encontravam articuladas ao terreiro. Tal configuração conferiu "uma pesada carga de representação" à sede da fazenda e construiu um "espaço fortemente disciplinado", aspectos que foram ressaltados por diversos viajantes que percorreram a região do Vale do Paraíba.[14] No que dizia respeito aos escravos, os domingos eram dias especiais porque significavam, antes de tudo, "quebra dos protocolos espaciais". E, salienta Marquese, muitos conflitos aconteceram porque envolveram "disputas diretas em torno dos significados dos protocolos espaciais".[15] Por fim, nas pinturas parietais da fazenda do Resgate e na arquitetura carregada de simbolismo da casa de vivenda senhorial, o regime visual da segunda escravidão[16] se norteou a partir de um duplo eixo que se pautou pelo refinamento e pela brutalidade.

Também estudando um caso particular, o da fazenda São Fernando, localizada no município de Vassouras, Tania Andrade Lima analisou o arranjo espacial dos edifícios dessa fazenda e chegou à conclusão de que a "paisagem" materializou o princípio de organização primordial de uma fazenda de café, qual seja, o controle absoluto. Em

---

13 MARQUESE, Rafael de Bivar. "Diáspora africana, escravidão e a paisagem da cafeicultura no Vale do Paraíba oitocentista". *Almanack Braziliense*, São Paulo, v. 7, p. 138-152, 2008. Disponível em: <revistas. usp.br/alb/article/view/11686/13457>. Acesso em: 13 jul. 2011.

14 MARQUESE, Rafael de Bivar. "O Vale do Paraíba cafeeiro e o regime visual da segunda escravidão: o caso da fazenda Resgate", *Anais do Museu Paulista*, São Paulo, v. 18, n.1, jan./jul 2010, p. 83-128.

15 *Ibidem*, p. 98-99.

16 Para o conceito de "segunda escravidão", ver TOMICH, Dale. *Through the Prism of Slavery: Labor, Capital, and World Economy*. Boulder (CO): Rowman & Littlefield, 2004, p. 56-71.

que medida a organização do espaço das fazendas cafeeiras permitiu um controle absoluto será objeto de discussão deste livro. De qualquer modo, seu artigo aborda a importância da dimensão espacial utilizando os conceitos de Michel Foucault, especialmente o do panoptismo.[17]

As pesquisas que procuram estudar a demografia e relacioná-la com as questões econômicas e sociais compõem uma quarta linha de abordagem. Neste grupo, destacam-se os trabalhos de Maria Luiza Marcílio, Francisco Vidal Luna, Herbert S. Klein, Iraci Del Nero da Costa, José Flávio Motta e Breno A. S. Moreno.[18] De um modo geral, tais estudos são importantes porque permitem identificar, junto com os trabalhos mencionados anteriormente, algumas linhas de força da agricultura praticada ao longo do século XVIII e, principalmente, no século XIX, com a expansão do café. Tendo a Vale do Paraíba cafeeiro como referência, e partindo das conclusões gerais dos autores acima indicados, verificou-se nessa região crescimento demográfico significativo, pautado na imigração compulsória; aumento do número de escravos, principalmente de origem africana; expansão da agricultura comercial de exportação (cana de açúcar e café); elevação das taxas de natalidade e mortalidade; aumento da diferenciação fundiária (concentração de terras) e social (por exemplo, concentração da propriedade escrava; pequenos proprietários de escravos que deixam de produzir café a passam a produzir alimentos); prática de uma agricultura predatória e extensiva, que necessitava de grandes espaços; dificuldades para se regularizar a propriedade da terra por causa das características da agricultura extensiva e itinerante; aumento populacional que produzia transformações econômicas; elevada razão de masculinidade entre os escravos, devido ao tráfico negreiro; e, por fim, importância da produção de gêneros alimentícios para dar suporte à expansão da agricultura cafeeira.

---

17 LIMA, Tania Andrade. "Keeping a Tight Lid: The Architecture and Landscape Design of Coffee Plantations in Nineteenth-Century Rio de Janeiro, Brazil", *Review – Fernand Braudel Center*, Binghamton, v. 34, n. 1–2, 2011, p. 193-215.

18 MARCÍLIO, Maria Luiza. *Crescimento demográfico e evolução agrária paulista: 1700 – 1836.* op cit. LUNA, Francisco Vidal; KLEIN, Herbert S. *Evolução da sociedade e economia escravista de São Paulo, de 1750 a 1850.* São Paulo: EDUSP, 2005. LUNA, Francisco Vidal; COSTA, Iraci Del Nero da; KLEIN, Herbert S. *Escravismo em São Paulo e Minas Gerais.* São Paulo: Edusp; Imprensa Oficial do Estado de São Paulo, 2009. MOTTA, José Flávio. *Corpos escravos, vontades livres: posse de cativos e família escrava em Bananal (1801-1829).* São Paulo: Fapesp; Annablume, 1999. MORENO, Breno A. S. *Demografia e trabalho escravo nas propriedades rurais cafeeiras de Bananal, 1830-1860.* Dissertação (Mestrado em História Social) – FFLCH-USP, São Paulo, 2013.

Uma última vertente da bibliografia sobre a escravidão enfatizou a importância do espaço como ferramenta essencial nas relações sociais escravistas. Theresa A. Singleton e William C. Van Norman Jr. para os cafezais cubanos e James A. Delle para os da Jamaica são exemplos de autores que trabalharam com as questões relacionadas ao espaço e às ações de resistência dos escravos em uma realidade marcada pela necessidade de controle.[19] Já Stephanie M. H. Camp chamou a atenção para as questões geográficas da configuração e do funcionamento da escravidão no "Velho Sul", nos Estados Unidos. Utilizando-se de uma série de conceitos geográficos, tais como o de "geografia da contenção", "geografia rival" e "usos alternativos do espaço de plantação",[20] a historiadora norte-americana abordou as ações de resistência dos escravos em termos geográficos. Em seu trabalho, ficou evidente o esforço dos senhores e das autoridades – através da aprovação de leis repressivas, por exemplo – para controlar a mobilidade dos escravos. Para Camp, a "geografia rival" foi uma forma de resistência ao cativeiro que se caracterizou por um mapeamento alternativo do espaço de plantação. Desse modo, a mobilidade não autorizada foi um dos componentes da resistência. Estabelecendo uma diferenciação de gênero, Camp escreveu que as escravas estavam mais firmemente vinculadas à propriedade senhorial do que os escravos. Daí que às escravas eram mais difíceis a fuga e as ações de resistência com base no conhecimento alternativo do espaço. A importância desse mapeamento alternativo foi tamanha que essas práticas de espaço desempenharam um importante papel na fuga de escravos durante a Guerra Civil americana (1861-1865), quando os controles senhoriais se fragilizaram.[21] Já Anthony E. Kaye, ao reconsiderar a categoria

---

19 NORMAN JR., William C. Van. *Shade-grown Slavery: the Lives of Slaves on Coffee Plantations in Cuba.* Nashville (TN): Vanderbilt University Press, 2013. Ver especialmente o capítulo III, "Space is the place: intentions and subversion of design". SINGLETON, Theresa A. "Slavery and Spatial Dialectics on Cuban Coffee Plantations", v. 33, n. 1, p. 98-114, *World Archaeology*, 2001. DELLE, James A. *An Archaeology of Social Space: Analyzing Coffee Plantations in Jamaica's Blue Mountains.* Nova York: Plenum Press, 1998.

20 Stephanie Camp fala também de "alternative mapping of plantation space" e "alternative ways of knowing and using plantation space". Ver CAMP, Stephanie M. H. "'I Could not Stay There': Enslaved Women, Truancy and the Geography of Everyday Forms of Resistance in the Antebellum Plantation South", *Slavery & Abolition*, Londres, v. 23, n. 3, 2002, p. 1-20. James A. Delle definiu nesses termos o "espaço alternativo": "alternative space will be defined, proactively and in direct resistance to the spatial definitions imposed by elites". DELLE, James A., op. cit, p. 3.

21 CAMP, Stephanie M. H. *Closer to Freedom: Enslaved Women and Everyday Resistance in the Plantation South.* Chapel Hill; Londres: The University of North Carolina Press, 2004.

de "comunidade" e trabalhar com o conceito de "vizinhança", prestou atenção para as questões geográficas na configuração do poder senhorial e nas ações de resistência dos escravos. Para esse autor, os cativos do distrito de Natchez, em Mississipi, não se expressavam em termos de comunidade, mas sim em termos de vizinhança. Tal noção, por si só, já indica práticas de espaço que se direcionam para além da propriedade senhorial. Dessa maneira, a vizinhança foi o local em que os escravos puderam desenvolver "identidades coletivas". Kaye observou que muitos cativos violavam as exigências senhoriais de controle da mobilidade. Apesar dos riscos inerentes a essa empreitada, muitos não deixavam de se encontrar com cativos de outras propriedades e procuravam, sempre que possível, estender laços para além da propriedade senhorial. A vizinhança adquiriu, dessa maneira, um significado social e geográfico. Ela foi o campo onde se pôde cultivar relações de parentesco, de trabalho, de propriedade, de religiosidade e de sociabilidade. A mobilidade de escravos provocou conflitos e, ao mesmo tempo, construiu relações entre os sujeitos escravizados de diversas propriedades. O ir-e-vir de cativos livrava-os, temporariamente, da supervisão dos seus proprietários e permitia – também provisoriamente, deve-se sublinhar – alguma liberdade para se relacionar com pessoas e escravos de outras localidades ou plantações. Portanto, a vizinhança escrava pressupunha um conhecimento do espaço por parte dos escravizados que ultrapassava os limites da propriedade senhorial. Em seu trabalho, a Guerra Civil apareceu como um dos eventos que transformaram a vida e os contornos da vizinhança escrava. Após esse trágico episódio, muitos ex-escravos expuseram suas lembranças dos anos de escravidão em termos de vizinhança e outros tantos libertos tentaram reconstruir a vizinhança dos tempos anteriores à guerra[22].

O objeto desta pesquisa vincula-se, portanto, às questões suscitadas pela historiografia a respeito do espaço. Este trabalho investiga os usos do espaço agrário como um dos elementos centrais para os mecanismos de dominação senhorial e também para as estratégias de resistência escrava. Lida, portanto, com o entendimento de que o espaço foi um dos vetores fundamentais para produzir o controle senhorial sobre o conjunto dos homens livres e dos escravos. No entanto, o desejo de ordem e disciplina imposto pelos senhores era constantemente burlado pelos cativos, que se valiam dos conhecimentos adquiridos dos espaços e dos tempos permitidos e proibidos para realizarem

---

22 KAYE, Anhony E. *Joining Places: Slave Neighborhoods in the Old South.* Chapel Hill: The University of North Carolina Press, 2007.

um grande número de ações de resistência. Neste estudo, a geografia da escravidão refere-se à dialética existente entre os usos alternativos ou não que os escravos faziam do espaço de plantação e os controles realizados por feitores, administradores e senhores sobre a mobilidade e o corpo dos cativos. Dos conflitos que se originavam desses embates tem-se a possibilidade de se compreender uma nova dinâmica para a resistência escrava. Sendo assim, pode-se entender que os escravos agiam em relação a uma geografia construída pelos senhores que estava inscrita na arquitetura das grandes fazendas e na paisagem rural com a disposição dos edifícios em quadra; com a centralidade dos terreiros; com a paisagem agrária dos morros de pés de café plantados em linha, formando corredores que facilitavam a fiscalização do trabalho; com a aplicação cotidiana da ideia do cativeiro que implicava promover o controle do espaço, do tempo e do movimento dos cativos; com a legislação que visava à repressão (para citar um exemplo, as definições dos Códigos de Posturas dos Municípios); com os investimentos senhoriais sobre o corpo dos escravos (ferro ao pescoço, tronco etc.); com as reservas de mata virgem para garantir as futuras plantações; com o plano dos estabelecimentos construídos que procurava unir, sempre que possível, a adequação estética (espaço cognitivo) e as funções econômicas; com a disciplina de trabalho que fazia do eito uma obra pensada e severamente organizada; por fim, com o governo dos trabalhadores (livres ou não) no plano local – e mesmo nos planos regional e nacional – com vistas à manutenção da ordem. A construção de uma geografia senhorial ocorreu ao longo do século XIX e teve como preocupação central a manutenção da ordem. Ela pode ser entendida como um processo histórico que se desenvolveu com a estruturação do Estado Nacional e com a expansão da cafeicultura pela região do Vale do Paraíba a partir do início do século XIX.

O *corpus* documental que ampara esta pesquisa é bastante diversificado. Contudo, os processos criminais e os inventários dos atuais municípios de Bananal e Arapeí do período entre 1850 e 1888 são a base para o estudo do objeto acima proposto. Muitos processos criminais e inventários pesquisados fazem referência ao "Curato do Alambary" ou ao "Capitão-Mór". Atualmente, esses dois bairros rurais correspondem ao município de Arapeí. Foram catalogados 146 processos criminais que possuem escravos como réus, como testemunhas informantes ou como vítimas.[23] É

---

23 São quatro processos criminais para a década de 1850, 31 para a de 1860, 52 para os anos 1870 e, finalmente, 59 para o período entre 1880 e 1887 (ver bibliografia das fontes documentais). Infelizmente a do-

importante sublinhar que apesar de priorizar o conjunto documental que conta com os depoimentos de escravos, o presente trabalho não esqueceu os demais sujeitos, de diferentes categorias sociais, que conviveram na realidade escravista em foco. Desse modo, a presente pesquisa propõe uma leitura diferenciada dos processos criminais. A criminalidade de escravos e homens livres terá interesse apenas circunstancial. Partindo do par de conceitos "controle/resistência", realizou-se uma leitura das fontes documentais que priorizou a análise da ação dos sujeitos no espaço.

Esses processos criminais foram devidamente lidos e se procedeu à construção de um banco de dados com as informações básicas para identificá-los: data da ocorrência do incidente (crime ou outro acontecimento que gerou um processo criminal), local da ocorrência, natureza do processo (suicídio, homicídio, furto, fuga etc.), nome do escravo envolvido como réu ou como vítima (quando for o caso), sua origem e seu senhor, sexo do escravo, nome da fazenda de seu senhor e, por fim, resumo do caso acompanhado da transcrição de trechos dos depoimentos que interessavam a este estudo.

A pesquisa agregou também um amplo conjunto de fontes documentais que serviram para inserir a localidade de Bananal no contexto mais amplo de crise da escravidão e de crise política do império no Brasil. Ao longo da leitura dos processos criminais, foi possível perceber que essas fontes documentais favoreciam uma visão estrita, limitada, dos acontecimentos do período em estudo. Por exemplo, muitos processos dos anos 1870 e 1880 mostravam indícios de abolicionistas trabalhando ao lado dos escravos para defendê-los. Mas o que se via era apenas isso: indícios, pistas fragmentárias, algumas com fortes indicações que mostravam uma realidade mais ampla que os próprios processos criminais não conseguiam expor com clareza. Sendo assim, recorremos também aos ofícios produzidos pelas autoridades de Bananal que estão arquivados no Arquivo Público do Estado de São Paulo, ao livro de casamentos de escravos que estão no Arquivo da Mitra Diocesana de Lorena,[24] ao

---

cumentação da década de 1850 estava demasiadamente danificada. Foi impossível trabalhar com grande parte dela e isso marca uma história lastimosa de preservação de documentos históricos do século XIX.

24 Esse banco de dados com os casamentos de escravos de Bananal foi construído por Juliana de Paiva Magalhães, que pesquisou nos documentos do Arquivo da Mitra Diocesana de Lorena: Livro de Casamentos de Bananal – Escravos (1836-1890), Livro 2. Ver MAGALHÃES, Juliana de Paiva. *Moçambique e Vale do Paraíba na dinâmica do comércio de escravos: diásporas e identidades étnicas, século XIX*. Dissertação (Mestrado em História Social) – FFLCH, São Paulo, 2010.

Almanak Administrativo, Mercantil e Industrial do Império do Brazil do ano de 1885, ao *Almanak da Província de São Paulo* do ano de 1873 e à pesquisa que é possível fazer no sítio do Museu da Casa Brasileira, referente ao *Acervo Equipamentos da Casa Brasileira, Usos e Costumes* – Arquivo Ernani Silva Bruno.[25] Também se realizou a leitura de viajantes como Jean Baptiste Debret e Auguste de Saint-Hilaire. Como o contexto político de crise da escravidão foi de fundamental importância para a compreensão do objeto deste estudo, consultamos, sempre que foi necessário, a *Collecção das leis do Império do Brasil* e a *Discussão da Reforma do Estado Servil na Câmara dos Deputados e no Senado*. Este último trata da aprovação da Lei de 28 de setembro de 1871, conhecida como Lei do Ventre Livre. Por fim, a consulta aos periódicos permitiu a compreensão do quadro mais amplo de crise na qual o município de Bananal estava inserido e facultou o entendimento de diversos aspectos presentes nos processos criminais. Com base nesse conjunto documental, foi possível ultrapassar a escala do município e ampliar os horizontes. Procuramos, com isso, entender a localidade de Bananal como um município articulado a um quadro mais amplo de consolidação, transformação e crise do Estado imperial.

A orientação metodológica partiu das sugestões propostas por Edward W. Soja, geógrafo norte-americano, que criticou, em trabalho instigante, uma epistemologia fundamentalmente histórica das ciências humanas e propôs maior diálogo e proximidade da história com a geografia. Esse autor sugeriu o estudo das realidades a partir de uma dialética tríplice que se fundamentaria no espaço, no tempo e no ser social. Em seus termos, "a imaginação histórica nunca é completamente desprovida de espaço, e os historiadores sociais críticos escreveram e continuam a escrever algumas das melhores geografias do passado".[26]

O conceito de espacialidade é essencial para a compreensão da realidade em foco e do objeto deste estudo. Esse conceito supõe o entendimento de que os sujeitos constroem, em uma determinada realidade, conexões com três níveis do espaço,

---

25   O endereço eletrônico é: <www.mcb.org.br/mcbText.asp?sMenu=P007>.

26   SOJA, Edward W, *op. cit.*, p. 19-22. Contudo, vale a pena sublinhar que a integração interdisciplinar entre a geografia e a história remete a uma tradição historiográfica que vem, pelo menos, desde o início do século XX com o surgimento da *Annales*. Ver LE GOFF, Jacques. "A História nova". In: LE GOFF, Jacques (org.). *A História nova*. São Paulo: Martins Fontes, 2001, p. 25-64. REIS, José Carlos. *Nouvelle Histoire e tempo histórico: a contribuição de Febvre, Bloch e Braudel*. São Paulo: Ática, 1994, p. 74-100.

quais sejam, o espaço material, o espaço social e o espaço cognitivo. Essas três qualidades estão inter-relacionadas e formam o conceito de espacialidade.

O espaço material, uma das categorias da espacialidade, corresponderia ao "universo empiricamente mensurável" que os seres humanos criaram ou definiram. Na acepção proposta por James A. Delle, o espaço material corresponde a uma infinita "variedade de formas" e sofre interferências e mudanças oriundas de mudanças maiores ocorridas na sociedade.[27] Como é possível notar, essa definição remete à ideia de cultura material. Ulpiano Toledo Bezerra de Meneses definiu essa categoria como o "segmento do meio físico que é socialmente apropriado pelo homem". Para o autor, apropriação social refere-se à intervenção do homem no meio físico, modelando-o e dando forma ao meio "segundo propósitos e normas culturais". O conceito de cultura material abrange, assim, "artefatos, estruturas, modificações da paisagem" e "coisas animadas (uma sebe, um animal doméstico), e, também, o próprio corpo, na medida em que ele é passível desse tipo de manipulação (deformações, mutilações, sinalações) ou, ainda, os seus arranjos espaciais (um desfile militar, uma cerimônia litúrgica)". A cultura material, continua Ulpiano, deve ser situada "como suporte material, físico, imediatamente concreto, da produção e reprodução da vida social".[28] Marcelo Rede também formulou uma definição muito próxima da de Ulpiano Meneses. Para ele, os "segmentos do universo físico culturalmente apropriado" pelos homens estariam relacionados à categoria de cultura material.[29] Para além das discussões historiográficas a respeito da definição de "cultura material", Ulpiano Meneses e Marcelo Rede apresentam definições que servem de ponto de partida para se trabalhar com o conceito de espaço material como um componente da cultura material, porque, para ambos, não há cultura, relações sociais e de poder sem materialidade.[30]

---

27 Delle escreve que "the meaning of the material space will change as the larger social or spatial context changes". DELLE, James A., *op. cit.*, p. 38.

28 MENESES, Ulpiano T. Bezerra de. "A cultura material no estudo das sociedades antigas". *Revista de História*, São Paulo, n. 115, jul./ dez. 1983, p. 103-17.

29 REDE, Marcelo. "História a partir das coisas: tendências recentes nos estudos de cultura material", *Anais do Museu Paulista*, São Paulo, v. 4, n. 1, jan./ dez. 1996, p. 265-282.

30 Sobre essa questão, ver o livro organizado por Camilla Agostini, que tem como foco entender a "dinâmica da cultura material" de modo abrangente. Partindo de uma proposta interdisciplinar que envolve artigos de historiadores, arqueólogos e antropólogos, esse livro permite observar como o espaço pode ser visto

O espaço social, outro elemento da espacialidade, refere-se às relações que existem entre os sujeitos de uma realidade e que são vivenciadas no espaço material.[31] Essa segunda característica da espacialidade constitui um elemento importante para definir como acontece o acesso ao espaço material de homens e mulheres de diferentes camadas sociais e, consequentemente, fixar o comportamento adequado dentro de espaços materiais específicos. Como se viu anteriormente, as definições dos arqueólogos pressupõem a consideração de que é possível compreender as relações sociais e de poder a partir da materialidade.

Mas essas relações sociais produziram o que Delle classificou como o espaço cognitivo. Os escravos e homens livres construíram uma interpretação da geografia senhorial. A consideração de um espaço cognitivo se dá em termos de apropriação.[32] Como salientou Marcelo Rede, os valores simbólicos da cultura material mudam no interior de uma sociedade "em função dos subgrupos considerados: homens e mulheres; jovens e velhos etc" e, seria possível acrescentar, livres e escravos. Desse modo, os "valores e funções são atribuídos socialmente e sua variação em uma mesma forma física apenas confirma que não existe imanência".[33] Este é um alerta metodológico importante: não se pode considerar que as informações que os objetos da cultura material podem revelar são imanentes ao próprio objeto. Elas só podem ser inferidas se entendermos as funções e os valores dentro de determinada sociedade, com determinadas práticas sociais e de acordo com os sujeitos existentes. Para concluir, Rede escreveu que "o universo material não se situa fora do fenômeno

---

como um dos componentes da cultura material. AGOSTINI, Camilla (org.). *Objetos da escravidão: abordagens sobre a cultura material da escravidão e seu legado*. Rio de Janeiro: 7Letras, 2013. Ver em especial os artigos de Flávio Gomes e da própria Camilla Agostini. Em seu artigo, Agostini trabalhou diversos espaços da fazenda cafeeira (ranchos, matas, cozinha, habitações dos escravos), tendo como base a leitura de processos criminais. AGOSTINI, Camilla. "Estrutura e liminaridade na paisagem cafeeira do século XIX". In: AGOSTINI, Camilla (org.), *op. cit.*, p. 59-81. GOMES, Flávio. "Outras cartografias da plantation: espaços, paisagens e cultura material no sudeste escravista". In: AGOSTINI, Camilla (org.), *op. cit.*, p. 83-103.

31 "Social space is the complex set of relations that define a person´s spatial relationship with other people and with material space. It can be experienced on either the personal or the cultural level." DELLE, James A., *op. cit.*, p. 38-39.

32 "As the term implies, cognitive space is a mental process by which people interpret social and material space". *Ibidem*, p. 39.

33 REDE, Marcelo, *op. cit.*, p. 272.

social, emoldurando-o, sustentando-o. Ao contrário, faz parte dele, como uma de suas dimensões e compartilhando de sua natureza, tal como as ideias, as relações sociais, as instituições".[34]

O conceito de espacialidade permite compreender os sujeitos em uma realidade dinâmica e entender como os escravos atribuíam determinados valores aos espaços e como eles usavam os espaços de dentro e de fora das propriedades de seus senhores. Permite ainda observar como esses sujeitos utilizavam a geografia senhorial de uma forma alternativa, atribuindo à espacialidade um conteúdo social próprio. Além disso, esse conceito esclarece sobre como os usos dos espaços eram apreendidos de modo diferenciado através de um conjunto de variáveis, como a função do sujeito em determinada sociedade, seu sexo, sua posição social ou sua vinculação com outras pessoas.

Os conceitos de espaço e de espacialidade são empregados neste trabalho de maneiras distintas, mas inter-relacionadas. As menções aos espaços específicos da propriedade rural (a tulha, o terreiro, as matas virgens, a casa de vivenda, as senzalas etc.) serão referidos como *espaço*. A *espacialidade* é um conceito que remete a um conjunto maior, que unifica os espaços componentes da propriedade rural, associando-se por vezes ao simbolismo das edificações e aos usos que os sujeitos faziam dos diversos espaços. Remete para um *todo* organizacional, aos espaços de plantação (no plural e não em sua singularidade) que tem como objetivo, em última instância, a produção de café. O conceito de espacialidade interage, outrossim, com os usos dos espaços de plantação. O que se pretende com essa discussão é, em resumo, apresentar o espaço como um elemento que não é estático e neutro, mas sim como um componente importante das relações entre senhores, homens livres de diferentes categorias e escravos. Ou, em outros termos, o espaço é visto neste trabalho igualmente como um campo de ação dos sujeitos e como uma variável a ser levada em conta, seja para dominar e garantir as relações do poder, seja para resistir.

Com sua agência, os escravos construíram uma infinidade de "redes de relacionamentos". Essa categoria difere de outra comumente usada pelos historiadores, qual seja, a categoria de "redes de solidariedade". "Solidariedade" e "redes de solidariedade" são termos utilizados por uma gama bastante significativa de importantes histo-

---

34   *Ibidem*, p. 274.

riadores. São categorias que estão associadas com as agências dos escravos e que procuram enfatizar as diversas formas de sobrevivência dos cativos na dura realidade da escravidão. "Solidariedade" e "redes de solidariedade" são frequentemente associadas às ideias de autonomia, comunidade, comunidades de senzala, identidade nas senzalas e conflitos. Conforme notou Sheila de Castro Faria, a historiografia trabalhou com quatros linhas de força para estudar a "formação de identidades, de comunidade ou de classe social": as revoltas, os casamentos, as relações de compadrio e as irmandades.[35] Considerando as importantes contribuições conseguidas no entendimento da escravidão e da vida rural brasileira no século XIX a partir das categorias acima explicitadas, é preciso sublinhar que as fontes coligidas para esta pesquisa permitem entender as ações de muitos escravos também em outra perspectiva. Nesse sentido, a categoria "redes de relacionamentos" relaciona-se melhor com a agência escrava porque apresenta um campo semântico mais dinâmico que enfatiza as articulações desenvolvidas dentro da fazenda e para além da propriedade senhorial. Tais articulações, com homens livres ou com outros escravos, poderiam acontecer em diversos sentidos. Mas tais redes de relacionamentos não se pautaram necessariamente pela ideia de autonomia ou pela consideração de comunidades coesas e monolíticas. A expressão "redes de relacionamentos" permite, outrossim, compreender de modo mais elástico as relações desenvolvidas pelos escravos e que não foram orientadas exclusivamente pela solidariedade. Ao contrário, dessas redes se originaram conflitos, delações e mortes. Em muitas ocasiões, os escravos, agindo individualmente ou em grupos, estiveram movidos por interesses diversos, como os econômicos. Muitas dessas ações tiveram como pressuposto as redes de relacionamentos construídas anteriormente à ação propriamente dita.[36]

Assim, orientado por tais pressupostos, a presente pesquisa divide-se em três capítulos. O primeiro, intitulado "(...) E tudo isso a tempo e a hora!': a geografia se-

---

35 FARIA, Sheila de Castro. "Identidade e comunidade escrava: um ensaio". *Tempo*, Rio de Janeiro, 22, 2007, p. 122-146.

36 Além do artigo de Sheila de Castro Faria mencionado na nota anterior, e dos livros de Robert W. Slenes, Maria Helena Machado, Flávio dos Santos Gomes, Hebe Maria Mattos, Stephanie M. H. Camp e Anthony E. Kaye, ver, no caso da historiografia norte-americana, JOHNSON, Walter. "On Agency", *Journal of Social history*, Nova York, v. 37, n. 1, outono 2003, p. 113-124. GRIFFIN, Rebecca J. "'Goin' Back Over There to See That Girl': Competing Social Spaces in the Lives of the Enslaved in Antebellum North Carolina", *Slavery & Abolition*, Londres, v. 25, n. 1, abr. 2004, p. 94-113.

nhorial em Bananal", se propõe a estudar o modo como os senhores e seus prepostos efetivaram o controle dos escravos com base na utilização de objetos da cultura material (roupas, instrumentos de punição, sino, portão) e de uma espacialidade típica das regiões cafeeiras. Para consumar a ordem e realizar de modo satisfatório os trabalhos agrícolas, os senhores procuraram praticar uma mecânica de poder que funcionou com base na utilização de recursos espaciais e da cultura material. O capítulo propõe, ainda, uma análise não somente da espacialidade das fazendas cafeeiras de grande porte que, em sua grande maioria, apresentavam como marco distintivo de organização espacial a disposição em quadra. A espacialidade de proprietários escravistas de menor porte será estudada com o objetivo de entender os mecanismos de controle da escravaria nessas fazendas. O segundo capítulo, "Mobilidade escrava, vizinhança e redes de relacionamentos", examina aspectos da estrutura fundiária das fazendas cafeeiras partindo da definição de vizinhança. Nesse sentido, pode-se entender as relações sociais que os escravos construíram para além da propriedade senhorial. Esse capítulo pode ser considerado de transição entre o primeiro e o terceiro porque procura demonstrar que, apesar dos controles exercidos sobre os escravos, foi possível a eles desenvolverem relações para além da propriedade senhorial que permitiram as ações de resistência e de protesto. O capítulo III, denominado "Os usos do espaço de plantação e a resistência escrava", procura examinar os usos alternativos do espaço de plantação feito pelos escravos. Malgrado o funcionamento rotineiro da mecânica do poder senhorial, foi possível perceber que os escravos construíram uma geografia própria a partir dos conhecimentos de suas movimentações autorizadas para além do espaço de plantação. A resistência adquire, assim, uma nova dimensão que parte não somente dos pressupostos da autonomia escrava, mas também de elementos mais concretos como os seus usos conscientes da espacialidade senhorial.

***

Para terminar, é preciso situar brevemente a importância histórica de Bananal e entender o desenvolvimento da agricultura cafeeiro-escravista nesse município ao longo do século XIX. Bananal localizava-se na província (hoje estado) de São Paulo. Estava próximo a Angra dos Reis, por onde grande parte do café era escoado para a Corte para, daí, alcançar os mercados mundiais.[37] Além disso, as redes de relaciona-

---

37 Para entender a inserção do Vale do Paraíba na formação do mercado mundial do café, ver MARQUESE, Rafael; TOMICH, Dale. "O Vale do Paraíba escravista e a formação do mercado mundial do café no

mentos de diversos sujeitos de Bananal permitem verificar que muitos dos que aí moravam tinham fortes vínculos com municípios da província do Rio de Janeiro como Barra Mansa, Piraí e Resende ou mesmo Baependi, na província de Minas Gerais. A figura 1 mostra a localização do município e de uma série de cidades circunvizinhas que, de algum modo, aparecem referenciadas nesta pesquisa. A figura 2 apresenta um detalhe do mapa da província do Rio de Janeiro, com a referência a importantes municípios escravistas e à Corte. Essas referências geográficas são importantes porque as características do funcionamento da política no Império do Brasil forçaram os indivíduos de Bananal, principalmente aqueles com maior projeção política, a construírem um espaço de atuação que ultrapassava os limites territoriais do município, alcançando outros municípios e os níveis da província e da Corte.[38]

---

século XIX". In: GRINBERG, Keila; SALLES, Ricardo (org.). *O Brasil Imperial: 1831-1870*. v. 2. Rio de Janeiro: Civilização Brasileira, 2011, p. 339-383.

38 Sobre o espaço de atuação dos proprietários de Bananal, as movimentações políticas desses sujeitos e o funcionamento do poder no Império do Brasil, ver SANTOS, Marco Aurélio dos. "Lutas políticas, abolicionismo e a desagregação da ordem escravista: Bananal, 1878-1888". *Almanack: revista eletrônica semestral*, Guarulhos (SP), n. 11, dez. 2015, p. 717-741.

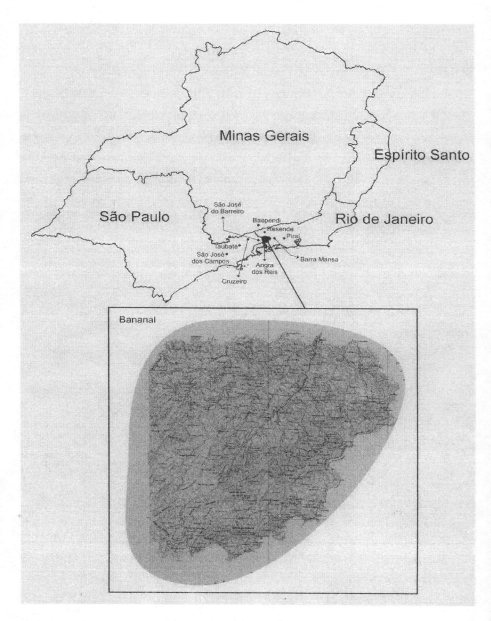

Figura 1 – Localização do município de Bananal, no Sudeste brasileiro, bem como de diversos municípios circunvizinhos. Sem escala. Fonte (do mapa de Bananal): Arquivo do Estado de São Paulo (doravante AESP). Disponível em: <www.arquivoestado.sp.gov.br/upload/Cartografico/mapas/TemplateWebPage.php?imagem=BR_APESP_IGC_IGG_CAR_I_B_0002_001_001>.

Figura 2 – Detalhe do sul da província do Rio de Janeiro. A seta amarela indica a localização do município de Bananal e a seta verde aponta para a Corte. Fonte: SALLES, Ricardo. *E o Vale era o escravo: Vassouras, século XIX. Senhores e escravos no coração do Império*. Rio de Janeiro: Civilização Brasileira: 2008, p. 149.

No caso que abriu esta introdução, viu-se um acontecimento ocorrido em um momento histórico de crise nacional da escravidão. Mas o café fincou raízes em Bananal no início do século XIX. Em 1801, a referida localidade pertencia à 6ª Companhia de Ordenanças da Freguesia de Areias, vila de Lorena. Bananal ligou-se a Areias em 1816, quando essa última localidade se tornou vila. Em 1817, havia em Bananal 449 fogos que estavam atrelados à 4ª Companhia de Ordenanças da Vila de Areias. Em 1829, em novo rearranjo administrativo, Bananal correspondia à 5ª e à 6ª Companhias de Ordenança da Vila de Areias. Era conhecida, nesta época, como Freguesia do Senhor Bom Jesus do Livramento do Bananal. Nesse último ano, o café já era um produto dominante na localidade. A elevação da localidade a freguesia deu-se no ano de 1811; Bananal elevou-se a vila em 1832 e, por fim, através de lei da Assembleia Provincial, tornou-se cidade em 3 de abril de 1849.[39]

---

39 Para um histórico desta localidade, ver MOTTA, José Flávio, *Corpos escravos, vontades livres: posse de cativos e família escrava em Bananal (1801-1829)*, op. cit., especialmente o capítulo I, intitulado "Bananal: das suas origens à decadência da cafeicultura". Para outras informações a respeito do povoamento da re-

A escravidão desenvolveu-se em Bananal na proporção direta do aumento da produção cafeeira. Utilizando-se das listas nominativas de habitantes dessa localidade relativas aos anos de 1801, 1817 e 1829, José Flávio Motta estudou tal correlação. No princípio do século XIX, esse autor anotou as seguintes ocupações/atividades de acordo com o domicílio: produtores de açúcar e aguardente, agricultores, criadores de animais, negociantes ou rentistas, eclesiásticos, artesãos e "agricultores novos habitantes". Motta não identificou, em sua pesquisa, domicílios cuja ocupação/atividade estivesse ligada à cafeicultura no ano de 1801, o que faz supor que o café ainda não havia se estabelecido com intensidade nesse momento. Para o ano de 1817, no entanto, o autor identificou 62 domicílios (51,2% do total), de um universo de 121, ligados à atividade econômica do café. Em 1829, o número subiria para 147 (75,4% do total). Com relação à população escrava, o mesmo autor verificou a presença de 401 escravos em 1801. Dezesseis anos depois, em 1817, havia nessa localidade 1.010 cativos. O número aumentou novamente em 1829, chegando a 2.282 escravos.[40]

No princípio do século XIX, os efeitos do tráfico intercontinental interferiam diretamente na composição demográfica da população: havia um expressivo número de escravos oriundos da África nesse momento inicial de expansão da agricultura do café em Bananal. Em 1801, eram 229 os africanos (homens e mulheres somados), compondo 57,1% do total de escravos. No ano de 1817, verificou-se a existência de 623 africanos para um universo de 1.010 cativos (61,7%). E, por fim, em 1829, os números seriam 1.785 para os africanos e 497 para aqueles nascidos no Brasil, portanto 78,2% dos primeiros em relação aos últimos. Tais escravos eram majoritariamente do sexo masculino.[41]

A disseminação da lavoura cafeeira continuou a produzir mudanças importantes na composição demográfica da escravaria ao longo do século XIX. Com base em pesquisas nos inventários *post mortem* de Bananal para as décadas de 1830, 1840 e 1850, Breno Aparecido Servidone Moreno verificou que o aumento do número de escravos e a concentração deles nas mãos de poucos cafeicultores foram processos contínuos.

---

gião de Bananal e dos sujeitos que construíram essa sociedade escravista, ver RODRIGUES, Píndaro de Carvalho. *O caminho novo: povoadores do Bananal*. São Paulo: Governo do Estado, 1980. Ver também COELHO, Lucinda Coutinho de Mello. *Ensaio sócio-econômico de áreas valeparaibanas*. Rio de Janeiro: Asa Artes, 1984, especialmente o capítulo II, "Dados sobre a cafeicultura em Bananal – SP (século XIX)".

40 MOTTA, José Flávio, *op. cit.*, p. 113-114.

41 *Ibidem*, p. 133-134.

Especialmente nas fazendas que possuíam mais de cinquenta cativos, Breno Moreno identificou a presença de grande quantidade de africanos e uma alta razão do gênero masculino. Nessa localidade, a propriedade cativa foi um dos fatores que distinguia os diversos grupos sociais de homens livres, produzindo uma significativa diferenciação social no interior da sociedade.[42]

No processo de desenvolvimento da agricultura cafeeiro-escravista em Bananal, os proprietários que possuíam cem ou mais cativos dominaram a paisagem agrária. Esse é um dado importante e que é necessário sublinhar. Entre as décadas de 1830 e 1850, esses senhores praticamente monopolizavam as terras cultivadas com o café. Os dados dessas três décadas mostram que 30,3% das propriedades rurais do município pertenciam a esses proprietários, mas, eles chegaram a controlar cerca de 63,5% da superfície rural da localidade. No mesmo período, esses proprietários que possuíam cem ou mais escravos compunham apenas 11,4% da população de escravistas, mas detinham sob seu poder 62,6% dos trabalhadores escravizados. Nesse sentido, tais senhores foram responsáveis pela maior parte da produção de café de Bananal. Isso porque, no período acima indicado, 66,2% dos pés de café estavam em suas propriedades.[43]

Os dados coletados por Breno Moreno informam uma tendência paulatina, ao longo das três décadas estudadas, de concentração da produção cafeeira nas mãos dos proprietários mais ricos. Os números da década de 1850, período em que Bananal se tornou o maior produtor de café da província de São Paulo, mostram que os proprietários com cem ou mais escravos concentravam 83,7% da área ocupada do município. Além disso, esses mesmos escravistas tinham 75,8% dos pés de café plantados e 70,2% dos escravos. Ou seja, o que se vê é uma concentração brutal da riqueza. O maior escravista dessa década, com 833 trabalhadores escravizados, foi o comendador Luciano José de Almeida, dono da fazenda Boa Vista, além de outras seis propriedades rurais.[44] A tabela abaixo permite conferir o domínio desses escravistas, comparando com proprietários de escravos de outras categorias:

---

42 MORENO, Breno A. S., *Demografia e trabalho escravo nas propriedades rurais cafeeiras de Bananal, 1830-1860*, op. cit., p. 149-153. Para dados semelhantes sobre o município cafeeiro de Vassouras, ver o trabalho já citado de Ricardo Salles.

43 MORENO, Breno Aparecido Servidone, *Demografia e trabalho escravo nas propriedades rurais cafeeiras de Bananal, 1830-1860*, op. cit., p. 165-219.

44 *Ibidem*. Os dados sobre a distribuição dos escravos estão na tabela 2.11, à página 89. A respeito da área ocupada, ver a tabela 3.12 da página 193. Por fim, sobre os pés de café, ver a tabela 3.18 na página 205.

Geografia da escravidão no Vale do Paraíba cafeeiro

Tabela 1 – Distribuição de escravos, terras e cafezais por Faixas de Tamanho de Posse (FTP). Bananal, 1850-1859.

	Escravos	Terras	Cafezais
FTP	%	%	%
1 a 4 escravos	0,7	0,8	1,3
5 a 19	5,4	3,9	4,0
20 a 49	8,3	3,4	6,4
50 a 99	15,4	8,2	12,6
100 ou mais	70,2	83,7	75,8
Total	100,0	100,0	100,0

Fonte: MORENO, Breno A. S. *Demografia e trabalho escravo nas propriedades rurais cafeeiras de Bananal, 1830-1860, op. cit.*

Apesar da pesquisa de Breno Moreno abranger os inventários *post mortem* do período entre 1830 e 1859, não há razão para desconfiar que essa tendência para a concentração da riqueza tenha se revertido significativamente nas duas décadas seguintes. Também é importante salientar que, além da paisagem agrária, da posse de escravos e dos pés de café cultivados, esses proprietários foram os atores centrais da política do município.

Outro dado indicativo desse mapeamento sobre a escravidão e a produção cafeeira em Bananal diz respeito aos dados coligidos por Renato Leite Marcondes para a década de 1870. Tendo como base o Recenseamento realizado no ano de 1872 e projetando uma comparação com diversos municípios da província de São Paulo, Marcondes anotou uma população de 94.926 pessoas para Bananal, Lorena e Cruzeiro (juntos), Paraibuna, São José dos Campos, São Luiz do Paraitinga e Taubaté. Desse total, 20,4%, ou 19.364 habitantes, eram escravos. Dos dados apresentados pelo autor, três extremos se destacam: o maior número de habitantes estava na cidade de Taubaté (20.847), sendo que 4.122 (19,8%) eram escravos; Paraibuna e São José dos Campos percebiam a menor população escrava sobre o total de pessoas livres (9,1% e 9,2% respectivamente); e Bananal tinha a maior população escrava das localidades estudadas, cumprindo um maior porcentual em relação à população livre (53,1%). Segundo o Censo de 1872, em Bananal viviam 15.606 pessoas, sendo 8.281 escravos e 7.325 pessoas livres. O autor concluiu, com isso, que os escravos não estavam distribuídos "uniformemente pela região. As cidades mais envolvidas na produção cafeeira revelavam, em geral, uma maior população escrava em relação à livre".[45]

Quanto à análise da posse de cativos, esse dado revelou resultados bastante díspares nas seis localidades pesquisadas por Marcondes. Do levantamento feito a partir das listas de classificação, a cidade de Bananal apresentou uma média de 15,2 escravos por proprietário, e nenhuma outra localidade mostrou um resultado tão elevado nesse quesito. Para efeito de comparação, verificou-se em São José dos Campos a menor média: 4,6; Paraibuna, em segundo lugar após Bananal, apresentou média de 6,8 e Taubaté, em terceiro, teve média de 6,3. Esses "indicadores estatísticos da propriedade escrava" para o período de 1872-1874 revelam que Bananal se destacava, na época, entre as outras localidades, como cidade com um grande número de escravos.[46]

O ápice da produção cafeeira em Bananal aconteceu na década de 60. Isso se refletiu, por exemplo, no orçamento dos municípios. Entre os anos de 1864 e 1866, Bananal despontou com o maior orçamento dentre os da província de São Paulo.[47] De uma perspectiva mais ampla, Sérgio Milliet situou a pujança da produção cafeeira para todo o Vale do Paraíba entre os anos de 1854 e 1886. Num primeiro momento, Milliet apontou uma população de 146.055 pessoas para uma produção de 2.737.639 arrobas. Já no ano de 1886, o autor identificou uma população de 338.533 pessoas e uma produção de café em arrobas de 2.074.267.[48] Esses dados, sublinhe-se, são da região do Vale do Paraíba, a "zona

---

45 MARCONDES, Renato Leite. "A propriedade escrava no Vale do Paraíba paulista durante a década de 1870", *Estudos Históricos*. Rio de Janeiro, n. 29, 2002, p. 56-59. Vale sublinhar que esse autor excluiu as localidades do Vale do Paraíba fluminense.

46 *Ibidem*, p. 63-64.

47 TAUNAY, Affonso de E. *História do café no Brasil*. Rio de Janeiro: Departamento Nacional do Café. 15v. 1939. v. 3. p. 235-244. Ver também MOTTA, José Flávio, *Corpos escravos, vontades livres: posse dos cativos e família escrava em Bananal (1801-1829), op. cit.*, p. 56-57.

48 Esses números, conforme indica o autor, são imprecisos, principalmente no que se refere ao ano de 1886. De acordo com esse autor, "o recenseamento de 1890, não é mais preciso, e, por outro lado, não se fez por município com o detalhe desejável. Em muitos pontos procuramos estabelecer um termo de comparação com o *Almanaque para 1896 – Estado de São Paulo*. Mas já então vai a zona em franca decadência" MILLIET, Sérgio. *Roteiro do café e outros ensaios: contribuição para o estudo da história econômica e social do Brasil*. São Paulo: Hucitec; Brasília: INL/MEC, 1982, p. 34. (Coleção Departamento de Cultura, 25).

norte", como denomina o autor. Segundo se depreende dos dados acima, os anos 80 já denunciavam uma queda na produção do café para todo o Vale. Mas Milliet observou que "2 milhões de arrobas ainda representa[va]m uma riqueza digna de atrair gente nova e ambiciosa".[49]

Na crise final, em 1887, a *Gazeta da Tarde*, periódico abolicionista, apresentou um quadro de decadência econômica. Esse jornal noticiou que a matrícula de escravos de Bananal havia se encerrado. A notícia informa que havia nessa localidade, no ano de 1872, 8.256 escravos e que foram averbados 1.402, totalizando 9.658 cativos. De modo confuso, a conta da *Gazeta* prossegue dizendo que "pela rematrícula, a população escrava atingiu o número de 4.192". Depois dessa rematrícula, faleceram ou foram libertados cerca de 52 escravos, produzindo um líquido de 4.140. Por fim, a notícia finaliza com uma informação que demonstra a profunda decadência econômica do município. Diz o texto que "atendendo a que grande número de escravos matriculados neste município residem com seus senhores no Oeste da província pode-se calcular no município de Bananal que a população escrava não excede ao algarismo de 3.000". Além disso, se em 1872 havia 534 proprietários de escravos, no ano de 1887 esse número era de 381.[50] Mesmo que os dados apresentados pela *Gazeta* estejam incorretos, uma tão grande migração não passaria despercebida dos habitantes locais, bem como da imprensa. Os dados revelam a profunda decadência da agricultura cafeeiro-escravista de Bananal. A crise da escravidão no município foi acompanhada de uma crise econômica que produziu um movimento populacional em direção à região oeste da província.

Segundo os dados apresentados por Renato Leite Marcondes e pela reportagem da *Gazeta da Tarde*, o município de Bananal tinha aproximadamente 8.300 escravos em 1872. Esse número não foi o maior para o Vale do Paraíba cafeeiro. Para efeito de comparação, vale a pena mencionar que Vassouras, nesse mesmo ano, contava com 20.168 escravos, que compunham 51,38% da população desse município. Em outras importantes localidades da província do Rio de Janeiro como Valença (23.496 escravos ou 55,77% da população), Paraíba do Sul (17.107 escravos ou 45,67% da população), e mesmo Campos, importante área produtora de açúcar, com 32.620

---

49   *Ibidem*, p. 34-35.

50   *Gazeta da Tarde*, n. 74, 04 abr. 1887, p. 1.

cativos que perfaziam 36,72% da população, o número de trabalhadores escravizados em termos absolutos era maior do que aquele encontrado em Bananal. Em termos relativos, contudo, Bananal pode ser colocado ao lado dos grandes municípios cafeeiros da província fluminense.[51]

De qualquer modo, composto esse quadro do processo histórico de desenvolvimento, apogeu e queda da produção cafeeira em Bananal, consegue-se dimensionar a importância da escravidão para esse município. Trata-se, pelos números de concentração de riqueza apresentados, de um município exemplar. Como se verá a seguir, um estudo dessa localidade pode abrir caminhos para a compreensão mais ampla do apogeu e queda do escravismo no Brasil, além de iluminar a complexidade desse momento histórico de crise do Segundo Reinado e, consequentemente, do Império do Brasil. Nesse cenário, a escravidão teve um papel importante na vida social e nas relações de poder construídas na localidade ora em estudo.

---

51 SALLES, Ricardo. *E o Vale era o escravo: Vassouras, século XIX. Senhores e escravos no coração do Império.* Rio de Janeiro: Civilização Brasileira: 2008. p. 258-259.

CAPÍTULO 1

"(...) e tudo isso a tempo e a hora!": a geografia senhorial em Bananal

Em seu livro de memórias sobre o Vale do Paraíba fluminense, Eloy de Andrade descreveu em que medida o controle e a fiscalização aconteciam e indicou que faziam parte das preocupações senhoriais a organização planejada da espacialidade das fazendas e a atenção com a circulação dos escravos. O memorialista escreveu que o duro trabalho dos escravos na lavoura caracterizava-se pela "perfeita ordem", pelo "trabalho intenso" e pela "produção e riqueza senhoriais". Essa descrição revela o controle que se exerceu sobre os cativos. Para Andrade, "tudo estava antecipadamente previsto e calculado", e pode-se compreender facilmente "como deveria ser produtivo esse trabalho contínuo, metódico, bem feito... um milhão de braços a produzir sob o regime de uma disciplina mais severa do que a militar". Conclui o memorialista que

> [...] o braço escravo roçava, derrubava e queimava a mata virgem; desembaraçava o terreno para facilitar a plantação, fazendo coivaras nos lugares obstruídos pelos galhos não queimados; drenava os terrenos úmidos, abrindo valetas ou canais para os córregos, que eram também desobstruídos; abria caminhos; cortava, lavrava e serrava as madeiras de lei; construía a casa, as senzalas, os ranchos, paiol, tulhas, monjolo, moinho e engenho; fazia tapumes e valas, mangueiras e currais; tratava da horta e do pomar; plantava todos os cereais, algodão, cacaueiros, inhamais e milhões de cafeeiros; capinava todas as roças, tirava as ervas daninhas, extinguia os formigueiros; colhia, beneficiava e exportava e tudo isso a tempo e a hora![1]

---

1 ANDRADE, Eloy de. *O Vale do Paraíba*. Rio de Janeiro: Real Gráfica, 1989, p. 96-98. Manoel Eloy dos Santos Andrade nasceu em 14 de janeiro de 1872 na fazenda Penafiel, em Juiz de Fora, Província de Minas Gerais. Fazendeiro e advogado, foi eleito em 1917 deputado à Assembleia Legislativa do Estado do Rio

Sem dúvida, Eloy de Andrade enfatizou o trabalho do escravo e sua intervenção na paisagem, modificando-a intensamente para ajustá-la aos trabalhos agrícolas. As relações que se estabeleciam entre os homens e a paisagem tinham um objetivo final: a riqueza. Para conseguir alcançar tal intento, seriam necessários ordem, trabalho e produção.

O depoimento mostra claramente algumas exigências fundamentais dos senhores para com seus escravos. Pela tríade "perfeita ordem", "trabalho intenso" e "produção e riqueza", é possível observar que o espaço (a "perfeita ordem") e o tempo (o "trabalho intenso") tiveram vital importância para a disciplina da escravaria e a garantia da riqueza do senhor. A intensidade do trabalho significava controle do tempo e do movimento. A ordem que buscava a perfeição demandava, além disso, um conhecimento que se construía sobre os lugares determinados e autorizados para os trabalhadores. Pressupunha também uma organização da espacialidade para a construção dos edifícios, para a plantação, colheita, todo o necessário para fazer funcionar uma fazenda cujos trabalhadores eram escravizados. Assim, o controle do espaço e do tempo dos cativos, os limites, a configuração de territórios permitidos e proibidos, a criação dos lugares determinados, as exigências do trabalho braçal foram desejos senhoriais vividos diuturnamente pelos escravos e pelos trabalhadores livres das fazendas. A perfeita ordem, o trabalho intenso e a produção e riqueza revelam a "disciplina militar" imposta aos trabalhadores escravizados das fazendas do Vale do Paraíba.

Esse "espaço disciplinar" escravista de uma fazenda de café visava a promover um controle rigoroso sobre os escravos.[2] Os cativos vivenciariam, desse modo, o que

de Janeiro. Faleceu em 14 de dezembro de 1948. O livro de memórias de Eloy de Andrade foi resultado de suas lembranças de infância e dos relatos contados por seu pai, um médico de partido em Valença. Essa profissão possibilitou "a oportunidade de penetrar na intimidade de um grande número de propriedades de vasta zona do Vale", conforme escreveu Joaquim, filho do memorialista. Além disso, "velhos amigos e parentes", nas palavras do próprio autor, também contribuíram para a construção da narrativa do livro. Escrito na década de 1920, o livro é rico em detalhes sobre as relações sociais e a vida cotidiana das fazendas cafeeiras do Vale do Paraíba.

2   O conceito de "espaço disciplinar" foi desenvolvido por Michel Foucault: "o espaço disciplinar tende a se dividir em tantas parcelas quando corpos ou elementos há a repartir. É preciso anular os efeitos das repartições indecisas, o desaparecimento descontrolado dos indivíduos, sua circulação difusa, sua coagulação inutilizável e perigosa; tática de antideserção, de antivadiagem, de antiaglomeração. Importa estabelecer as presenças e as ausências, saber onde e como encontrar os indivíduos, instaurar as comunicações úteis, interromper as outras, poder a cada instante vigiar o comportamento de cada um, apreciá-lo, sancioná-lo, medir as qualidades ou os méritos. Procedimento, portanto, para conhecer, dominar e utilizar. A discipli-

Fernando Henrique Cardoso classificou como uma "coação direta e contínua".[3] Ou seja, o escravo encontrava-se vinculado ao processo produtivo através da coerção. Tal vínculo se mantinha pela vigilância contínua, pelo controle do tempo e da locomoção, pelos castigos físicos e também pelo paternalismo. Para facilitar o emprego de diversos preceitos coativos foi necessário ao proprietário de escravos e seus prepostos o gerenciamento de um conjunto de mecanismos espaciais que deveriam facilitar o domínio sobre uma ampla massa de trabalhadores escravizados. Esses mecanismos espaciais caracterizaram a estrutura fundiária de muitas localidades do Vale do Paraíba cafeeiro.

A "disciplina mais severa do que a militar", como ressaltou o memorialista Eloy de Andrade, foi algo comum nas palavras de escravistas e teóricos da agricultura no século XIX. Rafael de Bivar Marquese, ao estudar a teoria desenvolvida nesse período a respeito da gestão dos escravos, verificou que muitos autores que escreveram sobre

---

na organiza um espaço analítico". FOUCAULT, Michel. *Vigiar e punir: nascimento da prisão*. Petrópolis: Vozes, 1987, p. 123. O que Foucault escreveu para o século XVIII europeu e para uma nova tecnologia de poder que estava surgindo na realidade da Revolução Industrial vale também para as sociedades escravistas do Novo Mundo e mesmo para a realidade brasileira da segunda metade do século XIX. É importante observar como Foucault entende o espaço como um elemento importante para o exercício do poder. Nesse sentido, é possível falar de um "espaço disciplinar escravista" que produz, como consequência, uma "disciplina escravista". Esse arranjo espacial, com seu corolário disciplinar, deve ser entendido dentro de suas especificidades de produção da submissão tão frequentemente utilizadas na sociedade brasileira do Império do Brasil. As tentativas de disciplinamento que daí surgiam baseavam-se na visibilidade das técnicas punitivas e de controle e na indeterminação das regras a serem seguidas pelos subalternos, que ficavam sujeitos aos arbítrios dos senhores. Ver KOERNER, Andrei. "O impossível 'panóptico tropical-escravista': práticas prisionais, política e sociedade no Brasil do século XIX", *Revista Brasileira de Ciências Criminais*, São Paulo, n. 35, jul./set. 2001, p. 211-224. KOERNER, Andrei. "Punição, disciplina e pensamento penal no Brasil do século XIX", *Lua Nova*, São Paulo, n. 68, 2006, p. 205-242. Outro desdobramento dessa perspectiva para o estudo de uma sociedade escravista pode ser lido em JOHNSON, Walter. *The River of Dark Dreams: Slavery and Empire in the Cottom Kingdom*. Cambridge, London: The Belknap Press of Havard University Press, 2013, p. 209-243. As teses de Koerner e Foucault foram analisadas no contexto do Império do Brasil por FERRARO, Marcelo. "As práticas de controle e punição na sociedade escravista cafeicultora do Brasil oitocentista: uma análise à luz do pensamento de Michel Foucault", *Epígrafe*, São Paulo, Edição Zero, 2013, p. 7-42.

3   CARDOSO, Fernando Henrique. *Capitalismo e escravidão no Brasil meridional: o negro na sociedade escravocrata do Rio Grande do Sul*. São Paulo: Difusão Europeia do Livro, 1962. p. 191. A historiadora Stephanie M. H. Camp já havia notado que "places, boundaries and movement were central to how slavery was organized, and to how it was resisted". CAMP, Stephanie M. H. "'I Could not Stay There': Enslaved Women, Truancy and the Geography of Everyday Forms of Resistance in the Antebellum Plantation South".*op. cit*.

o tema conjugavam disciplina e paternalismo. Os teóricos da gestão escravista escreveram a respeito dos cuidados para se conseguir o funcionamento da tríade indicada por Eloy de Andrade.[4] Nesse sentido, Stanley J. Stein, em seu clássico estudo sobre o município de Vassouras, já havia observado que o fazendeiro proprietário de escravos era um déspota "onipotente, onipresente, beneficente; um pai para sua turma de escravos, quando eram obedientes e resignados; um senhor impiedoso e vingativo quando desobedeciam".[5]

No âmbito das fazendas cafeeiras, a ordem engendrou um espaço disciplinar que foi caracterizado, dentre outras medidas, pela solução em quadra dos edifícios construídos. A disposição em quadra foi um dos investimentos senhoriais que, segundo Marcos José Carrilho, atendeu à "necessidade de controle sobre as atividades no interior do quadro". Portanto, era uma disposição que procurava responder às exigências da produção do café.[6] Conforme observou Eloy de Andrade, para a escolha do local de construção dos edifícios da fazenda, várias exigências deveriam ser atendidas. Além da "proximidade de um córrego de bom volume" para movimentar o monjolo, o moinho de fubá e os pilões para o descascamento do café, o local deveria permitir a construção de caminhos para o acesso à estrada mais próxima e também o terreno escolhido deveria apresentar "o aspecto de um largo tabuleiro" de modo que existisse "espaço suficiente para, com largueza, conter, além da principal, todas as edificações subsidiárias: paiol, tulhas, engenho, senzalas, currais, chiqueiros de porcos e, principalmente, os terreiros para a seca do café".[7] Tal disposição dos edifícios próximos à casa-grande e com o terreiro como espaço centralizador foi também resultado da necessidade de se realizar a vigilância e a fiscalização sobre os trabalhos dos escravos.[8] As construções eram feitas em torno do terreiro, que organizava os edifícios construídos. Como salientou Marquese,

---

4   MARQUESE, Rafael de Bivar. *Feitores do corpo, missionários da mente: senhores, letrados e o controle dos escravos nas Américas, 1660-1860.* São Paulo: Companhia das Letras, 2004, p. 292.

5   STEIN, Stanley J. *Grandeza e decadência do café no Vale do Paraíba: com referência especial ao município de Vassouras, op. cit.,* p. 162. O autor não deixa de enfatizar a visão senhorial que associava fiscalização, disciplina e castigo.

6   CARRILHO, Marcos José. *As fazendas de café do caminho novo da Piedade. op. cit.,* p. 125.

7   ANDRADE, Eloy de, *op. cit.,* p. 47.

8   Estudando as fazendas cafeeiras da Jamaica, James Delle utiliza-se do conceito de "espacialidade de controle". Ver DELLE, James A., *op. cit.,* p. 155-161.

a quadra tinha como característica o isolamento "garantido por meio de sua disposi-ção retangular, pelos compartimentos de habitação dos cativos que se comunicavam apenas com o terreiro, pela inexistência de janelas, pelos muros altos ou cercas em balaústres e pela entrada única fechada com portão".[9] Para Marcos José Carrilho, hou-ve dois tipos básicos de arranjos em quadro. O primeiro deles pode ser chamado de simétrico. Nesse tipo, foi adotado "um esquema muito regular que, situado em geral em terrenos mais propícios ao exercício formal, é constituído de um quadro muito bem alinhado em que a distribuição das partes está perfeitamente ordenada". Nas fazendas assim construídas, a casa de vivenda senhorial ocupou lugar de destaque "no centro de uma composição cujas massas se distribuem de maneira rigorosamente simétrica". O outro arranjo, denominado de assimétrico, "talvez como resultado de terrenos mais adversos e da exigência incontornável de viabilizar o vasto terrapleno do terreiro, a residência, embora se conserve em posição de destaque, na maioria das vezes comparece deslocada em relação ao eixo da composição".[10] Não se pode desconsiderar que tais investimentos foram resultado de uma engenharia bastante complexa para viabilizar o processo de humanização da paisagem e de modificação do meio ambiente.

Em seu trabalho sobre o café no Vale do Paraíba, Stanley Stein já havia sublinhado o caráter funcional desse arranjo arquitetônico. Segundo Stein, "as primitivas fazen-das, assim como as mais recentes, eram projetadas em quadriláteros funcionais". E ainda: "ao redor do quadrilátero se alinhavam as senzalas, as tulhas e os armazéns; os paióis, os ranchos de tropas; as estrebarias e os chiqueiros".[11] Esta opção pelo qua-drilátero foi adotada em diversas fazendas de Bananal ainda na primeira metade do século XIX.[12] As figuras 1 e 2 mostram claramente o modelo em quadra na fazenda

---

9   MARQUESE, Rafael de Bivar. "Moradia escrava na era do tráfico ilegal: senzalas rurais no Brasil e em Cuba, c. 1830-1860". *Anais do Museu Paulista*, São Paulo, v. 13, n. 2, jul.-dez. 2005, p. 165-188.

10 CARRILHO, Marcos José. *As fazendas de café do caminho novo da Piedade. op. cit.*, p. 124.

11 STEIN, Stanley J., *op. cit.*, p. 26.

12 O registro mais antigo que esta pesquisa anotou refere-se ao inventário de Felícia Maria de Santa Ana, na paragem da Perapetinga. MMN, Caixa 21/ n° de ordem 328. Inventário de 1836. Nesse inventário, lê-se que a propriedade tinha 81 escravos e "19 lanços de casas em 01 quadro, que servem de senzalas, tudo co-berto de telha, feixos de madeiras lavradas, rebocadas e caiadas as frentes, e calçado tudo de pedra à roda, com 21 portas e 02 janelas". Em muitos outros inventários também é possível verificar a quadra como uma solução arquitetônica. Assim, por exemplo, na fazenda das Antinhas, do padre Bento José Duarte, nota-

das Antinhas e na fazenda Boa Vista. A primeira fazenda pertenceu ao padre Bento José Duarte até seu falecimento em 18 de dezembro de 1854. No início da década seguinte, ela foi adquirida por Laurindo José de Almeida, o futuro Visconde de São Laurindo. Na época do falecimento do padre, a fazenda contava com 138 escravos e 305.000 pés de café. Já a fazenda Boa Vista também pertencia a um membro da família Almeida. Seu proprietário foi o maior escravista de Bananal: Luciano José de Almeida, pai de Laurindo José de Almeida e que, no ano de seu falecimento (1854), possuía 833 escravos e mais as fazendas da Cachoeira, da Jararaca, do Campo Alegre, da Bocaina e o Sítio Ricardo e mais posses no Capitão Mor.[13] Após o falecimento de Luciano, sua esposa, Maria Joaquina de Almeida, cognominada "matriarca de Bananal" segundo biógrafos, administrou a fazenda Boa Vista até sua morte, em 1882, já nos momentos finais da escravidão.[14] Todos esses proprietários construíram e administraram grandes fortunas: a espacialidade das suas fazendas demonstra isso.

---

mos que havia "um quadro de senzalas com trinta lanços, e dois portões e uma tenda de ferreiro". MMN, Caixa 74/ nº de ordem 1459. Inventário de padre Bento José Duarte 1855. 138 escravos. Ou ainda, na fazenda do Bom Retiro de Antônio Barbosa da Silva existia uma "casa de morada no Bom Retiro, com sacada de ferro, cozinha anexa e tulhas, senzalas, formando um quadro interior, engenho de café, casa anexa, pomar e casa de tropa". MMN, Caixa 161/ nº de ordem 3344. Inventário de Antônio Barbosa da Silva 1875. 60 escravos. São vários os exemplos que informam a respeito do quadrado (ou quadra, ou quadrilátero). Ver também, o inventário de José Gonçalves Pereira (1844) com 165 escravos, o inventário de Ignácia Gonçalves Penna (1848) com 215 escravos, o inventário de Manoel Braz de Souza Arruda (1869) com 178 escravos, o inventário de Maria Arruda Barbosa (1870) com 143 escravos, o inventário de Manoel de Aguiar Vallim (1878), o inventário da Viscondessa de Ariró (1880) também com 71 trabalhadores, o inventário de Alda Cardoville Barbosa de Souza Arruda (1881) com 104 trabalhadores, o inventário de Maria Joaquina de Almeida (1882) com 338 trabalhadores. Todos os inventários pertencem a Bananal e estão localizados no Museu Histórico e Pedagógico Major Novaes. As referências com o número da caixa e o número de ordem podem ser consultadas no final deste trabalho. Agradeço a Breno Servidone Moreno por me ceder seu banco de dados com os inventários de Bananal catalogados. O trabalho desse pesquisador catalogou os inventários das décadas de 1830, 1840 e 1850. Todos os inventários usados nesta pesquisa relativos às décadas acima referem-se a consultas nesse banco de dados.

13 MORENO, Breno A. S. *Demografia e trabalho escravo nas propriedades rurais cafeeiras de Bananal, 1830-1860. Op. cit.*, p. 90.

14 PORTO, L. de A. Nogueira. "Fazenda do Bananal". In: RODRIGUES, Píndaro de Carvalho. *O caminho novo: povoadores do Bananal.* São Paulo: Governo do Estado, 1980, p. 169-172. RAMOS, Agostinho. *Pequena história do Bananal.* São Paulo: Sangirard, 1975, p. 372-380. MELLO, Geraldo C. de. *Os Almeidas e os Nogueiras de Bananal.* São Paulo: Instituto Genealógico Brasileiro, s/d, p. 55-73.

Figura 1 – Fazenda das Antinhas, de José de Lima, c. 1870.

Figura 2 – Fazenda Boa Vista, anônimo,[15] c. 1880. Fonte das figuras 1 e 2: MARINS, Paulo Cesar Garcez. "A vida cotidiana dos paulistas: moradias, alimentação, indumentária". In: SETUBAL, M. A. (coord.). *Modos de vida dos paulistas: identidades, famílias e espaços domésticos*. São Paulo: Cenpec; Imprensa Oficial, 2004. (Coleção Terra Paulista: histórias, arte, costumes, v. 2). p. 160.

---

15 Carlos Roberto Maciel Levy contesta de modo veemente a atribuição dessa tela a Johann Georg Grimm classificando-a como uma "pintura amadora de ínfima categoria". Levy acredita que a "fazenda Boa Vista" pode ter sido pintada por José de Lima, mesmo artista do óleo sobre tela da fazenda das Antinhas. LEVY, Carlos Roberto Maciel. "Johann Georg Grimm e as fazendas de café". Disponível em: <institutocidadeviva.org.br>. Acesso em: 19 jan. 2014.

Segundo Benincasa, a configuração espacial com a casa-grande em destaque facilitava a fiscalização "das atividades no conjunto das edificações".¹⁶ O pátio fechado, portanto, permitia uma vantagem na observação dos trabalhos, auxiliando a vigilância, que se daria também pela presença física dos feitores espalhados pelos terreiros, conforme se observa na fotografia abaixo, de Christiano Júnior:

Figura 3 – "O feitor observa os escravos trazerem café para secagem no terreiro". Christiano Júnior, c. 1865. In: ERMAKOFF, George. *O negro na fotografia brasileira do século XIX*. Rio de Janeiro: G. Ermakoff, 2004, p. 41.

Essa imagem é um bom exemplo da concepção senhorial de disciplina de trabalho em um terreiro de café. Como se pode observar, os escravos estão em fila, aguardando a sua vez para despejar o café no lugar indicado. Enfileirados, os escravos, mulheres em sua maioria, mantém a cesta em cima da cabeça. A fila está dividida em

---

16 BENINCASA, Vladimir, op cit., v. 1, p. 46.

quatro partes, sendo que a primeira é composta pelos escravos à esquerda, no fundo da imagem; a segunda mostra dez escravas alinhadas; na seguinte, dois escravos avançam perpendicularmente em relação à fila anterior, aguardando sua vez e, por fim, um último grupo se aproxima do local indicado para o despejo do café. Outro escravo, "varrendo" o café derramado das cestas, trabalha concentrado. Por fim, vê-se a figura do feitor que, vigilante, fiscaliza o trabalho de seus subordinados. O seu braço direito dobrado segura um relho ou outro instrumento de punição.[17] Pela disposição dos edifícios (ao fundo da imagem), vê-se que se trata de um exemplo típico do "quadrilátero funcional".

A planta da fazenda Boa Vista é outro modelo exemplar desse arranjo espacial. A disposição arquitetônica dessa propriedade permite entender porque a casa de vivenda se voltava para o terreiro, espaço importante para os trabalhos da fazenda: o alpendre[18] favorecia uma visibilidade ampla e bastante privilegiada (figuras 4, 5 e 6). O primado do "visual" de outras importantes fazendas cafeeiras variou bastante e não seguiu rigorosamente o exemplo das figuras 4, 5 e 6.[19] Contudo, não há razão para duvidar que essa "espacialidade da vigilância", como denominou James A. Delle,[20] existiu, com variações, para administrar uma grande quantidade de escravos que estavam vinculados ao trabalho a partir da coação.

---

17 Para uma análise sobre a profissão de feitor em fazendas cafeeiras do Vale do Paraíba com base em processos criminais do município de Vassouras, ver MCCANN, Bryan Daniel. "The Whip and the Watch: Overseers in the Paraíba Valley, Brazil", *Slavery & Abolition*, Londres, v. 18, n. 2, 1997, p. 30-47.

18 Segundo Vladimir Benincasa, o alpendre da fazenda Boa Vista não existia na pintura do século XIX. BENINCASA, Vladimir, *op. cit.*, v. 2, p. 78. Contudo, conforme comunicação pessoal, é possível que houvesse uma escadaria original que permitisse o acesso ao piso superior. Há uma escadaria pelo porão que facultaria o acesso a esse piso, mas é pouco provável que essa fosse a única entrada. De qualquer modo, a possibilidade de uma visualização a partir de uma escadaria original ou das janelas do andar superior não invalida o regime visual exposto nas figuras 4, 5 e 6.

19 Sobre o controle visual da fazenda São Fernando, localizada em Vassouras, ver LIMA, Tania Andrade, *op. cit.* Ver especialmente a figura 10, à página 209.

20 DELLE, James A, *op. cit.*, p. 155-161.

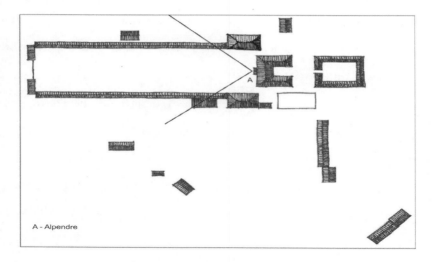

Figura 4 – Osmar Cassiano Gomes Jr., fazenda Boa Vista, 2005, planta baixa. Fonte: MARQUESE, Rafael de Bivar. "Revisitando casas-grandes e senzalas: a arquitetura das *plantations* escravistas americanas no século XIX", *Anais do Museu Paulista*, São Paulo, 14, n.1: 11-57, jan./jun, 2006, p. 26.

Figura 5 – Imagem do alpendre da fazenda Boa Vista. Foto: Marco Aurélio dos Santos.

Figura 6 – Vista da paisagem e do antigo terreiro a partir do alpendre, hoje um caminho de acesso que se bifurca. Essa imagem permite imaginar o campo visual dos sujeitos que tinham a oportunidade de observar os trabalhos desse local da casa de vivenda. Foto: Marco Aurélio dos Santos.

A espacialidade de muitas fazendas cafeeiras pressupunha um ordenamento visual que teve como objetivo, em última instância, a disciplina e a fiscalização dos trabalhos. Essa dimensão do poder senhorial extrapolou os limites do quadro e se estendeu para os morros com os pés de café plantados em linha e para o espaço público. A visualização como meio de controle foi um recurso que permitiu, como consequência, o aumento da exploração do trabalho dos escravos.[21]

A disposição arquitetônica do quadrilátero funcional destacou, em muitas propriedades, a casa de vivenda. A residência senhorial exibia muitos espaços hierarquizados e disciplinares. No Vale do Paraíba, um dos meios para a distinção social estava presente nos requintes dos casarões dos ricos proprietários sendo que, por consequência, uma das estratégias das elites cafeeiras foi produzir espaços de representação. Definir os locais de convivência, de moradia e de produção era o subterfúgio necessário na afirmação das relações sociais hierarquizadas. As casas de vivenda, com sua grandiosidade e forte carga simbólica, manifestavam muitas separações. O morar, o conviver e o produ-

---

21 MARQUESE, Rafael de Bivar. "O Vale do Paraíba cafeeiro e o regime visual da segunda escravidão: o caso da fazenda Resgate"., *op. cit.*

zir eram espaços diferenciados e delimitados.[22] Os espaços internos da casa de vivenda demonstravam claramente essa intenção. Carrilho observou uma "nítida separação entre o universo da vida social e o da vida privada" nas residências senhoriais.[23] As "casas de vivenda monumentais" manifestavam uma "carga de representação" que expressava o poder social e político dos senhores sobre a população.[24] Mariana Muaze, ao estudar a fazenda Pau Grande, localizada atualmente no município de Paty do Alferes, no Vale do Paraíba fluminense, observou que a arquitetura da casa-grande dessa fazenda tinha, no universo da vida privada, o objetivo funcional de abrigar diversos núcleos familiares. Ali, eles foram instalados no interior da casa-grande, a pouca distância uns dos outros com o objetivo de garantir ao mesmo tempo a intimidade e a proximidade da família extensa. Conclui Muaze que tal disposição arquitetônica influiria "nos padrões de intimidade e privacidade experimentados ao longo do século XIX". De modo que a família extensa seria mantida no mesmo espaço, o que facilitaria os "laços afetivos, [as] dependências pessoais e [a] troca de favores". Mas, apesar de a família extensa estar reunida "no mesmo ambiente geográfico", preservou-se a intimidade com espaços reservados para os núcleos familiares reduzidos. Para Muaze, a arquitetura das casas-grandes refletiu tal "ambivalência de valores" vivenciada pelas famílias mais ricas do século XIX (núcleo familiar extenso convivendo no mesmo espaço com núcleos familiares mais reduzidos).[25]

Conforme demonstrou Marcos José Carrilho, as adequações estéticas, ou o que James Delle denominou de espaço cognitivo, não eram privilégios apenas das casas de vivenda. Em algumas fazendas, Carrilho identificou a construção de edifícios de engenho assobradados que reuniam "estritas exigências funcionais" com a "atenção

---

22   SCHNOOR, Eduardo. "Das casas de morada às casas de vivenda". In: CASTRO, Hebe Maria Mattos de; SCHNOOR, Eduardo. (orgs). *Resgate: uma janela para o oitocentos*. Rio de Janeiro: Topbooks, 1995, p. 31-62. Ver sobre esses assuntos o excelente trabalho de LEMOS, Carlos A. C., *op. cit.*, p. 133-202. Como exemplo de construção que separa de modo nítido os espaços de convívio social, de trabalho e de intimidade, Lemos cita a fazenda Santana, localizada em Cunha. Contudo, tais separações foram bastante generalizadas. As diversas plantas e casas de vivenda reproduzidas por Lemos demonstram a carga simbólica de muitas sedes no período áureo da produção cafeeira. Em muito delas, a solução em quadra e o terreiro como elemento agregador dos diversos edifícios são facilmente percebidos.

23   CARRILHO, Marcos José. "Fazendas de café oitocentistas no Vale do Paraíba", *op. cit.*, p. 76.

24   MARQUESE. Rafael de Bivar. "Revisitando casas-grandes e senzalas: a arquitetura das plantations escravistas americanas no século XIX", *op. cit.*, p. 50.

25   MUAZE, Mariana. *As memórias da Viscondessa: família e poder no Brasil Império, op. cit.*, p. 147.

formal". O edifício assobradado do engenho era necessário para acomodar as máquinas de beneficiamento. Além disso, fazendo referência ao manual de Francisco Peixoto de Lacerda Werneck, Carrilho relatou necessidades de se aformosear caminhos e estradas, com a presença de pomares, jardins e aleias. Os investimentos de embelezamento paisagísticos podem ser vistos na imagem da fazenda das Antinhas, no canto inferior direito, à entrada da casa de vivenda (ver figuras 1 e 7). Esses elementos, associados, mostram os investimentos feitos no espaço de plantação para acomodar uma planta produtiva que pudesse unir "o útil com o agradável", conforme se expressou Werneck.[26]

Figura 7 – Detalhe da casa de vivenda da fazenda das Antinhas, com destaque para a entrada com jardins e árvores plantadas. FONTE: MARINS, Paulo Cesar Garcez, op. cit., p. 160.

Sendo assim, a espacialidade de muitas fazendas cafeeiras do Vale do Paraíba foi pensada como uma "organização espacial hierárquica rígida e intencional" dos espaços produtivos.[27] O planejamento das construções dos edifícios de uma fazenda cafeeira levou em conta as relações sociais existentes, as condições produtivas do sistema agrário vigente no vale cafeeiro e, em muitos casos, os valores simbólicos agregados, principalmente, às casas de vivenda monumentais. Sobre o simbolismo das casas de vivenda, Eloy de Andrade

---

26 Apud CARRILHO, Marcos José. *As fazendas de café do caminho novo da Piedade*, op. cit., p. 87. Sobre os edifícios de engenho, ver *Ibidem*, p. 139.

27 BENINCASA, Vladimir, op. cit., p. 49.

escreveu que "as fachadas das casas eram índice seguro do grau de prosperidade dos que as possuíam". O mesmo autor salientou que "a sede da fazenda ou o prédio residencial e a casaria que o circundava indicavam (...) a fortuna do seu proprietário".[28] Tem-se claramente uma configuração espacial que se operou na materialidade das casas de vivenda, nos morros com as plantações de pés de café, no terreiro, no quadro e nos demais edifícios, nos caminhos e demais espaços de uma propriedade rural. E tal configuração espacial não serviu para atender, como é possível perceber, apenas a desejos econômicos, mas também a prerrogativas de *status* social, de dominação sobre a população de escravos e homens livres e de controle sobre as atividades de produção do café. Ou seja, tem-se uma organização da espacialidade que foi também um instrumento de poder. Os processos criminais não deixam de evidenciar e dar vida a esse todo organizacional e ao modo como ele era usado e percebido por senhores, prepostos e escravos. As fazendas cafeeiras eram organizadas com uma espacialidade que serviu para colocar em prática, principalmente nas grandes propriedades rurais com numerosa escravaria, a tríade mencionada pelo memorialista Eloy de Andrade. Sem dúvida, tal espacialidade direcionou as relações sociais aí construídas e vivenciadas por senhores, homens livres e escravos. O universo físico existente na espacialidade das fazendas cafeeiras foi, de algum modo, objeto de uso senhorial para o controle da escravaria. Desde os objetos da cultura material (ferramentas de trabalho, sino das fazendas, roupas dos escravos, o portão do quadro etc.) até a própria organização da espacialidade das propriedades rurais, quase tudo serviu para construir um espaço disciplinar que favoreceu a efetivação da "perfeita ordem", do "trabalho intenso" e da "produção e riqueza".

Nessa arquitetura das fazendas cafeeiras, o paternalismo foi outro componente das relações sociais entre os grandes proprietários e os demais sujeitos das localidades valeparaibanas. Por exemplo, Francisco Peixoto de Lacerda Werneck (barão de Pati do Alferes) demonstrou, em sua *Memória sobre a fundação de uma fazenda na província do Rio de Janeiro*, que foi publicada nas páginas d'*O auxiliador da indústria nacional* entre junho e agosto de 1847, quais seriam os procedimentos de construção da senzala que deveriam respeitar a saúde dos escravos e atender aos requisitos da vigilância. A construção em linha, com 24 palmos quadrados para os quartos e a existência de uma varanda, sendo que as portas dos cubículos dos escravos estariam voltadas para o quadro das

---

28   ANDRADE, Eloy de, op. cit, p. 249.

fazendas, seriam os pré-requisitos que atenderiam às questões de vigilância e saúde dos cativos.[29] É difícil afirmar que houve uma generalização desse pressuposto paternalista para a construção de senzalas, conforme preconizavam os manuais agrícolas. Apenas poucos inventários mencionam senzalas avarandadas e o comum é aparecer as senzalas dispostas em linha, não importando se o proprietário possui muitos ou poucos escravos, e as senzalas em quadra.[30] De qualquer modo, o paternalismo foi mais um componente que se manifestou na arquitetura rural do século XIX.

A capela foi outro espaço em que a ação paternalista do proprietário rural se evidenciou. "Das sacadas dos salões do sobrado, os convidados podiam assistir à cerimônia dos batizados e casamentos que ali se realizavam", escreveu Eduardo Schnoor ao se referir à capela da fazenda do Resgate, de propriedade de Manoel de Aguiar Vallim.[31] Na já mencionada fazenda Pau Grande, a capela, segundo Muaze, era uma construção que se localizava no centro da casa de vivenda, separando "ao meio as duas formações de casas assobradadas". Nessa fazenda, o edifício da capela destacava-se do conjunto da casa de vivenda onde, "de cima, a família assistia à missa em lugar de destaque".[32] Elemento central da construção, a capela da fazenda Pau Grande, com seu teto distinto do conjunto da casa de vivenda, mostrava-se, para os sujeitos da localidade, como um símbolo da religião oficial. Se no Vale do Paraíba a capela de muitas propriedades rurais portentosas foi o local em que o fazendeiro expôs o seu paternalismo, "congregando todos no mesmo ambiente, no espaço familiar ele exclui[u] a todos".[33] Essas capelas evidenciariam, portanto, as hierarquias existentes na sociedade escravista. Assim, "pequenos proprietários que levavam seus escravos para serem batizados em capelas de grandes fazendas/senhores que os recebiam; senhores que promoviam casamentos e batismos de seus escravos/conjunto da escravaria; os que ficavam no andar superior/os que ficavam no inferior".[34] Como observou James A.

---

29 Cf. MARQUESE, Rafael de Bivar. *Feitores do corpo, missionários da mente: senhores, letrados e o controle dos escravos na América*, op.cit., p. 281-282.

30 CARRILHO, Marcos José. *As fazendas de café do caminho novo da Piedade*, op. cit., p. 56-57.

31 SCHNOOR. *op. cit.* p. 50.

32 MUAZE, Mariane. *op.cit.* p. 81 e p. 145.

33 *Ibidem*, p. 51.

34 MARQUESE, Rafael de Bivar. "Revisitando casas-grandes e senzalas: a arquitetura das *plantations* escravistas americanas no século XIX", *op. cit.*, p. 51.

Delle, o espaço da plantação em uma fazenda de café era separado em diversas áreas. Havia, nessa separação, uma segregação em termos de raça e de classe social. Os proprietários rurais teriam o poder de definir o espaço social de seus subordinados controlando o espaço material.[35] A capela foi um desses espaços em que se evidenciaram, de modo bastante nítido, as separações que segregavam as raças e os sujeitos. Um exemplo disso pode ser vislumbrado na figura 8. A fotografia de Manoel Maria de Paula Ramos mostra uma missa realizada na fazenda Água Limpa, localizada na província do Rio de Janeiro. A hierarquização é evidente. À esquerda da imagem é possível ver o proprietário, o comendador Joaquim Teixeira da Nóbrega, e, ao seu lado, o padre. Mais de uma dezena de escravos estão voltados para o altar, ajoelhados. No centro da imagem, acima de todos os retratados, está a cruz.

Figura 8 – "Missa na capela da fazenda Água Limpa, na Província do Rio de Janeiro". Manuel Maria de Paula Ramos, c. 1870. Fonte: ERMAKOFF, George, op. cit., p. 75.

---

35   DELLE, James A., op. cit., p. 39.

A enfermaria foi outro espaço que mereceu a atenção dos proprietários rurais. No caso da fazenda do Resgate citado na introdução deste livro, viu-se que o hospital era um espaço que exigia o controle senhorial. Uma escrava da proprietária da fazenda teve de solicitar sua chave ainda de madrugada para que dois escravos pudessem ser socorridos porque haviam sido feridos por um parceiro.[36] Em outro processo criminal, agora de outubro de 1863, viu-se que o hospital ficava igualmente trancado, mesmo com escravos recebendo cuidados médicos. Por esse motivo, o senhor dessa fazenda, José Antonio de Oliveira Guimarães, teve de arrombar a porta para evitar que Francisco, um escravo que se recuperava da punição de açoites, se suicidasse com uma pequena faca, degolando-se.[37] O hospital foi um dos espaços presentes em grandes fazendas de café. Os hospitais, ou enfermarias,[38] eram, segundo Eloy de Andrade, "construídas ordinariamente em seguimento às tulhas, ou em prédios separados". Divididos em "dois salões", um para os homens e outro para as mulheres, eram espaços assoalhados, forrados, com "três ou quatro janelas" e, como reforço de segurança, "protegidas por grades de ferro". O memorialista informa que havia fazendas que dispunham de farmácia, cujo "prático" [uma espécie de farmacêutico ou enfermeiro], dormia em quarto contíguo. Apesar da construção ordinária, havia higiene, sendo que "os salões eram lavados uma ou duas vezes por semana, desinfectados com solução de ácido fênico e, em dias de visitas de médico, mudados os lençóis, a roupa dos doentes, procedendo-se defumação com alfazema, alecrim e incenso". Por outro lado, em fazendas de pequeno porte e sem médico de partido, os doentes eram tratados nas senzalas "ou em quartos separados". É possível entender que o hospital descrito por Eloy de Andrade fosse exceção. Isso porque Vladimir Benincasa, em seu extenso estudo, observou condições de insalubridade nesses espaços.[39]

Ainda segundo Eloy de Andrade, os escravos entendiam que a enfermaria era o lugar do descanso, além de representar a possibilidade de ter uma alimentação melhorada

---

36 MMN, Caixa 44/ n° de ordem 943. Processo de setembro de 1881.

37 MMN, Caixa 22/ n° de ordem 522. Conforme depoimento da mulher de Francisco, Paula, prestado em 28 de outubro de 1863.

38 Na falta de maiores informações, entende-se que os hospitais e as enfermarias eram espaços similares.

39 ANDRADE, Eloy de., op. cit., p. 225. BENINCASA, Vladimir, op. cit., p. 69. À luz do estudo de Stanley Stein, que destacou as generalizadas condições anti-higiênicas das fazendas, pode-se supor que o exemplo de Eloy de Andrade seja exceção e não regra. Ver STEIN, Stanley J., op. cit., p. 219-233.

e a "tranquilidade, o sono à vontade, a falta de capataz atrás a apertar-lhe para trabalhar mais depressa". Mais ainda, em época de colheitas e de outras obrigações a enfermaria era o espaço seguro contra os castigos impostos àqueles que não cumpriam seus trabalhos no eito. Sugere o memorialista que os escravos chegavam a simular doenças para escapar dos rigores do trabalho ou de possíveis castigos.[40] Esse pode ser um indicativo da necessidade de controle desse espaço da fazenda, além, é claro, da necessidade de se isolar doentes contagiosos e de se preservar possíveis medicamentos.[41]

Como se viu, a espacialidade das propriedades rurais, com seu significado simbólico para a população, vinculou-se às relações de poder e determinou, no cotidiano das relações sociais, o espaço que cada sujeito poderia usufruir, de acordo com sua posição social ou racial e sua função no processo produtivo. Por sua vez, os escravos vivenciaram em seu cotidiano essas relações de poder, e suas ações de resistência foram pautadas nessa espacialidade peculiar à agricultura do café.

A disposição das construções das fazendas de muitos senhores de escravos e o investimento planejado na paisagem agrária deixaram claro o poder deles sobre os escravos e os homens livres. O propósito de mostrar as assimetrias do poder existentes se deu, no que diz respeito principalmente aos escravos, pelo exercício efetivo de um poder positivo.[42] É possível afirmar que o espaço disciplinar das fazendas cafeeiras do Vale do Paraíba foi caracterizado pelo exercício consciente de um poder disciplinar realizado pelos senhores sobre os escravos e também sobre a população livre. Qual seria, então, a "mecânica do poder",[43] para se usar uma expressão empres-

---

40 ANDRADE, Eloy de. *op. cit.*, p. 226-227. James A. Delle observou a mesma estratégia de escravos em fazendas de café na Jamaica na primeira metade do século XIX. Em uma plantation denominada Radnor, houve um acréscimo de oito para 19 escravos entre a segunda-feira, dia 15 de dezembro de 1823 e a segunda-feira seguinte, dia 22. Como a semana subsequente seria um período de descanso natalino, Delle sugere que alguns escravos procuraram estender seu descanso, simulando alguma doença. DELLE, James A. *op. cit.*, p. 163.

41 Segundo Rafael de Bivar Marquese, nas plantations inglesas e francesas das Antilhas do século XVIII, as enfermarias eram espaços não somente para atender aos escravos doentes, mas também edifícios punitivos por causa da existência de grades nas janelas, para evitar as fugas, das trancas noturnas e da presença de troncos nos quartos. MARQUESE, Rafael de Bivar. *Feitores do corpo, missionários da mente: senhores, letrados e o controle dos escravos nas Américas*, *op. cit.*, p. 140-141.

42 "Temos que deixar de descrever sempre os efeitos de poder em termos negativos: ele 'exclui', 'reprime', 'recalca', 'censura', 'abstrai', 'mascara', 'esconde'. Na verdade o poder produz; ele produz realidade; produz campos de objetos e rituais da verdade. O indivíduo e o conhecimento que dele se pode ter se originam nessa produção." FOUCAULT, Michel. *Op. cit.*, 1987, p. 161.

43 Sobre a expressão "mecânica do poder", ver *ibidem*, p. 119.

tada de Michel Foucault, dessa geografia senhorial? Seria a aplicação prática de um poder positivo que produziria conhecimento sobre a massa dos trabalhadores subordinados. Este seria, no dia a dia das relações escravistas, o desejo senhorial: exercer sobre os sujeitos escravizados um conhecimento que fosse total, amplo e irrestrito. Ao construir casas de vivenda monumentais, ao dispor os edifícios de produção ao redor do terreiro, ao exigir os pés de café plantados em linha, ao organizar contagens de trabalhadores, controle do tempo, os sistemas de tarefas e de turmas,[44] dentre outros procedimentos, os senhores e seus agentes procuraram executar sua tecnologia de poder inscrevendo-a na paisagem rural. Daí a importância da disposição espacial das propriedades rurais que criaria os espaços delimitados e facilitaria o controle do movimento e do trabalho dos escravos.

Na segunda metade do século XIX, a espacialidade de muitas fazendas cafeeiras já se encontrava bem delineada e amadurecida. Os proprietários com cem ou mais escravos concentravam, na década de 1850, a maior fração da área plantada no município, além de possuírem a maior parte dos pés de café plantados e dos escravos. Delineava-se, desse modo, uma significativa concentração de riqueza.[45] Nesse contexto, a planta produtiva dessas fazendas apresentava os investimentos de humanização da paisagem feitos desde a primeira metade do século XIX. Com a estrutura fundiária praticamente consolidada, as leituras dos processos criminais e de diversos documentos produzidos pelas autoridades de Bananal permitem entrever uma mecânica de poder pautada pela lógica de "vigiar e punir". Pode-se, portanto, entender diversos aspectos do desejado controle que os senhores procuraram realizar sobre os escravos. O pensamento senhorial e as ações das autoridades municipais em Bananal procuraram colocar em prática essa lógica. A coação, o controle da mobilidade e os investimentos feitos no corpo dos escravos representavam ações de vigilância e de contenção sobre a escravaria. A movimentação dos cativos era regulamentada e controlada nos espaços públicos e privados. No interior das fazendas, o espaço material e as relações sociais aí construídas e vivenciadas cotidianamente mostraram que o poder senhorial, com a presença física do senhor e de sua família, bem como dos admi-

---

44 Sobre o "task system" e o "gang system", ver MARQUESE, Rafael de Bivar. "Diáspora africana, escravidão e a paisagem da cafeicultura no Vale do Paraíba oitocentista", *op. cit.*

45 Sobre uma análise da estrutura fundiária de Bananal, ver MORENO, Breno A. S. *Demografia e trabalho escravo nas propriedades rurais cafeeiras de Bananal, 1830-1860, op. cit.*, p. 164-194.

nistradores, feitores e de todos os códigos disciplinares, estavam próximos dos escravos e eram visíveis a eles. Casa-grande e senzala estavam espacialmente avizinhados. Senhor e escravo moravam próximos uns aos outros. O escravo "via/vivenciava", todos os dias, o poder senhorial, devido à existência de uma espacialidade de controle. Era confinante o espaço de convivência daqueles que reprimiam e dos subjugados.

Para além da propriedade senhorial, na esfera do município, as "posturas municipais" foram o recurso legal que as autoridades utilizaram para regular e coibir a insegurança provocada pela ação contrária à ordem dos escravos e dos homens livres. Essa legislação municipal é um exemplo dos vínculos estabelecidos entre diferentes níveis do governo, fato que, conforme demonstrou Miriam Dolhnikoff, teve suas origens nas reformas ocorridas nos finais da década de 1820 e que culminaram com o Ato Adicional de 1834. Os diplomas municipais eram enviados à Assembleia Provincial para serem aprovados[46] e expressavam de modo inequívoco os desejos de controle da população e de manutenção da ordem. Os delegados nas localidades eram os responsáveis por fazer cumprir as posturas municipais e enviavam relatórios ao chefe de polícia que, por sua vez, deveria informar ao presidente provincial.[47]

---

46 *Correio Paulistano*, 11 mar. 1863, n. 2.051. p. 4; *Correio Paulistano*, n. 2052, 12 mar. 1863, p. 2. *Correio Paulistano*, n. 2636, 7 mar. 1865, p. 2. As posturas fazem parte da ordem do dia da Assembleia Legislativa Provincial e muitas delas eram aprovadas sem debate. De qualquer modo, o vínculo entre o poder local e o provincial ficava estabelecido e não era difícil encontrar periódicos com debates entre os deputados sobre o conteúdo dos códigos de posturas das municipalidades. A subordinação dos municípios à esfera provincial e, especialmente, à Assembleia Provincial, foi muito bem estudada por Miriam Dolhnikoff. Segundo essa autora, o direito de determinar as despesas municipais, de estabelecer os impostos que deveriam ser cobrados, de fiscalizar a aplicação das rendas públicas, de controlar as contas municipais e de criar ou extinguir empregos municipais, além de outras atribuições relativas às municipalidades, ficavam a cargo dessa instância de poder. Sobre as posturas municipais e a subordinação dos municípios ao governo provincial, ver DOLHNIKOFF, Miriam. *O pacto imperial: origens do federalismo no Brasil, op. cit.*, p. 99, p. 119 e p. 200-205. Sobre as reformas de finais da década de 1820 e início da de 1830, com destaque para a legislação que criou o juiz de paz (1827) e as Câmaras Municipais (1828), ver *ibidem*, p. 83-93. Para uma interpretação do Ato Adicional como um recuo da corrente federalista devido à mobilização decorrente do Código de Processo Criminal de 1832, ver COSER, Ivo. *Visconde do Uruguai: centralização e federalismo no Brasil, 1823-1866*. Belo Horizonte: Ed. da UFMG; Rio de Janeiro: Iuperj, 2008, p. 98-147.

47 Para entender os mecanismos que vinculavam o governo central às localidades, formando, desse modo, amplas redes de clientelismo, ver, além do trabalho de Miriam Dolhnikoff citado anteriormente, SANTOS, Marco Aurélio dos. "Lutas políticas, abolicionismo e a desagregação da ordem escravista: Bananal, 1878-1888", *op. cit.* GRAHAM, Richard. *Clientelismo e política do Brasil no século XIX*. Rio de Janeiro: Ed. da UFRJ, 1997, p. 82-101. Ver também as notas 30 e 31 das páginas 389-390. Para se compreender a construção de uma "ideologia da centralização" e entender os agentes que operavam, nas localidades,

No que diz respeito aos escravos, questões relativas à moralidade, como as roupas usadas pelos cativos, e as manifestações religiosas foram contempladas pelas posturas municipais. Esses diplomas também procuravam evitar as desordens e as ações criminosas e controlar a movimentação dos cativos.[48] No Código de Posturas de Bananal de 4 de maio de 1865 existia o estabelecimento de um toque de recolhida que deveria restringir a circulação dos escravos durante a noite. Nos artigos 105 e 107 é possível ler que os escravos eram impedidos de andar pelas ruas após as nove horas da noite nos meses de abril a setembro (no período de safra, portanto) e, depois das dez horas da noite, de outubro a março. No caso dos divertimentos dos escravos, o Código de 1865, em seu Título IX, "Da moralidade e tranquilidade pública", artigo 89, proibia "os divertimentos de cantorias e danças estrondosas, conhecidas vulgarmente por batuques". As punições seriam de "30$000 ao dono da casa, e 5$000 a cada um dos outros que tomarem parte no divertimento". E o mesmo artigo informava que "as mesmas penas se aplicarão aos donos de escravos que consentirem os brinquedos denominados – jongos". As posturas municipais transmitiram o receio das autoridades pelas algazarras, distúrbios e ajuntamentos que poderiam gerar crimes e ser o estopim para revoltas de escravos. Na última postura mencionada, o entrudo, o cateretê, os batuques, as cantorias e as danças estrondosas poderiam perturbar a segurança e a tranquilidade pública.[49]

Quando os escravos desrespeitavam artigos das posturas municipais, as penas aplicadas eram severas e, pode-se considerar, desproporcionais ao delito cometido. Mas tais penas revelavam a lógica senhorial de vigiar e punir com rigor o desrespeito às normas. Assim, em 18 de julho de 1861 o escravo Alexandre, pertencente a André

---

essa mesma centralização, ver MATTOS, Ilmar Rohloff de. *O tempo saquarema, op. cit.* especialmente o capítulo denominado "Os olhos do soberano". O trabalho de Maria de Fátima Silva Gouvêa sobre o Rio de Janeiro mostra que a Assembleia Provincial foi um importante espaço de atuação dos potentados das localidades, com vistas a defenderem os interesses de seus municípios. GOUVÊA, Maria de Fátima Silva. *O império das províncias: Rio de Janeiro, 1822-1889, op. cit.*

48 Ver o verbete "Código de Posturas Municipais. Os Escravos nos" em MOURA, Clovis. *Dicionário da escravidão negra no Brasil.* São Paulo: Edusp, 2004. p. 104-105. Neste verbete, o autor menciona a seguinte Postura Municipal aprovada em Bananal no dia 31 de março de 1863: "Art. 1º. Nenhum negociante dentro e fora da cidade poderá vender a escravos, pólvora, chumbo, ou qualquer espécie de projétil ou arma de fogo de qualquer qualidade, salvo tendo os mesmos escravos bilhetes de seus senhores, pedindo tais objetos."

49 As posturas mencionadas não estão catalogadas no Museu Major Novaes e foram fotografadas integralmente.

de Mello e Silva, foi preso com um punhal por volta das 11h30 da noite. Por estar na rua "sem licença da autoridade competente" e também "sem licença de seu senhor" depois do toque de recolhida, o delegado de polícia, Marcos Diniz Hilário Nogueira, condenou o escravo pelo artigo 297 do Código Criminal e pelo artigo 25 das posturas municipais. A pena, comutada para quarenta açoites, foi aplicada em 9 de agosto. Em outro caso, o forro condicional Braz e o escravo Joaquim, pertencente ao reverendo padre Joaquim Belizário de Siqueira Mendonça, foram presos no dia 28 de julho porque estavam armados e jogando o búzio. O mesmo delegado condenou os dois réus com base no artigo 297 do Código Criminal a quinze dias de prisão "e multa correspondente à metade do tempo, além da perda da arma, e na multa de 4.000 reis estabelecida no artigo 37 das posturas municipais". Contudo, a pena do escravo Joaquim foi comutada em trinta açoites e executada em 5 de agosto. Além da brutalidade por trás da ação das autoridades em comutar penas de prisão e multa em açoites, os dois processos criminais mostram que a rapidez e o rigor no julgamento foram as marcas do poder senhorial.[50]

O poder senhorial funcionou no espaço público com a legislação dos Códigos de Posturas do município e as ações das autoridades expressam o pensamento dos senhores e dos agentes públicos. Com esses códigos, as autoridades procuraram realizar diversos controles sobre a movimentação e o tempo dos escravos. A atenção para a circulação suspeita de possíveis escravos fugitivos foi recorrente. Existiu uma atenção especial das autoridades a respeito da movimentação de sujeitos que podiam ser considerados escravos fugitivos de outros municípios. Mais ainda, ao longo do século XIX, as autoridades municipais se comunicaram entre si e transmitiram informações a respeito das revoltas de escravos. O objetivo era impedir que a ameaça de sublevação se espalhasse por diversas localidades.[51]

---

50 MMN, Caixa 19/ n° de ordem 444 e MMN, Caixa 19/ n° de ordem 446, respectivamente.

51 Como aconteceu, por exemplo, no caso da Revolta de Carrancas, em 1833. Na ocasião, os municípios trocaram informações para prevenir que o levante se espalhasse para outras localidades. Ver a esse respeito ANDRADE, Marcos Ferreira de. "Rebelião escrava na Comarca do Rio das Mortes, Minas Gerais: o caso de Carrancas", *Afro-Ásia*, Salvador, n. 21-22, 1998-1999, p. 45-82. Ver também RODRIGUES, Jaime. *O infame comércio: propostas e experiências no final do tráfico de africanos para o Brasil (1800-1850)*. Campinas: Editora da Unicamp;Cecult, 2000, p. 58. Também no caso do plano de insurreição de 1881, cujo foco irradiador era o município de Resende, na Província do Rio de Janeiro, houve troca de correspondência entre as autoridades de diversos municípios circunvizinhos. MACHADO, Maria Helena. *O plano e o pânico: os movimentos sociais na década da abolição, op. cit.*, p. 179-184.

No caso dos grandes proprietários rurais com seus "quadriláteros funcionais" ou com suas senzalas em linha, a circulação, aliada ao uso do espaço material das fazendas cafeeiras, poderia provocar conflitos, como demonstra um incidente ocorrido na fazenda do Resgate no ano de 1883, quando foi assassinado o administrador Antonio Rodrigues de Castro. O caso em questão mostra o caráter funcional dos edifícios em quadra dessa grande propriedade rural e demonstra que o uso do portão foi um instrumento de controle e referencial importante nas fazendas cafeeiras de grande porte. Tal episódio evidencia como a espacialidade foi uma ferramenta de poder que facilitava a disciplina e a dominação sobre o conjunto dos trabalhadores escravizados. Contudo, tal espacialidade não foi isenta de conflitos, demonstrando que o ideal da perfeita ordem, do trabalho intenso e da produção e riqueza produziram em muitos momentos tensões e mortes.

Os diversos testemunhos colhidos durante o processo comprovam uma série de medidas de contenção e controle da escravaria. Segundo o depoimento do acusado de assassinar o administrador, o escravo ferreiro Sebastião, os cativos precisavam de autorização superior para se locomover para fora da fazenda. Sebastião afirmou que no domingo, dia 25 de fevereiro, "seriam cinco horas da tarde mais ou menos, quando ele respondente pediu licença a Castro para ir a uma venda no Campo da fazenda a fim de comprar toucinho e açúcar, para [a] família dele acusado, que nesse dia tinha ainda jantado, ao que Castro acedeu, mas logo que ele respondente seguiu para a venda, Castro fechou o portão da fazenda". Além da necessidade de solicitar a autorização para sair, nota-se algo recorrente na sociedade escravista que estamos estudando: a locomoção dos escravos para realizar negócios. A "venda no Campo da fazenda" também indica a função dos homens livres e de seus negócios dentro das terras senhoriais: se os escravos precisassem comprar mantimentos, não precisariam ir para lugares mais afastados ou para o centro da cidade. Esse foi, portanto, mais um componente a caracterizar a espacialidade das fazendas cafeeiras.

No caso em foco, é preciso atentar para a importância do portão como um elemento que sinaliza o fim de um dia de trabalho. O fechamento do portão foi o estopim para a ocorrência de um conflito. Também deve-se notar, no depoimento do acusado, o fato de ele ter pedido autorização para sair em um domingo, dia de maior mobilidade para os escravos. O horário mencionado por Sebastião – cinco horas da tarde – devia ser um momento próximo para recolher os escravos às senzalas.[52]

Em depoimento prestado no dia 12 de março de 1883, o escravo Antonio, feitor da fazenda do Resgate, apresentou uma boa síntese da experiência cotidiana dos escravos nesse espaço disciplinar. Conforme seu depoimento, verifica-se que em uma fazenda de café o dia de trabalho começava cedo, por volta das quatro horas da manhã, e o sino anunciava o momento de se levantar. Nota-se também uma hierarquia na fazenda de café, com os feitores submetidos às ordens do administrador. Observa-se, ainda, que a senzala era o espaço em que os escravos guardavam pertences que muitas vezes eram ilícitos, como facas e pistolas, e que os escravos tinham espaços reservados dentro das senzalas.[53] Mas o depoimento revela também a importância da disposição em quadra dos edifícios de uma fazenda para que se pudesse efetivar o controle da escravaria. Antonio disse que

> na noite do dia anterior [25 de fevereiro] ao dia do conflito ele testemunha viu o administrador abrir o portão da fazenda e entrar batendo boca com o acusado Sebastião que em seguida o administrador chamou por ele testemunha e mandou-o pegar a Sebastião, para castigá-lo, ao que ele testemunha [ilegível] digo castigá-lo; que nessa ocasião ele testemunha aproximou-se de Sebastião, que imediatamente – gritava – *que nele ninguém chegasse*; então ele testemunha observou ao administrador que sendo esse dia domingo e podendo estar Sebastião embriagado e sendo possível que fizesse alguns distúrbios, era mais prudente que ele administrador deixasse o castigo para o dia seguinte a fim de evitar conflitos, tanto mais porque a Senhora dele respondente não estava na fazenda. Que dizendo isso ele testemunha foi atendido pelo administrador e todos se recolheram aos seus aposentos. Que no dia seguinte, segun-

---

52 MMN, Caixa 47/ nº de ordem 987. Mas pode-se levantar a hipótese de que esse controle do horário, em um domingo, estivesse relacionado com o momento histórico de radicalização e de crise da escravidão.

53 Os depoimentos dos escravos Clemente e Antonio Ignácio, prestados no dia 27 de fevereiro, um dia após o crime, permitem inferir que o escravo Sebastião saiu da senzala com uma faca e uma pistola/revólver. No dia primeiro de março, Sebastião prestou depoimento e disse que puxou por uma garrucha e atirou. Ele tinha acabado de sair da senzala. Como a arma falhou, ele esfaqueou o administrador. Em outros depoimentos do referido processo, como o de Diogo, prestado em 5 de abril, lê-se que os escravos se referem ao seu próprio quarto, ou seu próprio aposento. Para outros exemplos de habitações escravas dentro da fazenda cafeeira, ver AGOSTINI, Camilla. "Estrutura e liminaridade na paisagem cafeeira do século XIX", *op. cit.*, p. 67-72.

da-feira, às quatro horas da manhã, o dito administrador tocou o sino, e abrindo o portão chamou por ele testemunha e o mandou que chamasse quatro pretos para pegarem Sebastião, o que logo ele testemunha procurou cumprir; que estando ele testemunha escolhendo os quatro escravos para pegar Sebastião, chamou em voz alta pelo nome do acusado, ao que este respondeu – que *ninguém se chegasse dele*. Ouvindo isso o administrador Castro que estava no portão da fazenda, dirigiu-se a Sebastião; que ele testemunha não ouviu e nem viu o que houve entre Castro e Sebastião, mas em seguida ouviu o estalar de uma espoleta, que não sabe se era de pistola ou de revólver, e em seguida viu Sebastião correr atrás de Castro e dar-lhe uma facada já do lado de fora do portão; que logo em seguida ele testemunha correu para o lugar do delito, para ver se cercava Sebastião – que ia fugindo, (...)

Quando perguntado se, além de não ter comparecido "a hora própria no dia antecedente ao do conflito", o escravo Sebastião não cometera outra falta, o feitor Antonio disse que Sebastião "nem uma outra falta cometera, a não ser a do dia antecedente chegar tarde à fazenda, depois de estar o portão fechado e os escravos recolhidos".

Como se viu, o depoimento acima refere-se ao assassinato do administrador da fazenda do Resgate, Antonio Rodrigues de Castro, ocorrido na manhã de segunda feira do dia 26 de fevereiro de 1883. A narrativa de Antonio mostra como a questão do espaço ("viu o administrador abrir o portão da fazenda") e do tempo ("não comparecendo a hora própria" ou "chegar tarde à fazenda") foram dois elementos fundamentais para o controle dos escravos. O espaço e o tempo constituem-se como dois aspectos da mecânica do poder senhorial e expressam de modo inequívoco como tal poder funcionou. O portão foi mencionado nos depoimentos de diversas testemunhas como uma referência espacial significativa. O administrador fechou o portão e depois teve de abri-lo para que Sebastião entrasse na sua senzala. Tal fato provocou o incidente que levaria ao assassinato de Castro no dia seguinte, uma segunda feira. Fechar o portão significava encerrar as atividades de trabalho da fazenda. A suposta afronta de Sebastião foi chegar após o fechamento do portão – desrespeito à "temporalidade senhorial" – e ter obrigado o administrador a abri-lo. O portão seria a porta de entrada e saída dos trabalhadores do quadro da fazenda e, como consequência, o meio utilizado para controlar a escravaria e inibir possíveis desvios dos cativos. O fechamento do quadro no final de um dia de trabalho seria o momento para dispor os escravos em seus locais, evitar o trânsito não autorizado dos trabalhadores, estabelecer, enfim, o controle do movimento e verificar as presenças e as ausências. Seria a prática visível no espaço material da fazenda da mecânica do poder senhorial sobre o conjunto da escravaria. Contudo, como se pode observar pelo depoimento do escravo Antonio, o funcionamento desse disciplinamento nunca esteve isento de conflitos.

Em 1883, a fazenda do Resgate era propriedade de d. Domiciana Maria de Almeida Vallim, viúva do comendador Manoel de Aguiar Vallim, falecido em 1878, quando a propriedade contava com 278 trabalhadores, entre escravos e ingênuos.[54] A grandiosidade da casa de vivenda dessa fazenda pode ser visualizada na figura 9 abaixo:

Figura 9 – Casa de vivenda da fazenda do Resgate. Foto: Marco Aurélio dos Santos.

Segundo depoimento de várias testemunhas do processo em questão, o quadro

---

54 Conforme inventário de Manoel de Aguiar Vallim. MMN, Caixa 170/ Número de ordem 3472. 1º Ofício. Esse escravista possuía mais 122 trabalhadores na fazenda das Três Barras, 37 na fazenda da Cruz e 193 na fazenda da Bocaina, totalizando 630 trabalhadores, entre escravos e ingênuos.

da fazenda e o portão eram referências importantes. Por exemplo, em 27 de fevereiro, Antonio Ignácio, com cerca de quarenta anos de idade, feitor da fazenda, disse que no dia do incidente o administrador tocou o sino e abriu "o portão do quadro". Antonio Ignácio foi, então, "receber as ordens do mesmo [administrador], [e] lhe foi ordenado pelo dito administrador que segurasse o mulato Sebastião ferreiro, ele informante o procurando no quadro, entre os outros escravos que ali ainda se achavam, não o viu, porque o mesmo se achava junto a um portão, e chamando-o pelo nome, o mesmo apresentou-se e disse que ninguém lhe chegasse, porque já estava desconfiado de ser preso". Em outro depoimento, de 12 de março, José Joaquim da Cunha, de 35 anos, carpinteiro, informou que estava "ainda deitado, em seu quarto fora do quadro", quando

> ouviu gritos de Antonio Rodrigues de Castro, administrador da fazenda do Resgate gritando por ele testemunha – que o acudisse que estava morto, e levantando-se ele testemunha incontinenti e indo ao encontro de Castro chegou ao portão da senzala e aí soube que Castro já se achava em seu quarto, para onde fora conduzido por dois pretos da fazenda.

Note-se que, segundo o feitor Antonio, "o acusado nem uma outra falta cometera, a não ser a do dia antecedente", que foi "chegar tarde à fazenda, depois de estar o portão fechado e os escravos recolhidos". Chama a atenção nos depoimentos acima a associação próxima entre o portão e o quadro. Falar do quadro significava, automaticamente, mencionar o portão. Essas duas referências revestiram-se de uma forte carga simbólica. Sem dúvida esses dois componentes das fazendas cafeeiras do Vale do Paraíba manifestaram de modo inequívoco os desígnios de controle dos senhores sobre a escravaria. Esse arranjo espacial que vincula o quadro ao portão pode ser visualizado nos exemplos a seguir da fazenda das Antinhas e da fazenda Boa Vista:

Figura 10 – Detalhe do "quadrilátero funcional" da fazenda das Antinhas, com as setas amarelas indicando a localização dos dois portões do quadrado. Fonte: MARINS, Paulo Cesar Garcez. *op. cit.*, p. 160.

Figura 11 – Detalhe do "quadrilátero funcional" da fazenda Boa Vista, com a seta amarela indicando a localização do portão que fecha o quadro. Ao fundo, é possível ver o outro quadro, localizado atrás da casa de vivenda. Fonte: MARINS, Paulo Cesar Garcez. *op. cit.*, p. 160.

No cotidiano das relações entre homens livres e escravos, o espaço material das fazendas cafeeiras deveria cumprir um papel importante e facilitador para o disciplinamento desejado pelos senhores. No mesmo processo que envolve o escravo Sebastião, Clemente, prestando depoimento como informante, declarou que

> ontem segunda-feira vinte e seis do corrente, às quatro horas da madrugada, o feitor da fazenda do Resgate, de nome Antônio Ignácio, tendo formado a gente digo tendo gritado à gente que estava embolado dentro do quadrado para se formar na frente do sobrado, como é de costume, neste ato chegou o administrador Antônio Rodrigues Castro, e ordenou que o feitor prendesse o preto Sebastião que ainda estava com a gente dentro do quadrado (...).

A disposição em quadra dos edifícios da fazenda fazia do terreiro um espaço importante não somente para o processo de secagem dos grãos do café. Essa disposição do espaço material não servia apenas para atender as exigências de vigilância e controle. Ela facilitava a organização da mão de obra no início de um dia de trabalho. Na passagem acima, tal disposição permitiu que, após o grito do feitor, os escravos, que saíam embolados no quadro logo após acordarem, pudessem "se formar na frente do sobrado, como é de costume". Devemos sublinhar, portanto, o caráter funcional do quadrilátero, tal qual salientou Stanley J. Stein. Evidentemente, as exigências de disciplinamento eram mais facilmente atingidas com tal disposição do espaço material. O espaço disciplinar de uma fazenda cafeeira demonstra claramente que a disposição em quadra dos edifícios foi um elemento fundamental para a organização da escravaria no início das atividades diárias de trabalho. Seria muito natural supor que, após o toque do sino, os escravos, acabando de acordar e procurando cumprir exigências de tempo, saíssem "embolados" das senzalas, conforme se expressou o escravo Clemente. A funcionalidade do quadro permitiria facilmente que, com um grito, os escravos entrassem em forma "na frente do sobrado". Aliado a essa funcionalidade, verifica-se que a rotinização das atividades diárias, expressa pela utilização da expressão "como é de costume", implica também uma forma de controle e, portanto, de disciplinamento da escravaria. A rotina acaba se tornando um recurso do poder disciplinar porque permitia ao poder senhorial a formulação de um princípio de saber sobre a escravaria. "Como é de costume" o sino tocava, "como é de costume" os escravos deviam estar em forma na frente do sobrado, "como é de costume" os escravos deviam receber as instruções diárias e partir para os trabalhos, "como é de costume" eles deviam voltar antes do fechamento do quadro etc. O costume pressupunha rotina que, por sua vez, acabava se tornando um instrumento de saber – o senhor, o administrador ou os feitores deveriam saber onde o escravo tinha de estar, o que ele deveria estar fazendo etc. Não se pode desconsiderar o caráter disciplinar da rotinização das atividades realizadas cotidianamente pelos escravos. Deve-se sublinhar ainda que essa foi uma prática social referendada pela legislação. O artigo 68 do Regulamento de n° 120 de 31 de janeiro de 1842 – aquele que regulava a execução da parte policial e da parte criminal da Lei n° 261 de 3 de dezembro de 1841 – previa que não era necessário apresentar passaporte em três situações: se a autoridade de um lugar conhecer o viajante, seja ele livre ou escravo; se o viajante for conhecido de duas pessoas "de conceito" do lugar e for abonado por elas e, por fim, quando o trânsito for "habitual e frequente de umas fazendas para outras, e destas para as povoações, e de umas povoações para outra, que mantenham relações frequentes". Como se vê, a legislação sancionava o costume de se movimentar de um lugar para outro, não prevendo a suspeição e nem admitindo a interferência de autoridades, caso esse trânsito fosse "habitual e frequente".[55]

Muitos sujeitos do caso envolvendo o administrador da fazenda do Resgate mencionaram o quadro em seus depoimentos, permitindo avaliar a importância desse espaço na vida de escravos e prepostos. É comum os depoimentos nos processos criminais aludirem a esse arranjo espacial. No caso do assassinato do escravo feitor Victorino, pertencente a Manoel Rebello Rosa, o "quadrilátero funcional" apareceu como referência em diversos depoimentos.[56] O dito assassinato ocorreu em uma noite de sábado, dia 15 de maio de 1875 e foi cometido por Leandro. No dia seguinte, o escravo Antonio prestou depoimento e disse que após o fim do serão, "tocada a recolhida, em companhia de seus parceiros, dirigiu-se para o quadro; mal havia tocado na chave para abrir a sua senzala, ouviu gritos que diziam: [ilegível] foi ferido e imediata-

---

55 COLLECÇÃO DAS LEIS DO IMPERIO DO BRASIL. 1842, tomo 5°, parte 2ª, seção 8ª, p. 54. Ver o artigo de Rafael Marquese sobre a fazenda do Resgate. Nesse artigo, o conceito de "protocolos espaciais" remete diretamente à questão da rotina e da funcionalidade do quadro como elementos facilitadores do controle e do comando da escravaria. MARQUESE, Rafael de Bivar. "O Vale do Paraíba cafeeiro e o regime visual da segunda escravidão:o caso da fazenda Resgate", *op. cit.*, p. 97-99. Os trabalhos já citados de Thomas Flory, Ilmar Rohloff de Mattos, Ivo Coser e Miriam Dolhnikoff trabalharam a importância lei n° 261 de 3 de dezembro de 1841.

56 Infelizmente não foi possível saber a localização e o nome da fazenda de Manoel Rebello Rosa.

mente correu para fora do quadro" e encontrou o feitor Victorino ensanguentado. O escravo Silvério confirmou o depoimento de Antonio, inclusive com a referência ao quadro, acrescentando apenas que os escravos trabalhavam "a recolher feijão". No dia 25 de maio, Leandro já se encontrava preso no Quartel do Destacamento. No dia 29, o administrador prestou depoimento informando que no momento do incidente ele se encontrava sentado "em uma porta no quadro do terreiro da fazenda".[57]

O processo criminal que trata da morte do escravo Joaquim Benguela, trabalhador escravizado de Braz Barbosa da Silva, dono da fazenda do Bom Retiro, reforça, uma vez mais, a ideia de que tal espaço disciplinar deveria ser usado para o controle dos escravos e das atividades diárias dos diversos trabalhadores da fazenda. Essa fazenda, conforme o inventário do seu antigo proprietário, o comendador Antonio Barbosa da Silva, contava com sessenta escravos em 1875. A disposição arquitetônica foi descrita no inventário nos seguintes termos: "Casa de morada no Bom Retiro, com sacada de ferro, cozinha anexa e tulhas, senzalas, formando um quadro interior, engenho de café, casa anexa, pomar e casa de tropa".[58] A suntuosidade dessa casa de vivenda pode ser vista na imagem abaixo (figura 12):

Figura 12 – Casa de vivenda da fazenda do Bom Retiro com suas dez sacadas com gradis de ferro. Foto: Marco Aurélio dos Santos.

Ao depor no dia 16 de outubro de 1880 como testemunha informante, o proprietário da fazenda do Bom Retiro informou que

---

57 MMN, Caixa 37/ nº de ordem 799.
58 MMN, Caixa 161/ nº de ordem 3344. 1º Ofício. Inventário de 1875.

tendo voltado da fazenda do major Henrique José da Silva às oito horas e meia mais ou menos encontrara com três de seus escravos que tinham ido a mandado de sua Senhora em procura de dois homens que tinham assaltado o escravo Mauricio de volta da cidade, onde vendia quitandas. Que esses escravos a ninguém encontraram nem a testemunha encontrou pessoa alguma em sua volta para casa. Que chegando a casa soube que o escravo Joaquim Benguela ainda não se recolhera para a casa de volta de sua quitanda de capim. Esperou-o até onze horas e supondo que o escravo não voltaria mais talvez por ter perdido o burro que conduzia o capim mandou fechar o portão e deu ordem a dois escravos para irem procurar o negro pela madrugada.[59]

Como se vê, o depoimento de Braz Barbosa da Silva informa que o "quadro interior" era fechado à noite ou quando se encerravam os trabalhos de um dia. Esse depoimento e os dos outros processos citados revelam que o quadrilátero da fazenda e o portão eram elementos da mecânica do poder senhorial que serviam para colocar em prática o desejo de perfeita ordem e disciplina efetivando, outrossim, um controle sobre os trabalhadores da fazenda. "Fechar o quadro" significava o momento de recolher os escravos às suas senzalas e encerrar as atividades produtivas. A expressão "escravos recolhidos" é muito comum em vários processos pesquisados. Ela aponta para um controle sobre o movimento e sobre o tempo dos escravos, evitando, assim, as aglomerações difusas, as movimentações furtivas e não autorizadas.

Vislumbra-se aqui como a disposição dos edifícios das fazendas de café foi pensada para efetivar as exigências de controle e contenção da escravaria e como ela colocou em prática as prerrogativas de um espaço disciplinar. Além disso, a concentração dos escravos em senzalas coletivas que davam para um "quadro interior" facilitava, sem dúvida, a organização dos trabalhadores para um novo dia de trabalho.

A solução em quadra aproximou casa-grande e senzala. O caso de Sebastião demonstrou um dos aspectos da funcionalidade dessa disposição arquitetônica, qual seja, a de promover o controle dos trabalhadores escravizados de uma fazenda. Funcionalidade não isenta de tensões, como se pode observar no caso em foco. A

---

59   MMN, Caixa 43/ nº de ordem 899.

perfeita ordem, o trabalho intenso e a produção e riqueza tinham como pressuposto o controle da mobilidade dos escravos. E tal controle necessitou de um espaço material determinado. Antonio Rodrigues de Castro, o administrador da fazenda do Resgate, cumpriu, talvez com muito rigor e intolerância, uma prerrogativa senhorial inerente a uma sociedade escravista: a de que os escravos deveriam ter sua mobilidade e seu tempo restringidos e controlados. Se não tivesse autorização, nenhum escravo poderia voltar após o fechamento do portão. Ter voltado quando o quadrilátero estava fechado e os demais escravos já estavam recolhidos foi um desrespeito a uma norma senhorial e o administrador da fazenda do Resgate acabou como vítima das tensões que poderiam ocorrer com o cumprimento rigoroso das normas senhoriais de contenção.

Como se viu, era comum nas grandes fazendas cafeeiras fechar o portão do quadro e recolher os escravos na senzala após o término do dia de trabalho. Assim, ao lado da postura municipal que restringia a movimentação dos escravos à noite, esse costume fechava o cerco disciplinar sobre os escravos porque eles eram trancados nas senzalas e impedidos de se movimentar.

O sino, ou buzina, foi outro elemento importante da cultura material das fazendas cafeeiras. Os processos criminais permitem entender como funcionava o poder senhorial com esses objetos. No caso do assassinato do administrador da fazenda do Resgate, foi possível perceber a referência ao sino como um elemento de controle do tempo dos escravos. O toque do sino anunciava o início de um dia de trabalho. Nesse caso, o administrador foi o responsável por tocar o sino às cinco horas da manhã para que os escravos acordassem e saíssem da senzala. Nos depoimentos dos escravos Antonio Ignácio e Antonio, tocar o sino e abrir o portão eram atitudes que vinham uma depois da outra.[60]

Em outro processo criminal, esse da década de 1860, tem-se a referência a uma buzina tocada para chamar os escravos. Quando o sapateiro Francisco teve seu acesso de fúria contra José Joaquim do Nascimento – conhecido como José Mulatinho –, seu senhor, José Antonio de Oliveira Guimarães, interferiu e, não conseguindo evitar que seu escravo esfaqueasse Nascimento, mandou "tocar a buzina para chamar a gente, escravos de roça, o que vendo o dito Réu tratou de evadir-se para esta

---

60 Conforme depoimento do escravo Antonio Ignácio, feito no dia 27 de fevereiro de 1883 e do escravo Antonio, realizado no dia 12 de março.

cidade".[61] Guimarães em seu depoimento utilizou-se do termo "buzina". Como se vê, é possível entender que a buzina ou o sino cumpriam várias funções. Tocá-los poderia indicar que os trabalhos estavam começando ou significar o momento de "chamar a gente", no caso os escravos de roça. Desse modo, o sino (ou buzina) atenderia a requisitos de comunicação mais amplos porque transmitiriam ordens dos senhores e de seus prepostos aos escravos que se encontravam nos arredores, trabalhando. E por que não pensar, assim como o fez Manuel Moreno Fraginals para os engenhos cubanos, em alguns "toques característicos correspondentes às diversas fases do dia"? O eminente historiador cubano notou que esse mecanismo, que foi comum nos engenhos da ilha do Caribe e também, como se pode observar da documentação que dá suporte à pesquisa, nas fazendas cafeeiras do Vale do Paraíba, revestiu-se de "um extraordinário valor simbólico". E, mais ainda, em Cuba o toque do sino foi associado não somente a uma "nomenclatura litúrgico-trabalhista", mas também às exigências de controle da escravaria. Assim, Fraginals escreveu que "o início das tarefas do campo, ao amanhecer, era assinalado com os noves toques da Ave-Maria, enquanto os noves toques das Vésperas marcavam a volta ao engenho, para o almoço e, no crepúsculo, eram ouvidas as badaladas da Oração". Alguns toques do sino relacionaram-se às diversas tarefas dos engenhos de açúcar, de modo que "havia o sino do trapiche, o da casa de caldeiras e o da casa de purgar (...)".[62]

Um bom exemplo de um sino em uma fazenda cafeeira do Vale do Paraíba pode ser visto na figura 13, abaixo. O campanário, ou torre sineira, da fazenda

---

61 MMN/ Caixa 22/ nº de ordem 522. Conforme depoimento prestado em 13 de outubro de 1863.

62 FRAGINALS, Manuel Moreno. *O engenho: complexo sócio-econômico açucareira cubano*. São Paulo: Hucitec/Ed. UNESP; Brasília: CNPq, 1989. p. 36-38. Ver referência ao sino em fazendas brasileiras no relato de Daniel Parish Kidder e James Cooley Fletcher no livro *O Brasil e os brasileiros (1855-1865)*, volume 2. Auguste de Saint-Hilaire, em *Viagem pelas províncias do Rio de janeiro e Minas Gerais (1816-1817)* diz que "quando o sino toca, todos param, descobrem-se, juntam as mãos e rezam". E Henry Koster, em *Viagens ao Nordeste do Brasil (1809-1815)* relata o seguinte: "quando o padre e eu chegamos à casa [no litoral continental/ Ilha de Itamaracá, em Pernambuco], encontramos grande número de homens derredor de uma mesa, jogando baralho e continuaram até que o sino da capela badalou e o sacerdote apareceu paramentado para dizer a missa". Se as referências citadas não se associam diretamente ao cotidiano dos trabalhos agrícolas, elas permitem supor uma importância do toque do sino como elemento regulador das atividades cotidianas. As consultas às fontes citadas nesta nota foram retiradas do Arquivo Ernani Silva Bruno, referente ao projeto *Equipamentos da Casa Brasileira*. A consulta pode ser feita no seguinte sítio:< http://www.mcb.org.br/>. Ver também EQUIPAMENTOS, USOS E COSTUMES DA CASA BRASILEIRA. São Paulo: Museu da Casa Brasileira, 2001. 5 v.

Feliz Remanso, localizada atualmente no município de Barra do Piraí (no século XIX, Barra Mansa), encontrava-se no terreiro de café e, segundo a descrição do Instituto Estadual do Patrimônio Cultural (Inepac), elaborado sob os auspícios da Secretaria de Estado da Cultura do Rio de Janeiro, essa construção possuía "oito janelas e um sino, e sua agulha de cobertura é revestida em massa, com formato de tronco de pirâmide".[63]

Figura 13 – Campanário da fazenda Feliz Remanso. Foto: Rafael de Bivar Marquese.

O poder senhorial atuou também por meio das roupas usadas pelos escravos.[64] Parece existir uma associação entre um determinado tipo de roupa de algodão e a condição de escravo. Os processos criminais indicam que usar roupa de algodão significava, para os escravos, a manifestação explícita de sua condição de cativo. Essas roupas e outros objetos de trabalho podem ser vistos em fotografias de escravos de fazenda de café, como no exemplo abaixo, de Marc Ferrez (figura 14):

---

63 Ver o sítio do Inepac no seguinte endereço eletrônico: <www.institutocidadeviva.org.br/inventarios/sistema/wp-content/uploads/2009/11/8_feliz-remanso.pdf>. Acesso em 12 de fevereiro de 2014.
64 Sobre o vestuário dos escravos, ver STEIN, Stanley J, *op. cit.*, p. 214-219.

Figura 14 – "Partida para a colheita de café no Vale do Paraíba" (detalhe). Marc Ferrez, s/d. Fonte: ERMAKOFF, George, *op. cit.*, p. 51. Observar que os escravos estão descalços e o feitor ou administrador, à frente, está calçado.

A roupa utilizada pelos escravos, associada ao lugar em que se encontravam, seria um obstáculo para a execução de suas ações de resistências porque poderia identificá-los como possíveis fugitivos. Ser visto com roupas de algodão em horário ou em locais inapropriados poderia expor um fugitivo. Assim, não só as movimentações furtivas e a cor de pele[65] seriam elementos de suspeição. Parece que os escravos fugitivos Antonio José e Antonio Ferreira sabiam muito bem disso. O segundo, ao prestar depoimento em 9 de março de 1863, disse que

> achando-se eles com roupa de algodão com o qual não podiam viajar para não causar suspeita, vieram à fazenda de seu senhor ver se furtavam alguma roupa fina, e como não a pudessem conseguir por ter o mesmo seu Senhor mandado recolher toda a roupa com receio que eles furtassem partiram em direitura a Barra Mansa.[66]

---

65 Sobre a questão da cor da pele, ver MATTOS, Hebe Maria. *Das cores do silêncio: os significados da liberdade no Sudeste escravista – Brasil, século XIX, op. cit.*, p. 29-31 e o capítulo IV, "A cor inexistente".

66 MMN, Caixa 23/ nº de ordem 523.

Tal declaração precisa ser vista a partir dos pontos de vista do senhor e dos dois escravos. É importante sublinhar a ação senhorial de mandar recolher as roupas que poderiam ser roubadas pelos dois fugitivos. Também se destaca a ação de Antônio José e Antônio Ferreira de retornarem à fazenda de seu senhor e ao local onde possivelmente eles poderiam conseguir "roupas finas" e dirimir futuras suspeições sobre eles. Evidencia-se, em tais exemplos, que a mobilidade dos escravos poderia ser carregada de suspeita e a roupa usada por eles seria, em determinadas situações, um indicativo de desconfiança. Assim, percebe-se que houve um controle social sobre a movimentação dos escravos a partir das roupas que eles utilizavam. Por serem fugitivos, Antônio José e Antônio Ferreira sabiam muito bem disto. Eles sabiam que não poderiam viajar por estarem vestindo roupa de algodão e seu senhor sabia que os dois escravos poderiam retornar à fazenda para furtar as "roupas finas".

Do mesmo modo, Saturnino levou em consideração suas roupas quando planejou sua fuga. Para produzir conhecimento a respeito das movimentações furtivas dos escravos fugitivos, as autoridades costumavam realizar uma série de perguntas sobre os caminhos percorridos pelos escravos nas fugas, as roupas que eles usavam, os relacionamentos que eles tiveram no período em que se encontravam como fugitivos. Também as perguntas sobre os escravos ou homens livres que davam suporte e sustentavam a empreitada do fugitivo eram comuns. Foi o que aconteceu com esse escravo, quando ele foi preso em São José do Barreiro, município vizinho a Bananal. Prestando depoimento no dia 22 de agosto de 1869, Saturnino disse que saiu da casa de seu senhor, o tenente coronel José de Magalhães Couto, com roupa de algodão e trouxe consigo dois ponchos, "sendo um o que está com ele vestido e o outro sujo". Além disso, Saturnino trouxe uma japona, provavelmente furtada, pertencente ao feitor da fazenda de seu senhor. Quando inquirido sobre não ter entrado na vila de São José do Barreiro com a japona nos ombros, o escravo respondeu que não queria "ser conhecido". Mais ainda, Saturnino mudou de roupa durante seu percurso, não ficando claro no depoimento onde ele teria conseguido novas roupas. Mas a preocupação do escravo em mudar de roupa tinha um objetivo muito claro: não ser reconhecido como fugitivo. Quando foi perguntado se havia mudado de roupa antes ou depois de matar o menino Theodoro José Ferreira, Saturnino respondeu "que mudou antes do assassinato, quando saía na Estrada Geral". Em outro momento do mesmo depoimento, o escravo alegou dois motivos para mudar de roupa. Ele afirmou que havia trocado a roupa "por estar muito suja, e ter de sair na estrada". O conhecimento que o escravo do tenente coronel José de Magalhães Couto tinha da movimentação que ele podia ou não fazer pela estrada mostra o modo como os escravos apreendiam os usos permitidos e proibidos dos espaços da localidade em que viviam. Saturnino sabia que sair na Estrada Geral em horários determinados e ainda trajando roupa de algodão poderia denunciá-lo como um fugitivo. Além disso, o escravo em questão sabia que deveria enfrentar as temperaturas frias de inverno e por isso evadiu-se da propriedade de seu senhor com dois ponchos e uma japona pertencente ao feitor.[67]

Os processos criminais apresentam geralmente uma exposição bastante detalhada da roupa dos escravos e de vários objetos da cultura material dos cativos. O exame cadavérico realizado pelos peritos doutor Luiz Antônio Barboza Nogueira e o farmacêutico José de Araújo Santos é um bom exemplo disso. No dia 13 de julho de 1880, o escravo Custódio, pertencente a Luiz Pereira Leite, foi encontrado enforcado em um pé de laranjeira no lugar denominado Mato Dentro, no Curato do Alambari. Os peritos, procedendo ao exame de corpo de delito e exame cadavérico, encontraram o escravo

> vestido com calça de algodão riscado, camisa de algodão branco, sobre o qual existia uma outra de baeta encarnada, estas roupas achavam-se perfeitas, sobre a camisa de baeta, que apresentava alguns orifícios, e falta de mangas, estragos estes provenientes evidentemente do uso mais ou menos antiquado da mesma camisa, achando-se as mesmas desabotoadas no peito. Junto do cadáver via-se uma faca de pontas, digo uma faca de ponta envolvida em uma bainha, e mais um pequeno saco contendo o necessário para fumar, além de um chapéu de pele de lebre envelhecido, que apresentava um rasgo na capa, e uma correia de fivelas, trastes estes muito provavelmente pertencentes ao mesmo indivíduo.[68]

---

67 Como contraponto, vale a pena citar o relato dos peritos doutor Manoel Teixeira de Sousa Leite, médico que residia na cidade de Bananal, e Bráulio Muniz Dias da Cruz, farmacêutico que morava no Capitão-Mor, bairro da mesma cidade. Os dois peritos relatam, a respeito do cadáver do menino Theodoro José Ferreira, que "sendo-lhes apresentado um cadáver de um moço branco, imberbe, magro, cabelos louros, com quarenta polegadas mais ou menos de altura, apresentando ter quatorze anos quando muito, decentemente vestido, isto é, de calça de brim riscado verde, de camisa de [ilegível], de paletó de ganga parda, ceroula de algodão americano, calçado de sapatos e meias, com uma cinta de cadarço encarnado, com uma espora só no pé esquerdo, tendo ambos os bolsos da calça para fora, e um canivete pequeno no bolso de dentro do paletó (...)". O "Auto de corpo de delito" aconteceu no dia 18 de agosto de 1869. Ver MMN, Caixa 30/ nº de ordem 665.

68 MMN, Caixa 42/ nº de ordem 888.

Nos processos criminais, a referência a esses elementos da cultura material foi uma constante, especialmente nos "Autos de Corpo de Delito". As implicações desses objetos típicos dos escravos foram extraordinárias para a vida cotidiana deles. O vestuário de algodão dos cativos significou, para a classe senhorial, uma forma de controle social que se exerceu sobre a escravaria. Em um processo de julho de 1883 envolvendo um suicídio ocorrido em terras pertencentes a d. Domiciana Maria de Almeida Vallim, observou-se que a roupa dos escravos indicava a fazenda a qual eles pertenciam. Em depoimento prestado no dia 11 de julho, o administrador da fazenda das Três Barras, Manoel Rodrigues Thiago, informou ter mandado na "semana atrasada" os escravos Henrique e Timótheo tirarem cipó em terras da Perapetinga, pertencentes a d. Domiciana. No "meio do morro para cima, perto do rio Perapetinga" os dois escravos encontraram um cadáver "de um homem preto, quase reduzido a ossos, enforcado em uma árvore". Constatou-se que houve um suicídio por enforcamento. Quando inquirido sobre a possibilidade de ser o cadáver encontrado o de um escravo fugido da própria fazenda das Três Barras, o administrador respondeu "que não suspeitava, em razão da roupa com que apareceu o cadáver ser diferente da roupa dos escravos das fazendas das Três Barras e do Resgate".[69] Tem-se, portanto, a indicação de que as roupas dos escravos poderiam associá-los à fazenda a qual eles trabalhariam.

Por fim, em algumas fazendas, os escravos andavam com seus nomes identificados em suas roupas. Em um processo de 1886 em que o capitão Zoroastro Nogueira Alves de Macedo informou às autoridades que diversos libertos se achavam "debaixo da pressão do cativeiro" na fazenda Cantagalo, dois "pacientes" do processo, quando qualificados, informaram que eram conhecidos por outros nomes e não por aqueles em que foram apresentados à Justiça. Assim aconteceu com Ysrael e Ignácio. O primeiro disse que Ysrael "é o seu nome de batismo; e que não se chama Elias nem menos [?] se chama nem foi conhecido por nome de Elias". E Ignácio informou que este seria também o seu nome de batismo, "e que não se chama Antônio, e nem nunca se chamou nem foi conhecido pelo nome de Antônio". Para constatar a veracidade das informações, o escrivão, atendendo às ordens do juiz, declarou, para o primeiro, que "tanto na camisa como no calção de algodão de Santo Aleixo, estava impressa em letras maiúsculas o nome de = Esrael". E no segundo

---

69   MMN, Caixa 48/ nº de ordem 991.

caso, escreveu "que tanto na camisa como na calça de algodão estava impresso em letras maiúsculas o nome de = Ignacinho".[70]

Também foi possível identificar o funcionamento do poder senhorial quando se analisou, nos processos criminais, as perguntas feitas aos depoentes, os textos produzidos pelos promotores e o depoimento das testemunhas a respeito do comportamento dos escravos. O pensamento das autoridades e dos senhores a respeito do controle que se deveria exercer sobre os escravos ficou bastante evidente. As perguntas e os termos utilizados pelos promotores expõem, em muitas ocasiões, o pensamento senhorial de contenção e controle (da mobilidade e do corpo) e expressam os desejos de ordem e disciplina inerentes a uma sociedade escravista. Mapear alguns depoimentos e reparar nas perguntas feitas a testemunhas e informantes pode ajudar a definir os pressupostos de uma "geografia da contenção", conforme a expressão utilizada por Stephanie Camp.

Para os senhores, havia escravos que não tinham "bons costumes" e que só trabalhavam debaixo das vistas do feitor. Em depoimento prestado no dia 11 de setembro de 1882 a respeito da fuga do escravo Casemiro Bernardo, Caetano, escravo de roça do dr. Braz Barbosa da Silva, respondeu ao interrogatório nos seguintes termos:

> Perguntado se o acusado no dia em que teve lugar o assassinato não foi e veio da roça sempre vigiado por um feitor? Respondeu que no dia em que teve lugar o assassinato o réu foi e veio da roça mais cedo e sempre vigiado por um feitor e chegando em casa foi posto no *tronco* donde saiu somente no dia seguinte. Perguntado se o réu é escravo de bons costumes e não é habituado a fugir? Respondeu que o acusado é habituado a fugir e só trabalha debaixo das vistas do feitor.[71]

---

70   MMN, Caixa 50/ nº de ordem 1046. Qualificação dos dois escravos realizada em 19 de julho de 1886. Para uma análise mais detalhada desse processo, com destaque para a atuação abolicionista de Zoroastro de Macedo, ver SANTOS, Marco Aurélio dos. "Lutas políticas, abolicionismo e a desagregação da ordem escravista: Bananal, 1878-1888", op. cit.

71   MMN, Caixa 47/ nº de ordem 976. A história do escravo Casemiro Bernardo merece ser registrada. Esse escravo fugiu em direção a Barra Mansa e lá foi capturado. Em depoimento, confessa que havia fugido e que ele foi o assassino de outro escravo do dr. Braz Barbosa da Silva de nome Joaquim Benguela. O assassinato em questão ocorrera em 15 de outubro de 1880 – portanto, cerca de dois anos antes da fuga de Casemiro. Mais tarde, em depoimento prestado no dia 3 de fevereiro de 1883, Casemiro confessou que "não fora o autor da morte de Joaquim Benguela: sendo castigado na fazenda por seu Senhor e por sua Senhora

O que significa ter bons costumes? Significa (a) cumprir com as suas obrigações; (b) respeitar os lugares indicados pelos senhores, administradores e feitores e (c) não ser "vadio, fujão e viciado".[72] Esse tipo de vocabulário é muito comum nas palavras das testemunhas e dos informantes. Nos diversos processos criminais pesquisados, encontramos questionamentos a respeito da conduta dos escravos. No episódio do assassinato da escrava Martha e da fuga de Francisco, Antônio da Costa Azevedo, administrador, "respondeu que [Francisco] era um escravo morigerado e obediente, mas genioso com seus parceiros". Martha e Francisco eram casados e escravos do major Candido Ribeiro Barbosa, proprietário da fazenda dos Coqueiros. O escravo Gabriel, feitor da mesma fazenda, em depoimento prestado em 30 de janeiro de 1872, afirmou que Francisco "era um bom parceiro e estimado, e que vivia bem com sua mulher".[73] Até mesmo casos de suicídios aparentemente surpreendiam aqueles que prestavam depoimento. Em 11 de outubro de 1876, depondo sobre a fuga e posterior suicídio do escravo Gonçalo, pertencente ao major Candido Ribeiro Barbosa (filho), Antônio Ribeiro Lima "disse que conheceu o escravo Gonçalo desde o tempo do finado major Candido, a quem pertenceu e que sempre se distinguiu pela boa índole e amor ao trabalho, por isso o surpreendeu a notícia de que ele se havia suicidado (...)".[74] Um escravo "com boa índole", que tinha "amor ao trabalho", e que se suicida? Seriam irônicas, não fossem trágicas, as palavras de Antônio Ribeiro Lima. Os termos empregados revelam o ideal do bom e do mau escravo: questiona-se se o acusado é trabalhador (ou trabalhadeira, para as escravas), obediente aos seus senhores e aos feitores, morigerado, fujão ou habituado a fugir, vadio, mau-caráter, viciado, dócil, cumpridor dos seus deveres, fiel a seus senhores, estimado pelas boas qualidades etc. São expressões coligidas em vários processos criminais e que se relacionam com as intenções senhoriais de controle e disciplina da escravaria. São termos vinculados à

---

fugiu e foi então preso na Barra Mansa onde declarou que tinha sido o autor da morte de Benguela, isto porque apreciava mais estar na cadeia do que sofrer os castigos na fazenda". Sobre os escravos que fogem para se entregarem às autoridades, ver AZEVEDO, Elciene, *op. cit.*

72 Conforme pergunta feita a Antonio Alves da Luz, trabalhador de roça, no dia 11 de dezembro de 1882. MMN, Caixa 47/ nº de ordem 976. Essa testemunha respondeu também que o réu (Casemiro Bernardo) "é fujão e para trabalhar é preciso ser coagido pelo feitor".

73 MMN, Caixa 32/ nº de ordem 703.

74 MMN, Caixa 38/ nº de ordem 824. O "finado major Cândido" é o major Cândido Ribeiro Barbosa, morto em 1875 e já referido. Seu filho, homônimo, assumiu a administração dos bens do seu pai.

mecânica do poder senhorial que tenta a todo instante promover um espaço disciplinar nos locais de produção e um ideal de trabalhador escravizado. Boa conduta, bons costumes, dócil, trabalhador, cumpridor dos seus deveres, fiel, estimado, de boa índole, morigerado e obediente são termos que se opõem a vadio, viciado, fujão. O primeiro grupo revela os anseios senhoriais para operacionalizar, conforme expôs o memorialista Eloy de Andrade, a perfeita ordem, o trabalho intenso e a produção e riqueza. Revela também a fiscalização que se exerceu sobre o escravo no espaço e no tempo. A oposição no depoimento de Caetano, escravo de roça do dr. Braz Barbosa da Silva, entre ter bons costumes e ser habituado a fugir, demonstra que o controle dos senhores sobre a escravaria promoveu uma fiscalização da mobilidade que levou, em muitos momentos, a níveis altos de restrição do movimento. Alguns escravos eram incessantemente vigiados pelos feitores e colocados no tronco no final do dia. O tronco era a punição exemplar para restringir a locomoção daqueles cativos que se movimentavam sem a autorização senhorial. Para aqueles escravos que utilizavam o espaço de modo alternativo, para uma mobilidade difusa, perigosa, não autorizada, há a vigilância constante e o tronco que dificulta a movimentação.

Os investimentos senhoriais sobre o corpo dos escravos compõem, assim, outra face dos controles que se exerciam sobre a mobilidade dessa mão de obra. Nesse sentido, é possível notar facilmente alguns paroxismos nas ações dos senhores em controlar a circulação dos seus escravos. Alguns exemplos demonstram os embates destas exigências disciplinares de controle do movimento. Para os cativos considerados fujões, era comum a punição que restringia a circulação se estender por muito tempo. O escravo Fortunato, pertencente a d. Domiciana Maria de Almeida Vallim, foi capturado em Angra dos Reis e conduzido à fazenda das Três Barras, onde trabalhava. Lá chegando, o administrador da fazenda, Manoel Rodrigues Thiago, "pôs-lhe tronco nos pés por ter o mesmo o hábito de fugir". Em uma noite de sábado o escravo voltou a fugir "com o tronco nos pés". No dia 19 de fevereiro de 1884, Fortunato foi novamente capturado e, muito doente, foi conduzido à fazenda do Resgate, falecendo no dia 20.[75] A insistência de Fortunato em fugir, mesmo com o tronco nos pés, mostra o embate que existia entre um desejo senhorial de controle da mobilidade dos escravos fujões e a aspiração de liberdade e de mover-se por si dos cativos subjugados pela dura realidade da escravidão.

---

75 MMN, Caixa 48/ nº de ordem 999. O processo não esclarece como o escravo conseguiu fugir com o tronco nos pés.

A obrigação de trabalhar aos domingos e em dias santos, acorrentados, como aconteceu com os já mencionados escravos Antonio José e Antonio Ferreira, demonstra como o poder senhorial investiu sobre a mobilidade e o corpo dos escravos, limitando, com diversos instrumentos, a movimentação dos cativos.

Também merece destaque o caso de Marcolino, pertencente ao major José Ildefonso Pereira, como um exemplo de punição característica de escravos fujões que se estende por muito tempo. Em 14 de julho de 1881, Marcolino se entregou às autoridades de Bananal apresentando sinais de ofensas "no pescoço e nas costas". No depoimento que prestou no mesmo dia, Marcolino disse que se achava fugido há sete dias, após ter sido descoberto com milho que pertencia a seu senhor. O escravo afirmara que "tirara escondido [o milho] para vender e comprar açúcar e mais algumas coisas". Descoberto pelo feitor, foi punido e acabou fugindo. No auto do corpo de delito, os peritos Antonio Alves do Banho e José Joaquim de Azevedo Brandão afirmaram que "encontraram o paciente vestido de calça e camisa de algodão, bastante sujas e rasgadas, e com um chapéu de pelo velho e com um grande ferro no pescoço". Ao ser perguntado há quanto tempo se encontrava com o "grande ferro ao pescoço", Marcolino respondeu "que há oito anos, por ter fugido".[76] O caso repercutiu em jornais da Corte mostrando que, neste momento histórico, as práticas do poder senhorial eram questionadas e denunciadas como estratégia para movimentar a opinião pública a respeito das questões envolvendo o trabalho escravo. A *Gazeta de Notícias* e a *Gazeta da Tarde* noticiaram a situação de Marcolino. Com o título "Para o estrangeiro ler", o segundo jornal reproduziu texto do *Echo Bananalense* que apresentava detalhes do ferro ao pescoço fixado ao escravo. Dizia a reportagem que "o ferro que o pobre rapaz trazia ao pescoço pesava 3 quilos e já havia feito cova nas regiões claviculares".[77]

O ferro ao pescoço expõe o escravo fujão e evidencia para todos da sociedade o investimento feito pelo poder senhorial no corpo do escravo, com o intuito de estig-matizá-lo e de controlar sua mobilidade. Dada a situação de Marcolino – há oito anos com um ferro ao pescoço, sujo e com as roupas rasgadas –, a sentença proferida revela

---

76   MMN, Caixa 44/ nº de ordem 937.

77   *Gazeta da Tarde*, 25 jul. 1881, n. 171, p. 2. *Gazeta de Notícias*, n. 192, 19 jul. 1881, p. 1. Sobre a ação abolicio-nista destes dois órgãos de imprensa, ver CONRAD, Robert. *Os últimos anos da escravatura no Brasil: 1850-1888, op. cit.*, p. 185-189. TOPLIN, Robert Brent. *The Abolition of Slavery in Brazil, op. cit.*, 1975. p. 68-69.

o quanto o sistema de trabalho escravo apresentou, até mesmo na década final da escravidão, elementos que revelam a brutalidade das autoridades e do poder senhorial. Além disso, tal sentença expõe as relações assimétricas de poder que se construíram no dia-a-dia da escravidão. Disse o texto, assinado por José Loures Barbosa em 16 de julho de 1881, que o corpo de delito era procedente, porém que para tal caso não caberia denúncia, devendo ser entregue o escravo Marcolino a seu senhor, o major José Ildefonso Pereira, sendo as custas do processo pagas pelo mesmo. Seria possível imaginar o que aconteceria no futuro próximo a tal escravo, que foi pego roubando e fugiu, entregando-se à Justiça, sendo posteriormente remetido ao seu senhor, tendo este que pagar as custas do processo. Infelizmente, ao historiador não é possível saber, por falta de fontes primárias, muitos incidentes que se passaram no âmbito privado das fazendas cafeeiras do Vale do Paraíba. Contudo, é certo que a sentença fez valer a condição de coisa do escravo porque o cativo, por "ficção da lei", encontrava-se "subordinado às regras gerais da propriedade".[78]

Outro caso dramático refere-se ao escravo Francisco, que também carregava um ferro ao pescoço quando foi preso em Angra dos Reis com sua esposa, Joana, e seus dois filhos, ambos ingênuos. Segundo notícia do *O Paiz*, essa família pertencia a Joaquim Silvério Nogueira Cobra e Afonso Cobra Nogueira de Sá. Os quatro foram conduzidos no dia 11 de outubro de 1887 pelo inspetor de quarteirão do Ariró para o centro da cidade. A notícia informa que um dos ingênuos de nome Roque teria morrido de causas naturais na casa do referido inspetor, no Ariró..A descrição da cena para a retirada do ferro do pescoço de Francisco mostra a brutalidade do regime de trabalho escravo e aponta para o uso político que se fazia, nestes anos finais da década de 1880, das denúncias dos mecanismos senhoriais de contenção e controle da escravaria. A reprodução seriada dessas notícias fazia movimentar a opinião pública e sensibilizava sentimentos em favor da causa abolicionista. Diz o texto que

> o desgraçado Francisco tinha ao pescoço *um ferro*, que, para se tirar, foi preciso ser o preto levado à oficina de ferreiro do Sr. Fonseca, onde, ajoelhado e posta a cabeça em posição sobre a bigorna, aí, a malho e talhadeira, foi cortado o grosso e aviltante *ferro*, que, segundo declarou o escravizado, lhe havia sido fecha-

---

78 MALHEIRO, Perdigão. *A escravidão no Brasil: ensaio histórico, jurídico, social*. Petrópolis: Vozes; Brasília: INL, 1976. v. 1, p. 45-46.

do há ano e meio, o que horrorizou a multidão que presenciava, penalizada, essa operação.[79]

Depois de feitas as diligências, os escravos foram conduzidos para a Cadeia da cidade. Para finalizar, a notícia vaticinava: "Hoje naturalmente estão os negros nas fazendas dos Srs. Cobra, que cobrarão com usura o desaforo daquela fuga, tão calamitosa como exemplo aos parceiros e tão prejudicial aos interesses das tulhas. Viramundo com eles, aproveitem".

Mas não apenas o tronco, a corrente ou o ferro. Com toda a sua sagacidade e inteligência, Machado de Assis descreveu outros aparelhos surgidos durante a época da escravidão no Brasil. No conto intitulado "Pai contra mãe", lemos que:

> A escravidão levou consigo ofícios e aparelhos, como terá sucedido a outras instituições sociais. Não cito alguns aparelhos senão por se ligarem a certo ofício. Um deles era o ferro ao pescoço, outro o ferro ao pé; havia também a máscara de folha-de-flandres. A máscara fazia perder o vício da embriaguez aos escravos, por lhes tapar a boca. Tinha só três buracos, dois para ver, um para respirar, e era fechada atrás da cabeça por um cadeado. (...) O ferro ao pescoço era aplicado aos escravos fujões. Imaginai uma coleira grossa, com a haste grossa também, à direita ou à esquerda, até ao alto da cabeça e fechada atrás com chave. Pesava, naturalmente, mas era menos castigo que sinal. Escravo que fugia assim, onde quer que andasse, mostrava um reincidente, e com pouco era pegado.[80]

79 O Paiz,19 out. 1887, n. 1109, p. 2.

80 ASSIS, Machado de. "Pai contra mãe". In: _____ Contos: uma antologia. São Paulo: Companhia das Letras, 1998. Sobre os instrumentos de punição e as insurreições e revoltas dos escravos, ver o trabalho de STEIN, Stanley J., op. cit., p. 159-177. Vale a pena mencionar um jongo que, possivelmente, estaria relacionado com a punição do ferro aos pés. Diz a letra: "O canarinho tão bonitinho, que está preso na gaiola/ Pra quê correntinha está no pé, pra quê?". Ibidem, p. 165. Flávio dos Santos Gomes fez uma análise desse conto e das fugas dos escravos em GOMES, Flávio dos Santos. "Jogando a rede, revendo as malhas: fugas e fugitivos no Brasil escravista", Tempo, Rio de Janeiro, v. 1, abr., 1996, p. 67-93. Um dos temas recorrentes na historiografia sobre a escravidão é o da violência. O castigo físico, como os açoites ou os aparelhos utilizados para controlar a mobilidade dos escravos, sempre foi um dos instrumentos senhoriais de dominação. Contudo, alguns historiadores apresentam uma opinião divergente da que está expressa neste trabalho. Estudando outra realidade e um tempo histórico diferente, Silvia Hunold Lara observou que o castigo ("a violência física ministrada sabiamente pelo senhor") garantia a continuidade da relação de produção e "fazia com que o escravo 'aceitasse' o muito trabalho e a pouca alimentação". As implicações do advérbio grifado e a insinuação de que os escravos "aceitavam" os castigos físicos ficou, em diversos

Os aparelhos mencionados por Machado de Assis e os processos analisados revelam, de algum modo, o domínio do poder senhorial sobre o corpo e a mobilidade dos cativos. Esse domínio foi de fato intenso. Os instrumentos de punição que procuravam limitar a mobilidade dos escravos tinham como objetivo realizar as exigências senhoriais do cativeiro: a de estabelecer os indivíduos nos seus lugares determinados. Além disso, o uso da espacialidade das fazendas visava a facilitar a distribuição dos escravos no espaço de plantação conforme suas funções. Tais exemplos adquirem relevo se comparados aos estudos relacionados ao período posterior à Abolição. Pesquisadores revelaram como foi importante para os ex-escravos vivenciarem a possibilidade de ir e vir, de dispor de seu próprio corpo e de poder controlar a vida e a família com relativa autonomia.[81]

Como se viu, a convicção de que os senhores procuravam controlar o movimento dos escravos exigiu uma ação senhorial de contenção e de disciplinamento dos indivíduos no espaço. Um dos referenciais mais simbólicos desse disciplinamento seria o ato de "fechar o portão" ao final do dia. O ferro ao pescoço, pesado, que facilitava a captura e mostrava o escravo reincidente na fuga, também esteve associado ao desejo dos senhores de promover um controle sobre a mobilidade dos cativos no espaço.

---

momentos desta pesquisa, desmentida. Em um capítulo intitulado "O castigo incontestado" – título bastante controverso –, a autora escreveu que os escravos aceitavam o castigo "como algo que faz[ia] parte da educação". Tal noção a respeito dos castigos físicos não encontra respaldo na documentação coligida nesta pesquisa e, muito dificilmente, seria uma realidade para o período estudado pela autora. A concepção de Silvia Lara fez escola. Por exemplo, pesquisando o "Norte de Minas Gerais" e utilizando os processos criminais, as ações cíveis de liberdade, as cartas de alforria e os relatórios de presidentes de província como fontes documentais, Alysson Luiz Freitas de Jesus reafirmou a importância de *Campos da violência* e endossou a tese de "consenso existente na relação senhor/escravo". Ver LARA, Silvia Hunold. *Campos da violência: escravos e senhores na capitania do Rio de Janeiro, 1750-1808, op. cit.*, p. 29-72. As citações encontram-se às páginas 56 e 72. JESUS, Alysson Luiz Freitas de, *op. cit.*, p. 54-55. Para uma avaliação crítica dessas posições, ver GORENDER, Jacob, *op. cit.*

81 Cf. RIOS, Ana Lugão; MATTOS, Hebe. *Memórias do cativeiro: família, trabalho e cidadania no pós-abolição.* Rio de Janeiro: Civilização Brasileira, 2005. Florestan Fernandes observou que a reação dos negros e mulatos ao trabalho livre definiu-se a partir de "elementos morais". Para quem contratava o trabalhador, o que importava "era o rendimento do trabalho, a observância das cláusulas dos contratos e o nível de remuneração desse fator da produção". Já para negros e mulatos advindos do regime de trabalho escravo, "o que adquiria caráter essencial, (...) era a condição moral da pessoa e sua liberdade de decidir como, quando e onde trabalhar". FERNANDES, Florestan, *op. cit.*, p. 45. Esses fatores morais reforçam, em nosso entendimento, a ação senhorial do período precedente de controle sobre o corpo e a mobilidade dos escravos.

Afirmações como "e só trabalha debaixo das vistas do feitor"[82] ou reclamações de escravos que diziam que eram "carregado[s] de ferros"[83] foram comuns em processos criminais. Essas estratégias senhoriais foram ações que procuraram controlar a movimentação dos escravos e aumentar a fiscalização sobre os possíveis usos alternativos que eles faziam da espacialidade.

O funcionamento do poder senhorial aconteceu também pelo controle e fiscalização das ferramentas disponibilizadas para o trabalho dos escravos. Em diversos depoimentos, esse tipo de controle ficou bastante evidente. Na fazenda dos Coqueiros, do major Candido Ribeiro Barbosa, os escravos pediam os instrumentos de trabalho para o feitor como se pode perceber com o caso dos escravos Antonio José, Antonio Ferreira e Pedro, já citado anteriormente.[84] Nesse mesmo caso, Camilo José da Silva, em 3 de junho de 1863, afirmou "que a faca pertencia ao escravo Benedito e o machadinho era do feitor Antônio a quem Pedro pedira nesse dia para cortar cabo de enxadas, e isto lhe informou o mesmo Antônio que dissera a ele testemunha não ter posto dúvida em emprestar o machado a Pedro por ser este vigia".[85] No caso do assassinato de Manoel, escravo do capitão Claudino José de Almeida, Camilo, escravo de José Joaquim Pereira da Silva, informou que havia saído para bater na janela "atrás da casa que dava ao quarto do administrador para pedir uma cavadeira a fim de se defender caso voltasse o dito negro fugido, e conseguindo a cavadeira (...)".[86]

Muitos escravos que não suportaram o funcionamento do poder senhorial se suicidaram. Os processos criminais envolvendo suicídio revelam um dos aspectos mais dramáticos da escravidão. Dos 31 processos criminais reunidos nesta pesquisa para

---

82   MMN, Caixa 47/ nº de ordem 976. Assim se expressou Caetano, escravo do doutor Braz Barbosa da Silva, em depoimento de 11 de dezembro de 1882. Isso se aplica a Casemiro, escravo do mesmo senhor, que, segundo o depoimento de várias testemunhas, encontrava-se "sob ferros" por ter fugido.

83   MMN, Caixa 37/ nº de ordem 801. Assim se expressou o escravo Joaquim, de quarenta anos de idade mais ou menos, solteiro, natural da África (Mina), de profissão campeiro (e também identificado em outros depoimentos como peão e trabalhador de roça), que assassinou seu senhor, Luiz Vianna de Hermógenes, em 09 de junho de 1875 na fazenda da Formiga. O primeiro depoimento desse escravo aconteceu em 10 de junho.

84   MMN, Caixa 23/ nº de ordem 523. No depoimento de 9 de março de 1863, Antonio Ferreira disse que Pedro pediria um machadinho ao feitor, com o pretexto "de cortar com o mesmo com uns cabos de enxada, (...)".

85   MMN, Caixa 22/ nº de ordem 521.

86   MMN, Caixa 10/ nº de ordem 268. O assassinato em questão ocorreu no dia 5 de maio de 1855.

a década de 1860, quatro (12,9%) relacionavam-se a suicídios. Nos anos 1870, vinte processos (38,4%) de um total de 52 referiam-se a suicídios de escravos. Por fim, no período de 1880 a 1888, de um total de 59 processos criminais, catorze (ou cerca de 23,7%) eram relativos a esse tipo de ocorrência. No cômputo geral, dos 142 processos criminais analisados nessas três décadas,[87] cerca de 26,7% correspondiam a suicídios ou tentativa de suicídio. Como se percebe, as décadas de 70 e 80 mostraram um aumento significativo dos suicídios de escravos indicando, outrossim, a contrapartida: o aumento da exploração e dos controles, em um momento histórico de instabilidade e questionamentos da instituição escravista. Conforme notou Robert W. Slenes, até pelo menos 1881 a economia do Vale do Paraíba fluminense esteve em expansão, "exibindo sinais de vigor (na demanda por escravos e no aumento da exportação de café)" no período entre 1872 e 1881. Descartando as teses de uma mentalidade "pré-capitalista" que justificaria o apego à escravidão dos proprietários dessa região, esse autor enfatizou as ações dos escravistas que estavam pautadas pela racionalidade econômica, mesmo daqueles que moravam em municípios cafeeiros como Vassouras, onde a existência de poucas terras de mata virgem e a produtividade em processo lento de declínio, devido ao envelhecimento dos pés de café, já poderia indicar sinais de crise econômica.[88] Por consequência, a exploração do trabalho dos escravos acompanhou diretamente tal conjuntura econômica.[89] Os suicídios, sem dúvida, tinham um vínculo direto com essa realidade.

---

87 Os processos criminais da década de 1850 não foram contabilizados porque se encontravam em estado precário de conservação, conforme se esclareceu na introdução deste trabalho.

88 SLENES, Robert W. "Grandeza ou decadência? O mercado de escravos e a economia cafeeira da província do Rio de Janeiro, 1850-1888". In: COSTA, Iraci Del Nero da (org.). *Brasil: história econômica e demográfica*. São Paulo: Instituto de Pesquisas Econômicas, 1986, p. 141.

89 Nos termos de Ricardo Salles, "esse aumento da produtividade do trabalho escravo, ou melhor, do regime escravista – uma vez que, em alguns casos, esse aumento pudesse estar associado a formas de trabalho livre – mostra a robustez da produção escravista ainda no final da década de 1870" SALLES, Ricardo. *E o Vale era o escravo: Vassouras, século XIX. Senhores e escravos no coração do Império*. Rio de Janeiro: Civilização Brasileira, 2008, p. 154. Ver também MARQUESE, Rafael de Bivar. "Diáspora Africana, escravidão e a paisagem da cafeicultura no Vale da Paraíba oitocentista", *op. cit.* Robert W. Slenes correlaciona dados da exportação do café e da venda de escravos, muitos oriundos do tráfico interprovincial. Sem dúvida, nas análises de Slenes, referentes a diversas áreas do Sudeste, é possível entrever um aumento de produtividade, decorrente da alta exploração da mão de obra. SLENES, Robert W. "The Brazilian Internal Slave Trade, 1850-1888: Regional Economies, Slave Experience, and the Politics of a Peculiar Market". In: JOHNSON, Walter. *The Chattel Principle: the Internal Slave Trade*

Nas ocorrências analisadas, englobamos três casos de tentativa de suicídio. Um deles refere-se ao escravo Marçal, pertencente a Rodrigo Ribeiro de Miranda, proprietário da fazenda São João da Boa Vista. Nesse caso, de julho de 1883, o escravo revelou em seu depoimento problemas mentais ao dizer que fora "assombrado por uma assombração horrível" e que, por esse motivo, tentara suicidar-se com um cipó na senzala da fazenda.[90] Os outros dois casos de tentativa de suicídio, ambos da década de 1870, referem-se aos escravos Benedito, pertencente a Manoel Rebello Rosa, e José Ferrão, de propriedade de Bento Antônio Vieira. O primeiro tinha apenas dezoito anos e tentou suicidar-se com um tiro de espingarda.[91] O segundo, vendo-se "constantemente ameaçado de suplícios por parte de seu senhor", tentou degolar-se usando uma navalha.[92] Supondo verdadeira a narrativa construída nesse último processo, tem-se um exemplo explícito de que a pressão por maior produtividade levava os escravos ao suicídio. Uma das estratégias de controle que visava a garantir a exploração era a ameaça constante de tortura, ou, em outros termos, o uso do terror para amansar a rebeldia e garantir o trabalho do escravo. A reação dos escravos a essa violência psicológica era, em diversos casos, a morte.

Dos casos de suicídio, o mais dramático foi sem dúvida o que ocorreu no dia 10 de outubro de 1867. Os escravos Prisco e Victalina morreram após se atirarem no rio Bananal. Victalina era filha de Prisco e se jogou no rio Bananal com sua irmã, recém nascida. A esposa de Prisco, Benvinda, também tentou o suicídio porém não conseguiu realizar seu intento, sendo resgatada do rio Bananal com vida. Todos esses escravos pertenciam ao tenente Antônio Luis Carlos de Toledo. Infelizmente o processo é curto, não apresenta depoimento de nenhuma testemunha e se encerra no Auto do Corpo de delito.[93] Tal fato levanta suspeitas acerca dos silêncios das autoridades

---

in the Americas. New Haven; Londres: Yale University Press, 2004, p. 325-370. Sobre o aumento da exploração do trabalho escravo em Bananal entre as décadas de 1830 e 1850, ver MORENO, Breno Aparecido Servidone. *Demografia e trabalho escravo nas propriedades rurais cafeeiras do Bananal, 1830-1860, op. cit.,* p. 198-219. Ver especialmente o gráfico 3.3 à página 206.

90 MMN, Caixa 48/ n° de ordem 992.

91 MMN, Caixa 31/ n° de ordem 685. Processo de Outubro de 1870.

92 MMN, Caixa 37/ n° de ordem 806. Processo de Novembro de 1875.

93 MMN, Caixa 27/ n° de ordem 617. Manuel Moreno Fraginals relata casos de suicídios coletivos em Cuba, como no exemplo da sublevação do engenho "Alcancía", ocorrida em 1843. Nesse episódio, quarenta escravos foram encontrados enforcados em uma "picada da mata". Também relata o caso de 1835, referente

90 Geografia da escravidão no Vale do Paraíba cafeeiro

sobre os casos dramáticos de suicídios. É possível pensar em uma estratégia das autoridades de acobertamento de casos mais chocantes e que pudessem causar impacto
emocional na população.

Quarenta e uma vítimas estiveram envolvidas nos 38 processos criminais que se
registraram como suicídio. Isso porque deve-se contar o suicídio coletivo acima re-
gistrado. Desse total, se excluirmos as duas crianças filhas do casal Prisco e Benvinda,
teremos um total de 21 escravos do sexo masculino que tiraram suas vidas por meio
do enforcamento contra apenas um caso envolvendo escrava. Do mesmo modo, quatro escravos suicidaram-se com um tiro de pistola ou de espingarda e sete escravos
mataram-se por afogamento, contra duas mulheres. Os outros quatro casos restantes,
todos de homens, foram suicídios através de um golpe no pescoço (dois casos), por
meio de degolamento (um caso) e, por fim, um escravo que deu facadas em si mesmo. Esse retrato dos processos criminais envolvendo suicídios de escravos permite,
de imediato, duas conclusões. Em primeiro lugar, os casos envolvendo homens (36)
eram mais comuns do que aqueles envolvendo mulheres (3). Outra conclusão é que
o meio mais comum para se cometer o suicídio era através do enforcamento, com 22
processos (57,9%) de um total de 38.[94]

a uma sublevação em um engenho chamado Aguacate em que dez negros foram encontrados enforcados. FRAGINALS, Manuel Moreno, *O engenho: complexo sócio-econômico açucareira cubano*. São Paulo:
Hucitec/ Ed. da Unesp; Brasília: CNPq, 1989, p. 10; ver também a nota 6. Sobre os suicídios em Cuba,
também com casos dramáticos de suicídios coletivos, uma análise sobre as crenças africanas de retorno
à terra natal após a morte e as estratégias senhoriais para combater essas "convicções africanas" ver BAR-
CIA, Manuel. *Seeds of Insurrection: Domination and Resistance on Western Cuban Plantations, 1808-1848*.
Baton Rouge (LA): Lousiana State University Press, 2008, p. 71-83. Vincent Brown também analisou a
questão para a Jamaica colonial do século XVII e demonstrou as estratégias senhoriais para tentar conter
o elevado número de suicídios dos escravos. Manipulando as crenças africanas acerca dos mortos, os
senhores mutilavam os corpos de escravos suicidas e mandavam pregar as partes retalhadas em postes, fazendo os escravos verem, em fila, o espetáculo dantesco. Ao expor os corpos mutilados em determinadas
partes da propriedade rural ou em caminhos estratégicos, os senhores tinham como objetivo demonstrar
aos escravos quem podia controlar o destino dos mortos, desafiando assim a crença africana do retorno
à terra natal após a morte. BROWN, Vincent. "Spiritual Terror and Sacred Authority: The Power of the
Supernatural in Jamaican Slave Society". In: BAPTIST, E.; CAMP, M. H. *New Studies in the History of
American Slavery*. Athens (GA): The University of Georgia Press, 2006, p. 179-210.

94 Para um estudo sobre suicídio em outra área agrícola brasileira da segunda metade do século XIX, ver
FERREIRA, Jackson. "'Por hoje se acaba a lida': suicídio escravo na Bahia (1850-1888)". *Afro-Ásia*, Salvador, n. 31, 2004, p. 197-234. Nesse artigo, o autor também observa que o enforcamento era muito utilizado e um dos métodos mais eficazes para cometer o suicídio. Ver também GOULART, José Alípio. *Da fuga
ao suicídio: aspectos da rebeldia dos escravos no Brasil*. Rio de Janeiro: Conquista; INL, 1972, p. 123-130.

Os processos de suicídio apresentam um panorama assustador da escravidão. Como se viu, uma das explicações plausíveis para esse quadro relaciona-se com a pressão que se exercia sobre a escravaria. Pressão que encaminhava o escravo ao desespero, levando-o a cometer esse ato extremado. Além disso, as ameaças de suplícios e o funcionamento do poder senhorial que se vinculavam diretamente às exigências de maior produtividade e de obediência poderiam levar à fuga e ao posterior suicídio.

Muitos escravos procuravam lugares ermos, pouco habitados, para praticarem seu intento. Os matos e capoeiras eram os espaços onde frequentemente se encontrava um corpo enforcado de um escravo. A grande extensão das terras de alguns fazendeiros, característica da estrutura fundiária de Bananal, produziu situações incomuns. Quando em julho de 1883 os escravos Henrique e Timótheo, ambos trabalhadores da fazenda das Três Barras e pertencentes a d. Domiciana Maria de Almeida Vallim, foram "tirar cipó" em terras da Perapetinga, encontraram:

> no capoeirão um cadáver enforcado em uma árvore de figueira, estando já em estado de não poder se conhecer por estar reduzido a ossos e caveira, tendo já caído a parte da cintura para baixo, e da cintura para cima suspensa, tendo um cipó amarrado no pescoço e a ponta do mesmo atada no galho da árvore, estando esta parte vestida com uma camisa de algodão grossa, branca e uma japona de baeta azul, reconhecendo ser o cadáver de cor preta, por ter visto os pés do mesmo que ainda conservava o couro.[95]

A terrível descrição da cena vista pelos dois escravos demonstra que o "cadáver de um homem preto" que foi encontrado em terras de d. Domiciana havia, ao que tudo indica, se suicidado e o corpo, "quase reduzido a ossos", encontrava-se desde a morte exposto às intempéries e à ação de animais. Também o fato informa que a extensão das terras senhoriais era tão significativa em alguns casos que não era possível realizar um controle e uma fiscalização de todas as áreas com um mínimo de eficiência. O "preto desconhecido" que se suicidara já estava com "a parte da cintura para baixo" caída quando foi encontrado. Foi o tempo ou a ação dos animais que reduziu a ossos o cadáver que foi encontrado "no capoeirão, no meio do morro", em

---

95 Conforme depoimento do escravo Timótheo, datado de 11 de julho de 1883. MMN, Caixa 48/ n° de ordem 991.

terras de d. Domiciana? Ou o cadáver se encontrava há algum tempo naquele lugar (digamos pelo menos um mês)? Ou as duas coisas? O que se pode levantar como hipótese é que as terras senhoriais tinham espaços vagos, parcialmente vigiados, que permitiam a circulação furtiva de escravos, fossem eles fugitivos, suicidas ou outros. Tocas, grutas, capoeiras e ranchos poderiam se constituir em abrigo para fugitivos na vastidão das terras senhoriais e oferecer resguardo relativamente seguro. As capoeiras e os matos, por sua vez, seriam locais apropriados para o suicídio. Nesses locais, os escravos encontravam o cipó e as árvores para realizarem seu intento.

Na pena crítica de José do Patrocínio, o suicídio foi, ao lado das "notícias dos espancamentos, dos arrochos com cordas e algemas", os eventos que mancharam o reinado de d. Pedro II.[96] Na década final da escravidão, o suicídio dos escravos era também um evento político. Mas é possível supor que o número de processos criminais envolvendo suicídios esteja inchado por algumas fraudes. Dado o momento histórico de intensas lutas políticas acerca dos destinos do trabalho escravo, pode ser que alguns processos criminais envolvendo escravos fujões que foram capturados e, algumas horas depois, encontrados mortos – processos esses dados como suicídio – possam ser fraudes. Não é possível afirmar com precisão, mas é crível supor que a vingança dos senhores contra o ato de insubordinação dos seus escravos neste momento de radicalização política possa ter vitimado muitos "suicidas". É o que pode ter acontecido com o escravo Augusto, pertencente ao dr. José Alvares Rubião. No dia 15 de setembro de 1885, o dr. Rubião comunicou ao delegado de polícia em exercício o suicídio do seu escravo em uma casa da fazenda de Santa Candida, localizada na "Cruz". Apesar dos peritos não terem encontrado "nenhum sinal de sevícias antigo ou recente" – dado que pode ser verdadeiro ou uma burla –, as testemunhas relataram uma história de fuga que permite desconfiar da versão oficial do processo criminal. O carpinteiro português Joaquim José Barbosa disse que Augusto achava-se fugido "há muitos dias" e que ele retornara à fazenda de seu senhor "em companhia de um moleque". Por ordem do dr. Rubião, Augusto foi "recolhido ao tronco" e algemado. No dia seguinte, às sete horas da manhã, Augusto foi encontrado no terreiro, "deitado de

---

96 Conforme artigo publicado na *Gazeta da Tarde* de 13 de fevereiro de 1886. PATROCÍNIO, José do. *Campanha abolicionista: coletânea de artigos*. Rio de Janeiro: Fundação Biblioteca Nacional, Departamento Nacional do Livro, 1996, p. 130.

bruços e com um golpe no pescoço". Barbosa afirmou que o Dr. Rubião tratava seus escravos "com muita benevolência" e que Augusto já havia fugido por diversas vezes. Para Manoel da Silva Pinheiro Guimarães, Augusto tinha por hábito fugir e voltar apadrinhado e que no dia anterior à morte havia retornado para a fazenda acompanhado por um escravo da Baronesa de Joatinga, "mas como não trouxesse carta, o doutor Rubião mandou pô-lo no tronco e colocar-lhe algemas". Não é possível afirmar com convicção que a versão construída pelo processo seja falsa. Mas é lícito desconfiar da morte por suicídio de um escravo que tinha o costume de fugir e voltar apadrinhado. Afinal, como se pode perceber dos processos criminais envolvendo suicídios, era comum que os escravos escolhessem lugares ermos, pouco frequentados, para cometer o suicídio. E esse não foi o local da morte de Augusto.

O controle senhorial sem dúvida investiu diretamente sobre o corpo e a movimentação dos cativos e utilizou-se, para tanto, de instrumentos de tortura e de uma espacialidade de controle. Os espaços de produção, a arquitetura das fazendas de café, a disposição dos edifícios, as regulamentações municipais e a ação senhorial visível com os instrumentos de punição tiveram um papel fundamental no controle sobre a escravaria e, consequentemente, na contenção das revoltas dos escravos. Além disso, destacou-se que, numa sociedade escravista, a organização do espaço de uma propriedade rural era determinante para definir as relações sociais e de poder, para estabelecer os indivíduos no espaço e para exercer um controle sobre eles. Também o controle e a fiscalização sobre os objetos da cultura material (ferramentas, roupas etc.) constituíram-se como operações da mecânica do poder senhorial e, por que não dizer, como uma característica da "gestão escravista".

Cabem, contudo, alguns questionamentos: é possível estudar uma geografia senhorial para os proprietários de menor porte? Como se operavam as exigências de um espaço disciplinar para esses proprietários ou para aqueles que não apresentavam a solução em quadra? Os processos criminais e inventários apresentam pistas fragmentárias para responder a esses questionamentos. Existem limitações para se estudar outras espacialidades unicamente a partir dos inventários. As descrições contidas nessas fontes muitas vezes são imprecisas e incompletas. Sem o recurso da imagem, é muito difícil vislumbrar com precisão a disposição dos edifícios de uma propriedade rural. Isso vale principalmente para os proprietários com poucos recursos, cujos edifícios estão destruídos. Além disso, de acordo com a pesquisa de

94   Geografia da escravidão no Vale do Paraíba cafeeiro

Breno Moreno, a década de 50 foi marcada por uma brutal concentração da riqueza nas mãos dos escravistas com cem ou mais cativos. No que tange aos proprietários com 49 escravos ou menos, eles compunham um porcentual de 67,7% do total de escravistas de Bananal, mas detinham somente 14,4% dos escravos. Esses proprietários ocupavam, por sua vez, apenas 8,1% da área ocupada do município e plantavam somente 11,7% dos pés de café de Bananal. Como se vê, esse conjunto de proprietários rurais não foi predominante na organização da estrutura fundiária de Bananal, em que pese seu número significativo no conjunto dos escravistas. Desse modo, sem querer esgotar o assunto, tentaremos estabelecer algumas hipóteses a respeito da espacialidade das fazendas desses proprietários de escravos e entender como se deu o controle sobre os escravos nessas fazendas.[97]

Sem dúvida, é possível considerar uma série de mecanismos utilizados por proprietários de menor porte e que garantiriam o trabalho de escravos e a segurança da fazenda. Muitas dessas estratégias foram, sem dúvida, vinculadas a questões geográficas e poderiam ser usadas por diversos proprietários, de diferentes categorias sociais. O paternalismo e a fiscalização seriam, sem dúvida, dois desses mecanismos. A existência de acordos entre os senhores e seus escravos e a permissão de uma mobilidade autorizada também estavam entre as medidas que visavam à garantia do trabalho e à fixação do trabalhador na propriedade senhorial. Além disso, os controles usuais – legislação restritiva, controles sociais com base na roupa e nas movimentações suspeitas etc. – estabelecidos nos espaços para além da propriedade rural seriam parte integrante da dominação desses escravos. Outra estratégia consistiu em determinar que os mesmos vigiassem certos edifícios da propriedade, como a cozinha ou os espaços anexos à residência senhorial, próximos à cozinha. Foi o caso do escravo Camilo, pertencente a José Joaquim Pereira e Silva. Em depoimento prestado no dia 9 de maio de 1855, Camilo disse que no dia 5 veio "da senzala com uma esteira para dormir na cozinha da fazenda" e encontrou "o escravo Manoel, pertencente ao capitão Claudino José de Almeida que já andava há dias fugido, e vendo que o dito Manoel levava uma galinha debaixo do braço furtada, procurou tomá-la o que não conseguiu por o dito Manoel dar-lhe uma facada que acertou na esteira e correu (...)". Camilo, após pegar uma cavadeira no quarto do administrador, voltou para a cozinha e

---

97   MORENO, Breno A. S. *Demografia e trabalho escravo nas propriedades rurais cafeeiras de Bananal, 1830-1860, op. cit.* Ver a tabela 2.11, à página 89; tabela 3.12, página 193 e a tabela 3.18, à página 205.

encontrou o mesmo negro fugido com um caldeirão que tinha roubado e com uma tição de fogo na mão e procurando tomar-lhe o furto, deu-lhe uma cavadeirada que não acertou, vendo porém o ladrão a resistência dele respondente procurou evadir-se, e vendo ele respondente que o ladrão não largava o caldeirão, seguiu-o, dando uma segunda cavadeirada que não acertou por escapar-lhe da mão a cavadeira, e julgando o ladrão que ele se achava desarmado, voltou-se e deu-lhe muitas facadas e travando-se então uma luta, e sendo repetidas as facadas que o ladrão lhe dava, ele respondente também lançou mão da faca que trazia à cintura e começou a cometê-lo, sendo o resultado da luta a morte do ladrão (...).[98]

O escravo fugitivo Manoel deveria estar desesperado para comer. Isto deve explicar porque ele retornou pela segunda vez à cozinha onde deveria saber que provavelmente encontraria o escravo Camilo. Para o senhor de Manoel, a história contada por Camilo pareceu-lhe verossímil porque ele afirmou conhecer "bem o seu escravo" e sabia que ele era "habituado a fugir, e por isso a roubar, sendo mesmo de mau-caráter e quilombola".[99] Nesse processo, vê-se que a cozinha era um espaço a ser protegido por causa da ação dos escravos fujões. O motivo para o escravo Camilo dormir na cozinha foi confirmado pela mulher do feitor, Esméria Maria da Conceição; ela disse que o escravo deveria "rondar a casa por isso que apareceu perto dela muitas penas de galinha".[100] Vigiar a cozinha, principalmente durante a noite e de madrugada, era fundamental para evitar a ação dos fugitivos que procuravam comida para sobreviver. Em outras situações, havia escravos que possuíam as chaves de alguns aposentos, indicando a confiança do senhor e certa autonomia nos usos desses espaços.[101] Esses exemplos são estratégias senhoriais que podem ser encontradas em propriedades rurais de diversas categorias.

Contudo, o assassinato de Francisco José da Silva, proprietário da fazenda dos Pinheiros, localizada na Serra da Perapetinga, revela como acontecia o controle sobre os escravos em escravarias de médio porte. Silva possuía 32 escravos e dez

---

98 MMN, Caixa 10/ n º de ordem 268.

99 Conforme depoimento prestado pelo capitão Claudino José de Almeida em 12 de junho de 1855.

100 Depoimento de 11 de maio de 1855.

101 Ver o exemplo da escrava Justina, trabalhado por Hebe Mattos. MATTOS, Hebe Maria. *Das cores do silêncio: os significados da liberdade no Sudeste escravista - Brasil, século XIX, op. cit.*, p. 112-114.

ingênuos[102] quando foi assassinado por seu escravo Felício no dia 1º de setembro de 1881. O escravo, após cometer o crime, fugiu e, no dia seguinte, entregou-se à justiça, algo usual nesse momento histórico de crise da escravidão. O depoimento de Felício mostra como funcionava a disciplina na fazenda de seu senhor. O escravo havia recebido ordens para carregar "uns caixões de areia para fazer-se um serviço de pedreiro na casa da fazenda". Quando terminou, Felício dirigiu-se à roça, voltando logo depois "para casa a fim de almoçar". Os depoimentos não esclarecem se a casa mencionada pelo escravo era a da fazenda ou a da senzala. Nesse percurso, Felício demorou-se "atrás de uns pés de ananais [sic]" com a escrava Constância. Quando foi descoberto por seu senhor, correu depois de levar "três relhadas". Dias depois, num sábado, Felício voltou a ser punido pelo senhor e reagiu, agarrando "no dito cabo [do relho]". Nesse momento, dada a reação de seu escravo, o senhor caiu no chão, aparecendo o arreador José Ventura para socorrê-lo. Felício então correu para o mato, ficando escondido e alimentando-se "ora com laranjas, ora com mandiocas doces que colhia na mesma fazenda". Disse mais que "durante esse tempo em que andou fugido chegou a procurar quem o quisesse comprar ou apadrinhá-lo e não achou [...]".[103]

O depoimento revela uma proximidade espacial entre o proprietário Francisco José da Silva e seus cativos e também a mobilidade do escravo Felício, que ia da casa da fazenda para a roça e, desta, "para casa a fim de almoçar". Um primeiro aspecto a destacar é a função de punir, nesse caso, por duas vezes, a cargo do próprio senhor, a quem também cabia a fiscalização. Estudando a cidade de São Paulo, Maria Cristina Cortez Wissenbach identificou a mesma proximidade espacial entre os senhores de pequenas posses de escravos e seus cativos. Segundo essa pesquisadora, sem a intermediação de feitores e administradores, esses senhores estariam mais expostos às retaliações nos momentos em que puniam seus cativos.[104] De qualquer modo, parece evidente que as exigências disciplinares eram praticadas pelo próprio senhor e, no

---

102 Conforme inventário. MMN, Caixa 181/ nº de ordem 3.707. 1º Ofício.

103 MMN, Caixa 45/ nº de ordem 950.

104 WISSENBACH, Maria Cristina Cortez. *Sonhos africanos, vivências ladinas: escravos e forros em São Paulo (1850-1880), op. cit.,* p. 107-110. Conclusão semelhante chegou Ricardo Alexandre Ferreira, que estudou os processos criminais do município de Franca no período entre 1830 e 1888. Essa localidade foi marcada por senhores com poucos escravos. Ver FERREIRA, Ricardo Alexandre. *Senhores de poucos escravos: cativeiro e criminalidade num ambiente rural (1830-1888).* São Paulo: Ed. da Unesp, 2005.

caso em foco, relacionavam-se com a questão do tempo.[105] Isso se evidenciou no fato de o escravo confessar que se demorou atrás de "uns pés de ananais [sic]" com outra escrava de nome Constancia. O "demorar-se" fez com que o senhor fosse procurar seu escravo e o descobrisse em uma atitude contrária à disciplina e à vontade do senhor da fazenda e isso num horário impróprio. É claro que essa vigilância não poderia ser absoluta, e o fato de o escravo ter sido flagrado em "atos imorais"[106] demonstra que, mesmo em fazendas com poucos escravos, não era menor o controle sobre eles.

A possível ausência de um administrador e de um feitor ocasionava maior proximidade espacial e uma presença física constante do senhor. O primeiro se empenhava em fiscalizar o trabalho em sua fazenda e se responsabilizava pelo cumprimento das exigências disciplinares, sem recorrer, em muitos casos, a prepostos. Essas exigências de fiscalização eram decorrência do "sistema agrário" vigente na agricultura do café. Sabe-se que a agricultura praticada no Vale do Paraíba caracterizou-se pelo baixo nível técnico. Os instrumentos e técnicas de produção, sendo pouco desenvolvidos, necessitavam ser compensados por uma significativa exploração da força de trabalho que por sua vez se amplificava, porque os escravos exerciam funções, simultaneamente, na agricultura de exportação e na roça de alimentos. Para João Luis Ribeiro Fragoso, o "sistema agrário" praticado no Vale do Paraíba precisava, para a sua produção e reprodução, de terra e mão de obra e, secundariamente, das técnicas e dos instrumentos de trabalho. No "sistema agrário" em questão, não existiu a preocupação de se

---

105 Em diversos processos criminais, a mobilidade dos escravos era controlada desse modo: quando se percebia que o escravo estava demorando, mandava-se investigar. Isso aconteceu também com a escrava Florinda, pertencente a Lourenço Justiniano da Silva. Trabalhando como cozinheira dos escravos na fazenda Santo Antônio do Barreiro, essa escrava cumpriu com sua obrigação habitual no dia 3 de julho de 1883: deu almoço a todos os cativos e depois dirigiu-se ao riacho de Santo Antônio para lavar alguma roupa. O feitor da fazenda, Cassiano Rodrigues da Silva, notando que a escrava estava demorando e percebendo "a falta dela no rancho da cozinha", deu ordens para que fossem procurar a escrava. Florinda foi encontrada morta no mesmo riacho. Ver os depoimentos de Lourenço Justiniano da Silva e do feitor Cassiano em MMN, Caixa 42/ nº de ordem 887. Analisando processos criminais para a cidade de São Paulo, Maria Cristina C. Wissenbach verificou, para os proprietários de pequenas posses de escravos, as relações existentes entre a pobreza, "as margens de autonomia dos escravos nas negociações que mantinham com homens livres das redondezas" e os conflitos que poderiam se originar dessa proximidade entre senhores e seus cativos. Ver especialmente o processo envolvendo o escravo Benedicto, que assassinou seu senhor Francisco Ferreira Dias em um sítio em Cotia. WISSENBACH, Maria Cristina C., op. cit, p. 103-104.

106 A expressão "atos imorais" foi usada pela testemunha José Ribeiro da Silva, em depoimento prestado no dia 27 de setembro de 1881.

realizar trabalhos de recuperação do solo. A baixa relação população-terra produziu um sistema de exploração extensivo em que a reprodução de uma fazenda aconteceu com a incorporação de mais força de trabalho e de mais terras. A voracidade desse modo de cultivo pelas matas virgens foi enorme. Não se produziram, ao longo do desenvolvimento da agricultura do café, mudanças técnicas significativas e a superexploração da força de trabalho foi fator fundamental para o processo produtivo. Em vista disso, a necessidade de disciplina e de controle da escravaria fez-se premente.[107]

Contudo, é possível vislumbrar, sem dúvida, uma espacialidade diferente nas propriedades de escravistas de menor porte se se comparar com aquelas propriedades com grande número de escravos. Uma análise dos inventários desses escravistas apresenta indicações, na maioria das vezes fragmentárias, a respeito da espacialidade nessas fazendas. Os inventários analisados são todos da década de 1850, período de rápido desenvolvimento da cultura cafeeira em Bananal e momento em que esse município se tornou o maior produtor de café da província de São Paulo.[108] Nesse momento histórico, o cafeicultor escravista Jeronimo Alves da Silva possuía no "lugar Serra da Carioca" três escravos e "uma casa de morada e cozinha, com três lanços e uma meia água pegada às mesmas casas, tudo coberto de palha". Seus escravos trabalhavam em

---

107 FRAGOSO, João Luis Ribeiro, *op. cit.*, p. 38-101. Como escreveu Rafael de Bivar Marquese, "o esquema agronômico devastador adotado de forma consciente pelos proprietários das fazendas, que combinava expansão continuada das derrubadas, plantio alinhado vertical com grande afastamento entre as fileiras de arbustos, trabalho coletivo nas capinas e sistema de tarefas nas colheitas para contrabalançar a falta de mão de obra, prosseguiu até bem entrados os anos oitenta, já no contexto de crise terminal do escravismo brasileiro". MARQUESE, Rafael de Bivar. "Diáspora africana, escravidão e a paisagem da cafeicultura no Vale do Paraiba oitocentista", *op. cit.*, p. 150.

108 Foram consultados 44 inventários da década de 1850 a partir do banco de dados construído por Breno A. S. Moreno. Todos esses inventários são de proprietários que possuíam até 49 escravos e seguiu a classificação adotada por Ricardo Salles e por Breno Moreno. A classificação de Ricardo Salles é a seguinte: os microproprietários possuíam entre um e quatro cativos; os pequenos proprietários teriam entre cinco e dezenove; os médios escravistas seriam aqueles que teriam entre vinte e 49 escravos; os grandes proprietários de escravos estariam na faixa seguinte, entre cinquenta e 99 escravos e, por fim, os megaproprietários possuiriam mais de cem escravos. Essa distinção, útil para as pesquisas demográficas, pode parecer arbitrária para um trabalho em História Social. Contudo, optou-se por usar essa classificação como um parâmetro que mediria, *grosso modo*, níveis diferentes de riqueza e de inserção social em uma sociedade marcadamente desigual e dominada pelos megaproprietários de escravos. Sobre a classificação acima indicada, ver SALLES, Ricardo. *E o Vale era o escravo: Vassouras, século XIX – Senhores e escravos no coração do Império, op. cit.* p. 155. Sobre a dominação dos megaproprietários de escravos na paisagem agrária de Bananal, ver a dissertação de mestrado de Breno Moreno, já citada.

uma fazenda que tinha um paiol pequeno, coberto de palha, um chiqueiro ordinário, também coberto de palha, "uma casa coberta de palha com riba, e muro de pedra" e uma engenhoca para moer cana que ele plantava junto com jaboticabas, tâmaras, laranjas, bananas, mangas e, claro, 5.000 pés de café. Essa produção estava espalhada em "uma sorte de terras" que media dezesseis alqueires e mais outra sorte de terras que media doze alqueires. Além disso, ele tinha "um pasto pequeno e fechos [sic]".[109]

Assim como Silva, Manoel Correia Leme, que morava na paragem Serra do Retiro, possuía três escravos. Sua casa de vivenda era coberta de palha, com dois lanços, "sendo um assoalhado, com uma porta e duas janelas de frente". Além disso, ele foi proprietário de apenas dois lanços de cozinha coberta de palha. Seu inventário descreve a produção de 5.220 pés de café mais 1.800 pés de café decotados, e cinquenta pés de laranjeiras. Suas terras abrangiam cinco alqueires que ele comprou a Joaquim Alves de Siqueira e sua mulher.[110]

Já Antonio Ribeiro da Silva possuía nove escravos na paragem Braço da Perapetinga e "uma morada de casas de vivenda com três lanços, coberta de telha, assoalhada". Esse escravista tinha uma cozinha coberta de telha, dois chiqueiros, sendo que um era cercado, "uma casa, monjolo e rego d'água", "um paiol de três lanços coberto de palha, madeira roliça e uma porta", um pomar, "uma casa e moinho no alto da serra" e "uma casa de três lanços coberta de telha e varanda, no alto da serra". Além disso, esse proprietário conseguiu comprar junto ao "padre Domiciano" uma "morada de casas e puxado servindo de cozinha cobertos de telha" na cidade de Bananal, ao lado da Igreja Matriz. De acordo com a descrição das culturas presente no inventário, só se menciona a produção de café: eram 3.500 pés defronte à casa de vivenda, no lado esquerdo, mais 4.500 pés "um pouco mais velho", 1.800 pés na Cachoeira, 1.500 pés de café novos "pegados aos cafezais da Cachoeira", 1.500 pés de café "em mal estado" e, por fim, 18.000 pés "defronte à casa de Luiz Nogueira e lugar morro do Rancho". Suas terras estavam medidas e demarcadas judicialmente. Silva possuía também a posse de terra "na cabeceira do Perapetinga, denominada Campestre". Essas terras eram limítrofes às terras inventariadas e às terras de dois importantes escravistas de Bananal: o major Antonio José Nogueira e Luciano José de Almeida. Talvez por estar próximo

---

109 MMN, Caixa 86/nº de ordem 1769. 1º Ofício. Inventário de Jeronimo Alves da Silva de 1858. A idade dos pés de café não foi descrita na avaliação do inventário.

110 MMN, Caixa 76/nº de ordem 1521. 1º Ofício. Inventário de Manoel Correia Leme de 1855.

a grande proprietários escravistas e homens de importância política no município, o inventário registrou que essas posses estavam há sete anos com a família e descreveu ainda algumas benfeitorias que já despontavam nessas terras: "quatro esteios fincados para casa [e] um rancho coberto de palha".[111] Essa descrição parece indicar que Antonio Ribeiro da Silva tinha a intenção de expandir sua produção de café em meio a terras de importantes escravistas de Bananal.

Um quarto cafeicultor escravista, Izidoro José da Gama, morava no Capitão Mor, bairro rural próximo ao município de São José do Barreiro. Esse escravista tinha também casa de vivenda coberta de palha, "construídas de madeiras roliças ordinárias". Apesar da aparente precariedade de sua casa de morada, ele possuía mais escravos que os anteriores: dezessete era o número de seus cativos. Gama era proprietário de dois monjolos, "um chiqueiro de porcos coberto de palha", "quatro lanços de senzalas velhas, cobertos de palha, ordinárias", uma pequena casa, igualmente coberta de palha, "em começo", o que parece indicar que estava em construção, "um forno de assar e coberto de palha ordinária". Além disso, em seu inventário só há menção a 1.500 pés de café "em mal estado".[112]

No inventário do tenente José Joaquim dos Santos, proprietário de 23 escravos na Água Cumprida, vê-se que ele possuía casa de vivenda assoalhada com uma porta e seis janelas na frente. O tenente possuía ainda uma cozinha coberta com duas portas, "uma morada de casas de três lanços, coberta de palha, com três portas, sendo um lanço assoalhado", quatro porteiras em diversos lugares para "feixo (sic) do pasto", um pomar "com diversos arvoredos", uma casa coberta de palha que continha um monjolo, um "galinheiro com porta", um "chiqueiro coberto de palha", "60 braças de cerca de caraguatá" e uma porteira no pasto. Como se vê, não há menção a senzalas. Contudo, elas deveriam existir e ter uma condição precária porque na descrição das culturas da fazenda pode-se ler que o tenente possuía "um cafezal de 3.000 pés atrás das senzalas encostadas [nas] laranjeiras". A descrição acima revela a atividade econômica desse fazendeiro que, além das criações descritas (galinhas e porcos), também plantava café, arroz, mandioca, milho, feijão e cana de açúcar. Além dos 3.000 pés de café acima descritos, esse escravista possuía 12.000 pés de café novos "encostado[s]

---

111 MMN, Caixa 71/n° de ordem 1434. 1° Ofício. Inventário de Antonio Ribeiro da Silva de 1854.

112 MMN, Caixa 75/n° de ordem 1507. 1° Ofício. Inventário de Izidoro José da Gama de 1855.

ao rumo do comendador Luciano José de Almeida", mais 2.000 pés de café sem descrição de idade, 1.000 pés de café, também sem descrição, "encostados" ao mesmo comendador, "um cafezal velho de 700 pés entre os mesmos acima", "um cafezal de 2.000 pés de cafés novos aos acima e terminado em um mato virgem", 6.000 pés de cafés maltratados, "detrás da casa", outro cafezal, agora em frente à casa de morada, com 1.500 pés, 7.700 pés de café no lugar "onde morou Luiz Caetano", mais 1.500 pés de café novos e, por fim, 800 pés de café velhos "encostados ao campo". Os edifícios e as culturas estavam espalhados em 25 alqueires de planta de milho.[113] Como foi possível perceber na descrição acima, o tenente era vizinho de um poderoso escravista de Bananal, o comendador Luciano José de Almeida. Talvez seja por isso que o tenente preocupava-se em demarcar os limites de sua propriedade e de seus cafezais, separando-os com cercas, que são devidamente descritas no inventário.

Esses inventários não citam o terreiro como um elemento importante para a construção dos edifícios e para a organização da espacialidade. Não se pode afirmar que ele não existisse. Contudo, em outros inventários o terreiro foi descrito, permitindo um entendimento, em alguns casos, da disposição dos edifícios. O inventário de Joaquim Valadão de Freitas, proprietário de dezesseis escravos, mostra que sua propriedade localizava-se na Perapetinga. Além dos edifícios usuais como a casa de vivenda, o chiqueiro, o paiol e uma engenhoca de cana, esse escravista possuía "uma estacada no terreiro, inclusive cinco porteiras".[114] Por sua vez, João Batista da Câmara possuía na "paragem Cachoeirinha" doze escravos e "uma morada de casa, cozinha, meia água com forno de assar, inclusive terreiros".[115] Na Paragem do Turvo vivia Mariana [Dias] da Silva com sua família e doze escravos. Sua casa de vivenda tinha nove portas e era coberta com

---

113 MMN, Caixa 73/n° de ordem 1456. 1° Ofício. Inventário do Tenente José Joaquim dos Santos de 1854. O alqueire planta de milho correspondia a 2,72 hectares (ha) e era uma medida inferior ao alqueire geométrico, que media 4,84 ha e era usado em Minas Gerais e no Rio de Janeiro, mas servia também de medida para as propriedades rurais de Bananal. A respeito dessas medidas, ver MUNIZ, Célia Maria Loureiro. *Os donos da terra: um estudo sobre a estrutura fundiária do Vale do Paraíba fluminense no século XIX*. Dissertação (Mestrado em História) – ICHF-UFF, Niterói, 1979, p. 20-21.

114 MMN, Caixa 65/n° de ordem 1294. 1° Ofício. Inventário de Joaquim Valadão de Freitas de 1851. Procuramos escrever, a partir desse inventário, as construções que estão relacionadas com o terreiro e com a compreensão da espacialidade da fazenda a partir desse espaço. Dispensamos, desse modo, as repetições descritivas das terras, da casa de morada, dos edifícios cobertos com palha ou com telha, do número de pés de café etc. Quando for necessário, qualquer informação que possa ser útil à análise será acrescida.

115 MMN, Caixa 70/n° de ordem 1419. 1° Ofício. Inventário de João Batista da Câmara de 1853.

telhas. Apesar de, por essa descrição, aparentar ser uma casa grande se comparada às outras até aqui descritas, ela foi caracterizada como "velha" no processo de inventário. Entre outros edifícios, há a menção a "uma estacada e uma porteira no terreiro".[116] Na paragem de Santo Antonio, José Pinto Cabral vivia com sua família e seis escravos. Em seu inventário, lê-se a presença de "um lanço de casa coberto de telha no terreiro".[117] Antonio Gonçalves Ribeiro possuía 44 escravos e morava na Cachoeira. Pela descrição de seu inventário, não é possível localizar o terreiro em relação à casa de vivenda. Lê-se apenas que havia "dois lanços de casas assoalhadas na entrada do terreiro". A função dessas casas não estava determinada.[118] Tomás da Silva Lisboa, por sua vez, possuía 35 escravos na fazenda da Chácara. Eles viviam em "um correr de senzalas com seis portas cobertas de palha". Esse "correr" pode indicar que essas senzalas eram dispostas em linha. Além disso, a propriedade possuía "uma senzala coberta de palha no terreiro de dentro". Por fim, a tulha, menção rara nesses inventários, tinha dois lanços e duas janelas e era coberta de telha.[119] Joaquim Pinto do Nascimento era proprietário no lugar Retiro e possuía 26 cativos. Sua casa de morada tinha uma porta, cinco janelas e era coberta de telha. A tulha e a cozinha dessa propriedade estavam em cinco lanços de casas também cobertos de palha. Há a descrição de casa de tropa com telha e de um rancho coberto de palha. Na propriedade de Nascimento, havia dois tipos de senzalas para abrigar os escravos: "uma senzala nova, coberta de palha com duas portas e uma janela" e outra, unida à primeira, com uma porta na frente e coberta de palha. No que diz respeito ao terreiro, a descrição aparece da seguinte forma: "muro fecho [sic] do terreiro, alicerces de pedra". Havia também "uma cerca de rachões em roda da casa, [e] porteira".[120] Por fim, vale a pena descrever a propriedade de Manoel Antonio de Carvalho, localizada no "lugar Sobradinho do Cafundó". Esse escravista era proprietário de quarenta escravos. Sua casa de vivenda era um sobrado "com três lanços, coberta de telha, com dois lanços de cozinha pegados à mesma casa, [e] seis janelas à frente". A presença do sobrado mostra

---

116 MMN, Caixa 76/n° de ordem 1532. 1° Ofício. Inventário de Mariana Dias da Silva de 1855.

117 MMN, Caixa 77/n° de ordem 1566. 1° Ofício. Inventário de José Pinto Cabral de 1856. Para outras informações sobre esse escravista, ver MORENO, Breno. *Demografia e trabalho escravo nas propriedades rurais cafeeiras de Bananal, 1830-1860, op. cit.,* p. 180.

118 MMN, Caixa 60/n° de ordem 1168. 1° Ofício. Inventário de Antonio Gonçalves Ribeiro de 1850.

119 MMN, Caixa 70/n° de ordem 1426. 1° Ofício. Inventário de Tomás da Silva Lisboa de 1854.

120 MMN, Caixa 74/n° de ordem 1487. 1° Ofício. Inventário de Joaquim Pinto do Nascimento de 1855.

que essa descrição foi exceção entre os inventários consultados. Além disso, havia nessa propriedade uma casa com dois lanços que servia de tulha, "cercada de paus a pique, para guardar milho, coberta de telha" e outra casa também com dois lanços, que serve igualmente de tulha, "no terreiro, coberta de telha, com duas portas na frente". Esse proprietário possuía "dois lanços de casa cobertos de telha, sendo um lanço em aberto, com forno de assar", "dois lanços de senzalas, cobertos de palha, com três portas", "um monjolo com casa coberta de palha, no quintal", "um monjolo com casa coberta de palha, no pasto", "uma estacada de madeira de lei, com três porteiras no terreiro" e, por fim, "valo, chanfrado e quatro porteiras, que servem de fecho no pasto do Sítio".[121]

O que se pode inferir dessa descrição esquemática desses cafeicultores escravistas? Como se vê, as descrições são variadas e apresentam, por comparações que podem ser feitas umas com as outras, uma noção sobre a riqueza de alguns proprietários e as dificuldades de outros. É certo que uma significativa precariedade material perpassou grande parte desses proprietários rurais. As diversas construções mostram uma diferenciação material que refletia uma distinção econômica. Se olharmos para as casas de vivenda, por exemplo, vemos que algumas delas eram cobertas com telha e outras com palha. Outros edifícios também apresentavam essa diferenciação. Outras distinções também poderiam ser estabelecidas nas casas de morada. A quantidade de janelas ou de lanços poderia ser um indicador para inferir o tamanho das casas e a presença de pisos assoalhados manifestaria maior luxo. Com relação às habitações dos escravos, elas deveriam ser consideravelmente precárias e sem valor, como demonstra a descrição feita nos inventários de Izidoro José Gama e do tenente José Joaquim dos Santos.

As senzalas são um espaço praticamente ausente nessas fontes documentais e suas descrições imprecisas demonstram o pouco valor que elas tinham na espacialidade dessas propriedades rurais. Infelizmente, é quase impossível localizá-las na organização espacial dessas fazendas. As pistas são fragmentárias, como aquelas do tenente José Joaquim dos Santos, que se encontravam encostadas nas laranjeiras. Essas construções são, na maioria das vezes, descritas como "velhas" e a cobertura comum era a palha e mesmo as senzalas novas eram cobertas com esse material, como no exemplo do inventário de Joaquim Pinto do Nascimento.

---

121 MMN, Caixa 85/n° de ordem 1762. 1° Ofício. Inventário de Manoel Antonio de Carvalho de 1858.

A cozinha, espaço importante para a alimentação dos moradores das propriedades rurais, também variou bastante, sendo que elas poderiam ser cobertas de telha ou de palha. Além disso, esses espaços poderiam estar próximos à casa de morada, como um "puchado". Outra observação importante remete para a ausência do terreiro nas descrições dos bens de muitos desses escravistas. Os estudos na área de arquitetura têm destacado o terreiro como elemento fundamental na disposição dos edifícios da fazenda. Contudo, nos cinco primeiros inventários acima descritos, o terreiro sequer foi mencionado. Isso poderia refletir sua ausência na propriedade rural? Difícil responder. Se essa hipótese for verdadeira, pode-se aventar a ação de proprietários escravistas que produziam café apenas para vendê-los para outros proprietários. Os compradores, por sua vez, se encarregariam do beneficiamento.

É possível inferir, pelas descrições acima apresentadas, que o quadrilátero funcional talvez não fosse uma solução arquitetônica presente nessas fazendas. As indicações esparsas não permitem, em muitos casos, localizar os edifícios em relação ao terreiro. A fazenda de José Pinto Cabral tinha a descrição de um lanço de casa no terreiro. Na propriedade de Manoel Antonio de Carvalho havia uma tulha com dois lanços, coberta de telha e com duas portas localizava-se no terreiro. Essas duas descrições podem indicar uma construção limítrofe a esse espaço. Contudo, o terreiro também apareceu limitado por estacas. Sempre que a estacada foi mencionada, uma porteira acompanhava a descrição. Terreiro rodeado com estacas e fechado com porteira pode ter sido o mais comum em muitas propriedades rurais que não apresentaram o quadrilátero funcional.

É lícito supor uma espacialidade diferenciada para diversos proprietários escravistas. Um dado básico dessa diferenciação estaria no espaço simbólico, de outra ordem nas propriedades rurais de menor porte e presente de modo evidente em muitas unidades pertencentes a grandes proprietários. Já se viu o papel da capela e o impacto simbólico das casas de vivenda monumentais para a população de escravos e homens livres. Já se analisou a importância do quadrilátero como elemento espacial de organização e de controle da escravaria. Presume-se que esses elementos estariam ausentes na espacialidade dos proprietários com poucos escravos. A quadra, a capela, a casa de vivenda monumental, os pés de café plantados em linha são, todos, elementos do espaço material que estão dispostos para efetivar a tríade exposta por Eloy de Andrade. Nos proprietários de menor porte, a presença física do senhor na vigilância e no controle dos escravos parece substituir o trabalho dos administradores e as funções de um espaço material de contenção e de fiscalização. Não que os pés de café plantados em linha não fossem a prática comum para os escravistas menores. Ao contrário, parece ter sido habitual por todo o Vale do Paraíba plantar nos morros os pés de café alinhados, formando corredores extensos, as "ruas do café", que iam do alto até embaixo. Esse foi um dos mecanismos de controle do trabalho dos escravos nos morros com plantação de café. Além disso, parte-se do suposto de que o modo de cultivo foi o mesmo para os escravistas de diferentes categorias. Contudo, na ausência de outros elementos da arquitetura rural de controle, como o quadro e o portão, presentes em muitas fazendas de grandes proprietários de escravos, os proprietários de menor porte utilizaram-se, para efetivar o controle da escravaria, da vigilância habitual do tempo e dos instrumentos de punição usuais, como o tronco de ferro encontrado no inventário de Joaquim Valadão de Freitas e a corrente e o colar de ferro, presentes no inventário de Manoel Antonio de Carvalho.

CAPÍTULO 2
Mobilidade escrava, vizinhança e redes de relacionamentos

No dia 4 de dezembro de 1864, um domingo, o jornaleiro Themoteo Affonso da Silva, de 39 anos, natural de Macau, conduzia "pão, queijos e roscas de seu patrão conhecido por Chim Cozinheiro, para vender pelas roças". Silva dirigiu-se "pela Estrada Geral até a Carioca", efetuou a venda "desses objetos" e, com 21$700 reis, percorreu o caminho de volta em direção ao centro da cidade. Um dos trechos percorridos por Silva por ser visto nas figuras 1 e 2, abaixo:

Figura 1 – Fazenda Boa Vista, anônimo, c. 1880. As setas amarelas indicam o caminho percorrido por Themoteo Affonso da Silva em direção ao bairro rural chamado Carioca e ao Rancho Grande. Esse último encontrava-se nas terras da fazenda Bom Sucesso. Como se pode observar, a fazenda Boa Vista localizava-se à margem da estrada. Outro ponto a destacar é a presença de diversos caminhos que compunham a paisagem agrária. Fonte: MARINS, Paulo Cesar Garcez, *op. cit.*, p. 160.

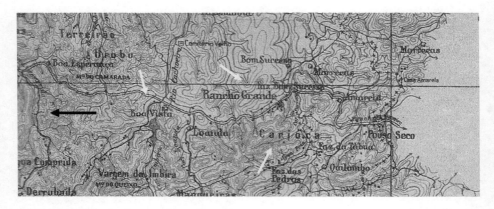

Figura 2 (detalhe) – O caminho percorrido pelo jornaleiro pode ser visto na imagem acima, bem como a localização da fazenda Boa Vista, o Rancho Grande e o bairro rural chamado Carioca (setas amarelas). A seta preta indica a direção para o centro de Bananal. Sem escala.[1] Fonte: AESP.

Às três horas da tarde mais ou menos, quando passava pelas terras de Dona Maria Joaquina de Almeida, proprietária da fazenda Boa Vista (conforme figura 1, acima), importante propriedade com seus edifícios dispostos em quadra e numerosa escravaria, Themoteo Affonso da Silva foi, na mesma Estrada Geral e para além da casa de negócios de Francisco Rodrigo de Carvalho, "repentinamente acometido por dois pretos, que saíram do mato com cacetes, os quais dando-lhe bordoadas na cabeça o derrubaram por terra", ferindo-o e roubando-o. Silva afirmou que

> "tornando a si do atordoamento que lhe produziram os espancamentos, levantou-se e voltou para a fazenda da dita d. Maria, que fica à margem da dita estrada; e vendo dois pretos da mesma fazenda que trabalhavam em uma roça de arroz, perguntou-lhes se tinham visto os agressores e se os conheciam, responderam-lhe que os tinham visto e que eram escravos de Marcos de Oliveira Arruda, de nomes Manoel e Antonio".

---

1   Este mapa, elaborado em 1959, está disponível no sítio do Arquivo Público do Estado de São Paulo para consultas. A escala é "1:100 000". Neste trabalho, preferi apresentar os recortes desse mapa sem as escalas porque o importante é observar a espacialidade com as estradas, os morros, os rios e riachos, os bairros rurais, a proximidade ou distância com o centro de Bananal etc. Quando necessário, as distâncias são informadas no corpo do texto ou nas legendas.

Silva informou ainda que foi socorrido pelos dois escravos de d. Maria Joaquina de Almeida e pelo administrador da fazenda, que o conduziu ao centro da cidade.[2]

O assalto que aconteceu na Estrada Geral foi uma consequência da mobilidade dos escravos aos domingos.[3] Contudo, os depoimentos de Leopoldino e Firmo, ambos pertencentes a d. Maria Joaquina de Almeida, revelam um componente fundamental da vida e do cotidiano de alguns escravos: em "fazendas confinantes"[4] os escravos puderam desenvolver um conhecimento da vida e do cotidiano dos trabalhadores escravizados e dos homens livres de outras fazendas. Prestando depoimento em 20 de dezembro de 1864, Leopoldino, então com dezesseis anos de idade, afirmou que retornava do centro da cidade para a fazenda de sua senhora no dia do acontecimento e que havia se encontrado na estrada com o Chim Themoteo. Leopoldino disse que também viu os escravos Antonio e Manoel e que o primeiro "trazia uma faca consigo, e vinha muito sujo, dizendo que tinha largado da tropa naquele momento". Já Manoel "trazia um porrete, e ambos vinham com muita pressa". O mesmo escravo afirmou ainda que após chegar à Boa Vista "aí apareceu o dito Chim ferido e ensanguentado dizendo que tinha sido atacado na estrada por dois escravos, que lhe haviam roubado dinheiro, japona, e fumo (...)". Firmo, escravo com trinta anos mais ou menos, prestou depoimento no mesmo dia e revelou que se achava trabalhando "em uma sua roça de milho e arroz perto da fazenda de sua Senhora (...)" junto com outro escravo de nome Jacó Maria, Mina, quando ambos viram o Chim Themoteo, "vindo das partes do Rancho Grande", lavar as mãos em um pequeno córrego "que passa pela estrada". Firmo descreveu que "depois [o Chim Themoteo] seguiu sua viagem conduzindo dois cestos dependurados em um pau atravessado no ombro; isto depois do meio dia". Após vê-lo passar, Firmo alegou que

> viu passar aceleradamente o mulatinho Antonio e o crioulinho Manoel, tropeiro, escravos de Marcos Arruda, muito conhecidos dele informante com tanta aflição, responderam-lhe que iam a casa

---

2   Depoimento de Themoteo Affonso da Silva feito no dia 6 de dezembro de 1864. MMN, Caixa 23/ n° de ordem 535.

3   Sobre os trânsitos domingueiros dos escravos e a mobilidade daí advinda, ver WISSENBACH, Maria Cristina Cortez, *op. cit.*, p. 117-118.

4   "Adjoining plantations", nas palavras de Anthony E. Kaye. Ver KAYE, Anthony E. *Joining Places: Slave Neighborhoods in the Old South.* Chapel Hill (NC): The University of North Carolina Press. 2007.

de Manoel Antônio Martins cobrar um dinheiro. Vendo ele informante o modo apressado com que iam os ditos escravos, que nunca passaram por aí, e vendo que nem o cumprimentaram, sendo seus conhecidos, e levando o crioulo Antonio o chapéu abaixado sobre o rosto, tudo isto causou admiração, tanto mais sabendo que são vadios, ébrios, jogadores e desordeiros.

Firmo foi o escravo que viu Themoteo ferido e o conduziu à fazenda, levando-o ao administrador da Boa Vista, Francisco da Silva Barreto. Ministrando o tratamento no ferido, Barreto "despach[ou] várias rondas de escravos" para tentar encontrar Antônio e Manoel.

A existência de um espaço social nas "fazendas confinantes" manifestou-se claramente nos depoimentos dos dois escravos de Maria Joaquina de Almeida. Leopoldino afirmou conhecer os escravos de Marcos de Oliveira Arruda. Disse que Antônio era muito ladrão e que seu senhor "deixou de o trazer como seu pajem e o pôs na roça". Firmo disse que Antônio e Manoel eram muito conhecidos dele e afirmou que os dois escravos de Marcos de Oliveira Arruda nunca passavam por aquele caminho. Estranhou ainda o fato de os dois escravos não o cumprimentarem, sendo que eram seus conhecidos. Para finalizar, Firmo disse conhecer a conduta dos dois escravos, sabendo que eles eram "vadios, ébrios, jogadores e desordeiros". Não desconsiderando a possibilidade de essas últimas palavras terem sido postas, de forma induzida, no depoimento de Firmo, é possível perguntar como os escravos de Maria Joaquina de Almeida teriam condições de proferir uma avaliação dos dois escravos de Marcos de Oliveira Arruda, bem como de outros cativos de sua vizinhança.

Esse escravo vivenciou uma longa história na fazenda Boa Vista. Em 1854, ano da morte de Luciano José de Almeida, antigo proprietário da referida fazenda e possuidor de 833 escravos, Firmo aparece relacionado no inventário desse escravista como tendo vinte anos de idade e com a profissão de ferreiro.[5] Em 4 de maio de 1856, participando de um casamento coletivo ministrado pelo "padre capelão residente"[6] José Maria Rebelo Varzea no oratório privado da fazenda Boa Vista, Firmo casou-se com Bernardina. As testemunhas do casamento foram dois potentados de Bananal,

---

5   Conforme inventário. MMN, Caixa 72/ n⁰ de ordem 923. 1⁰ Ofício.

6   PORTO, L. de A. Nogueira, op. cit, p. 171.

o comendador Manoel de Aguiar Vallim e Pedro Ramos Nogueira[7]. Em 1872, Firmo aparece em um livro preparado "para o lançamento do quadro das classificações das famílias escravas". No referido documento, o escravo de Maria Joaquina de Almeida está com 45 anos de idade e sua esposa com 24.[8] Os filhos do casal eram Julio, com nove anos de idade, Damázia, também com nove anos, e Arcinio, com sete. Tanto Bernardina como Damázia tinham a profissão de costureira.[9] Em 1882, quando do falecimento de sua senhora, d. Maria Joaquina de Almeida, Firmo foi relacionado como um escravo de 55 anos, casado e de roça. Na partilha do inventário dessa escravista, o "pagamento feito ao herdeiro dr. Laurindo José de Almeida" informa que Firmo estava casado com mulher liberta.[10] Trata-se do mesmo escravo? Os únicos indicativos que sim são a idade coerente com os anos dos inventários e do processo criminal e o seu nome, pouco usual.[11] Apenas um escravo com o nome "Firmo" aparece nos inventários. Se o escravo Firmo é o mesmo de que tratam tais documentos, então pode-se inferir que sua longa vivência na fazenda Boa Vista permitiu a ele desenvolver amplo conhecimento da localidade em que morava. Firmo teria conseguido se

---

7 Essa informação foi retirada do banco de dados com os casamentos de escravos de Bananal. Tal banco de dados foi construído por Juliana de Paiva Magalhães e se encontra no Arquivo da Mitra Diocesana de Lorena. Livro de Casamentos Bananal – Escravos (1836-1890). Livro 2. Ver MAGALHÃES, Juliana de Paiva, *op. cit.*

8 Trata-se, sem dúvida, da mesma mulher. Firmo e Bernardina se casaram em 1856 e apareceram também no referido livro de classificação das famílias escravas como pais de três filhos. Provavelmente, a idade de Bernardina está errada. Supondo que estivesse correta, essa escrava teria se casado com cerca de oito anos de idade.

9 O documento em questão está localizado na Prefeitura de Bananal e não está catalogado. A data de abertura é 23 de março de 1873 e a de encerramento é 29 de outubro de 1877. O texto que inicia o livro informa que ele se refere à classificação das famílias escravas que deverão ser libertadas pelo Fundo de Emancipação. A informação referente ao escravo Firmo encontra-se à página 27. Para maiores informações sobre a Lei de 28 de setembro de 1871 (Lei do Ventre Livre) e o Fundo de Emancipação (uma decorrência desse diploma), ver PAPALI, Maria Aparecida C. R. *Escravos, libertos e órfãos: a construção da liberdade em Taubaté (1871-1895)*. São Paulo: Annablume; Fapesp, 2003. Ver também MENDONÇA, Joseli Maria Nunes, op cit. Sobre uma discussão que enfatiza o fracasso da aplicação do Fundo de Emancipação, ver CONRAD, Robert. *Os últimos anos da escravatura no Brasil*. Rio de Janeiro: Civilização Brasileira, 1978. p. 137-146.

10 Conforme inventário de Maria Joaquina de Almeida. MMN, Caixa 183/ nº de ordem 3725. 1º Ofício.

11 Vale sublinhar que no documento de partilha do inventário de Dona Maria Joaquina de Almeida (de 1882), o escravo Firmo aparece matriculado sob o número 1.387, o mesmo número que se encontra na relação "para o lançamento do quadro das classificações das famílias escravas" (ver nota 9), cuja abertura foi em 1873. Esse seria mais um indicativo de que se trata do mesmo escravo. Esse número de matrícula foi decorrência das exigências legais estabelecidas pelo artigo 8° da Lei do Ventre Livre.

distanciar, em sua vida como escravo, dos estereótipos mais significativos associados à escravidão, quais sejam, a violência, o celibato e os castigos físicos. Daí que se pode inferir que muitos escravos, vinculados a proprietários de diversas categorias sociais, buscaram constantemente afirmar suas individualidades[12] e construíram, dentro dos plantéis, não comunidades monolíticas baseadas em uma experiência negra que combatia os males do cativeiro, mas diversas experiências pautadas, muitas delas, pelos parâmetros de liberdade aceitos na sociedade escravista. Ter posses e uma roça, casar-se, ter seu espaço diferenciado de outros cativos, produzir bens e ter a possibilidade de formar um pecúlio: tudo isso representou uma experiência de cativeiro que, na opinião de Hebe Maria Mattos, ocorreu "em paralelo com a liberdade".[13] Contudo, só se pode conceber tal experiência se se entender que a roça que ele dispunha e outras "conquistas" eram uma concessão senhorial – e, portanto, estratégia pertencente

---

12 Sobre a questão dos escravos tentarem afirmar suas individualidades, ver WISSENBACH, Maria Cristina Cortez, *op. cit.*, p. 126-128.

13 MATTOS, Hebe Maria. *Das cores do silêncio: os significados da liberdade no Sudeste escravista – Brasil, século XIX*, *op. cit.*, p. 126-127. Para essa autora, "No Brasil, o aprofundamento das relações comunitárias entre os escravos, nos maiores plantéis, foi fundamentalmente um exercício de aproximação da experiência de liberdade com a qual conviviam". *Ibidem*, p. 137. Firmo disse em seu depoimento que se encontrava trabalhando "(...) em uma sua roça de milho e arroz (...)". Esse depoimento informa sobre a roça escrava ou sobre a "economia interna dos escravos". Como se sabe, esse é um debate historiográfico que vem se desenvolvendo nas últimas décadas. Para o caso da escravidão no Brasil, vale a pena consultar o trabalho de CARDOSO, Ciro Flamarion S. *Escravo ou camponês?: O protocampesinato negro nas Américas*. São Paulo: Brasiliense, 2004. Esse livro, cuja primeira edição é de 1987, reúne discussões historiográficas acerca da "brecha camponesa" que estavam sendo debatidas desde pelo menos o final da década de 1960. Esse autor formula três hipóteses para a questão: a primeira refere-se à função que cumpria a "brecha camponesa" de "minimizar o custo de manutenção e reprodução da força de trabalho"; a segunda diz respeito à "maximização da exploração dos escravos" especialmente em "colônias bem integradas ao mercado mundial", uma vez que os senhores "avançavam" sobre o tempo de trabalho dos escravos e, por fim, a última fala do "acordo legal ou consuetudinário" entre a classe dominante e a classe dominada, "cuja infração traz consigo o perigo de alguma forma de rebelião". *Ibidem*, p. 58-60. Para além da função econômica da "brecha camponesa", Eduardo Silva pensou a respeito do seu papel ideológico "como mecanismo de controle da força de trabalho". SILVA, Eduardo. "A função ideológica da brecha camponesa". In: REIS, João José; SILVA, Eduardo. *Negociação e conflito: a resistência negra no Brasil escravista*, *op. cit.*, p. 22-31. A hipótese da "maximização da exploração dos escravos", formulada por Cardoso, foi especialmente trabalhada na dissertação de mestrado de João Luis Ribeiro Fragoso. O autor considera, nesse trabalho, o município cafeeiro de Paraíba do Sul. FRAGOSO, João Luis, *op. cit.*, p. 95-100. Robert W. Slenes tece considerações críticas a respeito do termo "brecha camponesa" em SLENES, Robert W. *Na senzala, uma flor: esperanças e recordações na formação da família escrava – Brasil Sudeste, século XIX*. Rio de Janeiro: Nova Fronteira, 1999. p. 197-208. Jacob Gorender também critica a expressão em GORENDER, Jacob, *op. cit.*, p. 79.

à ideologia da classe dominante. Em sua vida de cativeiro, Firmo pertenceu a pelo menos três senhores diferentes, todos da mesma família. Em 1864, ano do incidente com o Chim Themóteo, ele já possuía, conforme seu depoimento, uma roça em que produzia milho, arroz e provavelmente outros produtos agrícolas. O escravo morava havia pelo menos dez anos na fazenda Boa Vista. Suas palavras acerca dos escravos de Marcos de Oliveira Arruda, portanto, assumem uma importância bastante significativa e sua experiência de cativeiro é um exemplo de como alguns escravos foram privilegiados pelos senhores, fazendo parte de uma estratégia senhorial que funcionou no sentido da cooptação.

Importa notar, nas falas de Firmo e Leopoldino, as relações construídas por escravos de diferentes propriedades. Os depoimentos dos escravos de d. Maria Joaquina de Almeida expõem claramente o conhecimento que os cativos alcançaram dos espaços para além da propriedade de seus senhores e permitem supor a construção de relações sociais que se erigiram num espaço social mais amplo.

O processo criminal envolvendo os escravos de Marcos de Oliveira Arruda mostra que os "vizinhos" tinham, quase sempre, um local como referência: uma igreja, uma praça, fazendas confinantes, a capela da fazenda, o morro, a roça, os ranchos, os caminhos. No caso dos depoimentos de Firmo e Leopoldino, as referências foram o Rancho Grande, o córrego que passa pela estrada, a casa de comerciantes, o açude. Nesse sentido, é possível entender as palavras do escravo Firmo, que disse perceber o modo apressado como os escravos Antonio e Manoel andavam, sendo que os dois cativos de Marcos de Oliveira Arruda nunca passavam por aquele caminho. Disse mais: Antonio e Manoel eram "vadios, ébrios, jogadores e desordeiros". Tal depoimento – desconsiderando a possibilidade de estar o escravo Firmo mentindo, e levando-se em conta sua longa vivência na fazenda Boa Vista em terras confinantes com as de Marcos de Oliveira Arruda, proprietário da fazenda Bom Sucesso e senhor dos escravos Antonio e Manoel – chama a atenção pelo fato de que escravos de fazendas confinantes se conheciam, o que possibilitou o surgimento de um leque bastante amplo de relações sociais.

Em um processo de medição amigável de terras datado de 1848 é possível visualizar a vizinhança dos escravos Firmo, Leopoldino, Antonio e Manoel. O processo refere-se à medição das terras da fazenda Bom Sucesso, sendo que um dos envolvidos foi Marcos de Oliveira Arruda, proprietário dos escravos que assaltaram o jornaleiro Themoteo.

Pode-se compreender a proximidade de algumas terras de proprietários importantes de Bananal, como aquelas das fazendas Cachoeira e Boa Vista, pertencentes, à época da realização do processo de medição, a Luciano José de Almeida.[14] A medição ficou sob a responsabilidade do piloto terrestre Manoel Rebello de Almeida e foi finalizada no dia 31 de maio daquele mesmo ano. A análise do processo, bem como do "Mapa Demonstrativo" (ver Figura 3) que dele consta, ilustra muitas características da estrutura fundiária dessa região de Bananal.[15] Pode-se, inclusive, verificar a localização do Rancho Grande, que apareceu como referência no depoimento de Firmo (ver a localização exata no canto inferior direito do terreno de número 2 do mapa demonstrativo a seguir).

---

14 Luciano José de Almeida faleceu em 1854. Sua esposa, dona Maria Joaquina de Almeida, assumiu o controle da fazenda Boa Vista após o falecimento de seu marido. Em 1864, ano do processo criminal relativo aos dois escravos de Marcos de Oliveira Arruda, era ela a proprietária dessas terras. O processo de medição é de 1848, quando o proprietário ainda era Luciano José de Almeida.

15 Em projeto de iniciação científica, Juan Azevedo analisou o referido processo de medição amigável. Partimos de suas análises para tecer outras considerações a respeito da estrutura fundiária de Bananal. AZEVEDO, Juan Dyego Marcelo. *Café e escravidão no Caminho Novo da Piedade: estrutura fundiária de Bananal (1840-1850)*. Iniciação Científica (História Social) – FFLCH-USP, São Paulo, 2007.

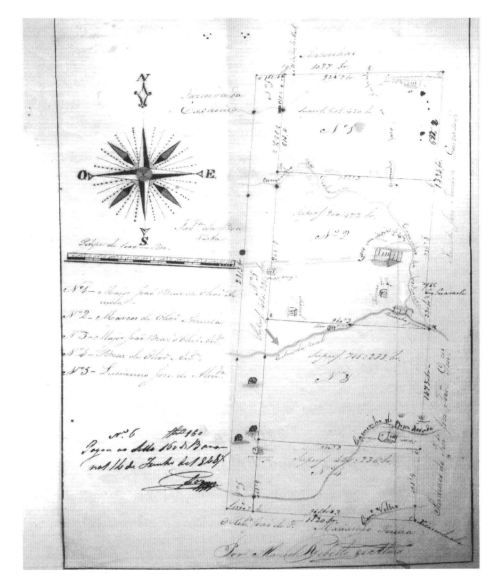

Figura 3 – No processo de medição, consta o seguinte título: "Mapa demonstrativo desta figura, polígono exágono compreendido pelas letras dos ângulos A, B, C, D, E, F que constitui uma área superficial de 3.151.652 braças quadradas na fazenda Bom Sucesso. Medido e dividido pelos herdeiros em maio de 1848". A seta verde indica a Estrada Geral (no mapa denominada Estrada Real), caminho percorrido pelo jornaleiro Themoteo Affonso da Silva. Também é possível ver a localização do Rancho Grande (seta amarela). Ver também as figuras 1 e 2, no início deste capítulo.

Uma leitura atenta do "mapa demonstrativo" revela diversos elementos da estrutura fundiária dessa região do município de Bananal. Nele e no processo que deu margem à sua elaboração, vê-se que, dos herdeiros do sargento-mor Braz de Oliveira Arruda, Marcos de Oliveira Arruda manteve a gleba na parte central do mapa (a de número 2), onde se localizava a sede da fazenda Bom Sucesso.[16] Braz de Oliveira Arruda solicitou que "seu terreno fosse medido em um retângulo, partindo o seu rumo divisório da linha do tenente José Gonçalves Ferreira a tocar na linha divisória da parte de Luciano José de Almeida" (número 4 no mapa demonstrativo). João Braz de Oliveira Arruda ficou "(...) com o seu terreno em duas partes separadas a saber = uma entre Braz e Marcos = outra entre Marcos e Antinhas (...)." Esses terrenos estão identificados com os números 1 e 3 no mapa. Tal divisão fez com que "as casas de vivenda" de Braz de Oliveira Arruda ficassem nas terras de João Braz.[17]

Por esse processo de medição amigável, Luciano José de Almeida conseguiu garantir as fronteiras de suas terras da Boa Vista e da Cachoeira. Luciano ficou com o quinhão de número 5 no mapa, uma longa faixa longitudinal que percorria as terras dos Arrudas.[18]

Diversas pequenas casas são desenhadas no mapa, permitindo vislumbrar que muitos homens livres eram moradores nas terras desses proprietários e, em alguns casos, eram "fronteiras vivas" de grandes proprietários rurais. Merece atenção a referência feita ao sítio de Luiz Antônio Thobias e às casas de João Batista e de José Maria. No referido processo de medição, a linha divisória que dividia as terras de Braz de Oliveira Arruda com aquelas pertencentes a Luciano José de Almeida passava pela cozinha da residência de Thobias. Já a divisão do terreno de Marcos de Oliveira

---

16   "(...) Marcos de Oliveira Arruda disse que o seu terreno fosse medido, começando uma linha divisória do Marco de pedra de seguimento que se acha cravado na linha do dito Tenente Ferreira na beira da Estrada, a tocar na linha divisória do dito Luciano José d'Almeida, e a outra linha divisória contando seu terreno para a parte do Norte saindo do Rumo do dito Tenente Ferreira ao Rumo divisório do dito Luciano". Conforme consta no referido processo de medição. Ver MMN, Caixa 54/ n° de ordem 1000. 1° Ofício.

17   Conforme consta no referido processo de medição "(...) divisando ele dito Braz [de Oliveira Arruda] e o major João Braz de Oliveira Arruda se seguiu ficando as casas de vivenda do dito Braz em terreno que vem a pertencer ou pertence ao Major João Braz como se demonstra pelo mapa, na figura de n° 3 continuando a seguir passou o rumo perto do sítio de Luiz Antônio Thobias ficando grande parte de cultura e casas no terreno do dito Braz de Oliveira (...)".

18   "(...) Luciano José de Almeida = que o seu terreno fosse medido na figura de um paralelogramo com os fundos que tiver o dito terreno de Norte, a Sul (...)".

Arruda e do de Luciano José de Almeida cortava a casa de João Batista. Por fim, o limite que dividia as terras dos herdeiros do tenente José Ferreira Gonçalves das terras pertencentes ao major João Braz de Oliveira Arruda passava pela casa de José Maria.

Em uma sociedade baseada em fortes laços de dependência pessoal, a presença de homens livres nas terras de grandes proprietários foi importante para as relações de vizinhança e para a conformação da organização fundiária e do controle das terras. Como se expressou Márcia Maria Menendes Motta, uma das "diretrizes políticas" dos proprietários rurais foi aquela que se pautou por uma dupla ação: o "domínio sobre a terra" e o "domínio sobre os trabalhadores".[19] Diversos pesquisadores já estudaram os interesses que o fazendeiro tinha sobre as famílias que estavam sob o seu domínio. Pesquisando uma importante família que enriqueceu na região de Paty do Alferes, na província do Rio de Janeiro, Mariana Muaze observou em que medida os homens livres eram dependentes dos fazendeiros ricos. Escreve essa autora que "àqueles proprietários e homens livres e pobres que não tinham condições de arcar com a manutenção de uma tropa restava a venda do café aos maiores fazendeiros, por preços menores do que os conseguidos na capital, ou o pagamento pelo transporte dos grãos, o que, certamente, saía mais caro". Dependência econômica, portanto. O outro tipo de subordinação acontecia na esfera política. Os grandes fazendeiros dominavam a política local. No século XIX, o número de eleitores do Império era considerável se comparado com outros países.[20] O voto era censitário, porém a renda exigida não era consideravelmente elevada. O voto pode ter sido, em alguns momentos, um importante instrumento de barganha das pessoas mais pobres. Claro que elas não negociavam em igualdade de condições com os grandes potentados e políticos de uma dada localidade, afinal, os homens livres e pobres foram massa de manobra para as ações pessoalizadas impostas pelos mais ricos. Contudo, numa época em que o cargo político era sinal de prestígio social, os grandes fazendeiros tinham de negociar e adotar práticas clientelísticas para não perder o poder político.[21]

---

19 MOTTA, Márcia Maria Menendes. *Nas fronteiras do poder: conflito e direito à terra no Brasil do século XIX*. Rio de Janeiro: Vício de Leitura, 1998, p. 200.

20 Ver a esse respeito a discussão presente em DOLHIKOFF, Miriam. "Império e governo representativo: uma releitura". *Cadernos CRH*. Salvador, v. 21, n. 52. jan./abr. 2008, p. 13-23.

21 MUAZE, Mariana, *op. cit.*, p. 61-62. A citação encontra-se na página 90. Sobre uma discussão historiográfica a respeito do clientelismo, ver CARVALHO, José Murilo de. "Mandonismo, coronelismo, clientelismo: uma discussão conceitual". *Dados*, Rio de Janeiro, v. 40, n. 2, 1997, p. 229-250.

Rafael de Bivar Marquese salientou a importância das relações de clientelismo nas localidades cafeeiras do Vale do Paraíba. A arquitetura das casas de vivenda senhoriais, expressa na magnificência e grandiosidade da construção, transmitia uma forte carga de representação para a população local, manifestando o poder social e político dos senhores sobre os homens livres e os escravos. Além disso, ao contrário do que ocorria, por exemplo, em Cuba, a política era uma prática local, exercida no âmbito da municipalidade e que necessitava da arregimentação de um conjunto de eleitores à causa e aos interesses dos grandes proprietários. A aproximação espacial que se verificou entre a casa de vivenda e o conjunto de senzalas e construções necessárias para as práticas de beneficiamento do café e demais trabalhos rurais; e a atração de homens livres para a esfera de influência direta do senhor têm uma íntima relação com o quadro social e político do município e com o funcionamento da política no Império do Brasil. Nas palavras de Marquese, "para o exercício do poder pela classe senhorial escravista, no Império Constitucional do Brasil (tal como no sul dos Estados Unidos), o jogo eleitoral teve importância decisiva". Contudo, desde o período regencial, as relações de clientelismo "atavam em redes assimétricas verticais todos os atores políticos envolvidos, dos membros do gabinete ministerial aos eleitores de paróquia". Assim, o papel desses homens livres submetidos à influência dos grandes proprietários rurais se justificava pelo interesse que os poderosos tinham em exercer a política em nível local. O compromisso se estabelecia com os "clientes" sendo condescendentes com o patriarca local e recebendo, conforme Marquese, "proteção e espaço para se inserirem positivamente nas hierarquias locais". É necessário, portanto, considerar as relações entre os interesses dos grandes proprietários, a configuração espacial das fazendas cafeeiras (algumas com significativa carga de representação simbólica), as práticas de clientelismo como forma de se exercer o poder e a presença de homens livres morando no espaço de plantação de uma grande propriedade rural.[22] Tais considerações ganham peso a partir da reclamação de proprietários a respeito dos custos elevados dos processos eleitorais. No Congresso Agrícola de 1878, um fazendeiro de

---

22 MARQUESE, Rafael de Bivar. "Revisitando casas-grandes e senzalas: a arquitetura das *plantations* escravistas americanas no século XIX", *op. cit.*, 2006., p. 11-57. Como exemplo, vale a pena lembrar, além dos casos de Thobias, João Batista e José Maria, presentes no processo de medição amigável de 1848, a "venda no campo da fazenda" da fazenda Resgate, mencionada pelo escravo Sebastião. Esse caso foi trabalhado no capítulo I.

Minas Gerais reclamou da grande quantidade de ociosos que os proprietários eram obrigados a manter nas suas propriedades para atender a interesses eleitorais – tais ociosos seriam os "espoletas eleitorais".[23] As eleições no império foram o momento ritualístico em que os sujeitos reconheceram de modo claro a superioridade e a inferioridade social de cada indivíduo. As roupas e o vestir-se dos vários participantes e outros ritos obrigatórios do processo eleitoral estavam inseridos no simbolismo que explicitava as hierarquias sociais. Malgrado a participação considerável, o "teatro das eleições" não atendeu a propósitos igualitários, mas serviu para reforçar, nos dias de votação, as diferenças em uma sociedade marcada pela desigualdade social.[24]

Depreende-se, portanto, que as casas desenhadas no mapa demonstrativo do processo de medição amigável de 1848 são um dado importante da estrutura fundiária de Bananal com implicações para a vida política do município.[25] Os homens livres que aí habitavam também participaram das relações de vizinhança. Eles construiram, em termos distintos dos escravos, seu espaço social, seus círculos de amizade e suas redes de relacionamentos.

Um dado a respeito dos homens livres que se submetiam à esfera de influência dos grandes proprietários rurais deve ser ressaltado no processo de medição de 1848. Seis anos depois de concluída a medição, Luiz Antônio Thobias, o homem livre que teve a cozinha de sua residência cortada pela linha divisória que deveria separar as terras de Braz de Oliveira Arruda das de Luciano José de Almeida, foi mencionado como confrontante em outra fazenda de d. Maria Joaquina de Almeida. Thobias

---

23 CARVALHO, José Murilo de. *A construção da ordem: a elite política imperial/ Teatro de sombras: a política imperial, op. cit.,* p. 396. Este teria sido o discurso de José César de Moraes Carneiro, de Mar de Espanha, (MG), no Congresso Agrícola de 1878. *Ibidem,* nota 6 da p. 414. Sobre a função eleitoral dos agregados, ver também GRAHAM, Richard. *Clientelismo e política do Brasil no século XIX, op. cit.,* p. 144-145.

24 GRAHAM, Richard. *Clientelismo e política do Brasil no século XIX, op. cit.,* p. 150-164.

25 A respeito dos homens livres e pobres, ver também FRANCO, Maria Sylvia de Carvalho. *Homens livres na ordem escravocrata.* São Paulo: Ed. da Unesp, 1997. A relação entre homens livres e dependentes e os grandes fazendeiros foi também estudada por Hebe Maria Mattos. Esta autora traçou um perfil dos homens livres ao analisar suas origens, constituição familiar e relações de dependência. Ver MATTOS, Hebe Maria. *Das cores do silêncio: os significados da liberdade no Sudeste escravista – Brasil, século XIX, op. cit.* p. 27-104. Observe, no capítulo seguinte, como escravos e fugitivos se relacionavam com os moradores dessas casas espalhadas pelas propriedades senhoriais. Sobre uma perspectiva que destaca os conflitos agrários que envolveram homens livres na condição de posseiros, arrendatários ou agregados e grandes proprietários, ver o trabalho já citado de Márcia Maria Menendes Motta.

encontrava-se, conforme o Registro Paroquial de Terras de Bananal, na fazenda Jararaca, distante cerca de trinta quilômetros da Boa Vista. Sem dúvidas que Thobias foi um exemplo de um homem livre que cumpriu suas obrigações como clientela livre e dependente das vontades de um grande proprietário rural. Em algum momento entre 1848 – ano do processo de medição amigável de terras – e 1854 – data de início do Registro Paroquial de Terras – Thobias foi deslocado para outra propriedade da família Almeida. Na fazenda Jararaca ele cumpriria sua função de guardar as fronteiras de uma propriedade que ainda não estava com seus limites territoriais regularizados. Tal função não seria mais necessária nas terras da Boa Vista porque o processo de medição amigável de 1848 regularizou a situação das propriedades dos herdeiros do sargento-mor Braz de Oliveira Arruda (ver figura 4).[26]

Thobias deve ter sido um fiel servidor da família Almeida e parece ter sido recompensado por isso. Ele recebeu, através de testamento de 1854, dois escravos de Luciano José de Almeida.[27] Mais ainda, a filha de Luiz Antonio Thobias, afilhada de Maria Joaquina de Almeida, recebeu, conforme o testamento dessa proprietária elaborado em fevereiro de 1879, um conto de reis.[28] O exemplo de Thobias não foi exceção. Ao contrário, constituiu-se como regularidade a ação de proprietários rurais que deixavam gêneros, fazendas, dinheiro e terras para diversos homens livres. Isso demonstra os vínculos estabelecidos, a importância desses sujeitos para a sociedade escravista e, por fim, expõe uma característica básica desse mundo rural do século XIX, qual seja, a incorporação, na estrutura fundiária da fazenda, de uma infinidade de agregados, camaradas e possuidores de situação que, por outro lado, se interessavam por essa proteção.[29] A proteção de um potentado local era algo determinante para muitos homens livres se protegerem das arbitrariedades das autoridades e dos senhores.

---

26 Cf. MARQUESE, Rafael de Bivar. "Espacio y poder em la cafeicultura esclavista de las Americas: el Vale del Paraíba em perspectiva comparada, 1760-1860". In: PIQUERAS, José Antonio (ed.) *Trabajo libre y trabajo coactivo em sociedades de plantación.* Madrd: Siglo XXI. 2009. p. 215-252.

27 Cf. MMN, Caixa 72/ nº de ordem 1443. 1º v. 1. 1º Ofício. O testamento está datado de 28 de abril de 1854.

28 Cf. Contas de Testamentária. MMN, Caixa 191/ nº de ordem 3875. 1º Ofício. O testamento está datado de 10 de fevereiro de 1879.

29 A esse respeito, ver CASTRO, Hebe Maria Mattos de. *Ao sul da História*: *lavradores pobres na crise do trabalho escravo.* São Paulo: Brasiliense, 1987.

Figura 4 (detalhe) – Local aproximado da divisa das terras da fazenda Boa Vista e do Rancho Grande e indicação da fazenda Jararaca, novo local de residência de Luiz Antonio Thobias após a finalização do processo de medição de 1848 (setas amarelas). Sem escala. Fonte: AESP.

Por outro lado, à luz da pesquisa de Márcia Motta, deve-se considerar que a experiência de vida de homens como Thobias não excluiu a possibilidade de conflitos entre um proprietário de terra e sua rede de dependentes. Como notou essa autora, os conflitos de terra no Brasil do século XIX confrontaram "interpretações e justificativas divergentes sobre o direito à terra, e não apenas sobre o direito à propriedade *tout court*".[30]

No Mapa Demonstrativo do processo de medição amigável também se veem diversos caminhos ou estradas que cruzavam as terras de diferentes proprietários e,

---

30   MOTTA, Márcia Maria Menendes. *op. cit.*, p.21.

por vezes, divisavam uma propriedade da outra. Por esses caminhos circularam escravos, fugitivos e homens livres de diferentes categorias sociais. Os caminhos entremeavam os morros, as capoeiras e os cafezais. Todos se misturavam com as casas de homens livres, as casas de vivenda monumentais, os edifícios de beneficiamento e as roças dos escravos, compondo assim o cenário para que os sujeitos de Bananal pudessem construir suas redes de relacionamentos com cativos e homens livres de fazendas confinantes (ver figura 3).[31] Era comum que sitiantes e fazendeiros usassem caminhos particulares de outros proprietários para escoar suas produções. Os proprietários de terra e os feitores e administradores circulavam por esses caminhos, que facilitavam sobremaneira a movimentação dentro das terras senhoriais. A estrutura fundiária dessas propriedades caracterizava-se, ademais, pelos ranchos construídos "de trezentas em trezentas braças", conforme salientou Vladimir Benincasa.[32] É lícito supor que ocorressem desentendimentos entre proprietários vizinhos quando um desses caminhos era fechado, isolando ou dificultando o trânsito de negócios de algum proprietário. É o que ocorreu em 1869 entre o sitiante José Ferreira Leão e o Barão de Ariró. Leão dirigiu reclamação à Câmara Municipal dizendo que há seis anos era proprietário de um sítio no Bairro do Retiro e que sua propriedade ficava "arredada [distante]" da Estrada Geral. Desde que havia efetuado essa compra, ele utilizava-se de um caminho não só para o sacramento como também para seus "carros e outras conduções pesadas". O caminho já havia sido "tapado" uma vez, sendo aberto após reclamação de Leão. Contudo, pela segunda vez, esse mesmo caminho fora fechado pelo capitão Henrique José da Silva ou pelo seu pai, o Barão de Ariró. O trânsito foi interceptado pela destruição de uma estiva que existia sobre um rego e pela abertura de uma profunda e larga vala. Para o sitiante, a ação do Barão de Ariró era uma infração do artigo 99 do Código de Posturas.[33]

---

31 O referido mapa demonstrativo relaciona-se apenas a uma parte pequena do território que abrange esta pesquisa: os atuais municípios de Bananal e Arapeí. Contudo, fornece uma ideia da estrutura fundiária da região estudada. Nesta estrutura fundiária, os cativos construíram, juntos com homens livres, seu espaço social.

32 BENINCASA, Wladimir, *op. cit.,* p.36.

33 Arquivo Público do Estado de São Paulo (AESP). Ofícios diversos de Bananal 1869-1891. Caixa 36. Ordem 829. Pasta 1. Doc. 36. A reclamação de José Ferreira Leão não está datada, tendo sido escrita no início de novembro de 1869. Os vereadores decidiram que a questão se achava fora de sua jurisdição, citaram a Lei de 1 de outubro de 1828, em seu artigo 66, parágrafo 6, e alegaram que, "na hipótese

Como se viu com o processo de medição amigável de 1848, o caso de Thobias e sua transferência para as terras da fazenda Jararaca demonstram que as casas dos homens livres poderiam estar estrategicamente localizadas. É possível que os escravos também tivessem suas roças em locais igualmente estratégicos, marcando as fronteiras (os limites) da propriedade rural. Isso é o que se pode inferir do relato de Firmo. Esse escravo disse que estava "trabalhando em uma sua roça de milho e arroz perto da fazenda de sua Senhora, à beira da estrada, junto com outro escravo de nome Jacó Maria, Mina, no domingo, quatro do corrente [...]". É possível que a localização da roça de Firmo, à beira da estrada, fosse uma estratégia senhorial para marcar os limites da propriedade e garantir a segurança e/ou a vigilância nesse ponto da fazenda. A roça de Firmo poderia ser também um espaço marginal na propriedade de Maria Joaquina de Almeida porque o campo propício para a plantação de arroz era o terreno úmido. De qualquer modo, a roça de Firmo, à beira da estrada, fez com que ele conhecesse um espaço social mais amplo e, consequentemente, a movimentação que aí acontecia e também os sujeitos que por aí passavam.

Em outro processo criminal, vislumbra-se a mesma decisão senhorial de dispor escravos e homens livres em locais estratégicos. Agora, o processo parece remeter para um controle das fugas dos escravos. O processo criminal envolvendo o escravo Francisco, pertencente ao Major Candido Ribeiro Barbosa, proprietário da fazenda dos Coqueiros, sugere que os grandes proprietários rurais agiam diretamente na organização fundiária das suas terras com o objetivo de proporcionar um controle das possíveis movimentações furtivas dos escravos. O escravo Francisco foi acusado de ter assassinado sua mulher, Martha, e fugido. Em seu depoimento, prestado no dia 23 de fevereiro de 1872, Francisco disse que "se achava trabalhando em um lugar da fazenda, denominado Preguiça, meia légua distante da mesma fazenda, e pouco distante do lugar 'Macacú' e que este último é inteiramente ermo, circundado de matas virgens e inabitado". Chico, como era chamado por outros escravos, pedira então para "satisfazer uma necessidade"

---

de uma servidão por direito de domínio particular", a intervenção da Câmara seria indevida. Essa lei refere-se à criação das Câmaras Municipais e versa sobre suas atribuições e sobre as eleições para vereadores e para Juiz de Paz. O referido artigo encontrava-se no título III, denominado "Posturas Policiais". Entende-se, portanto, que o assunto competia à polícia e não à Câmara Municipal. Para uma explicação a respeito do conteúdo dessa legislação, focando na limitação das atribuições desse órgão legislativo, ver DOLHNIKOFF, Miriam. *O pacto imperial: origens do federalismo no Brasil, op. cit.*, p. 83-86.

e se evadira do local de trabalho.[34] O depoimento das testemunhas e informantes apresentam, por sua vez, elementos para concluir que o major Candido solicitara que um escravo seu de nome Luiz Antônio vivesse "à entrada do mato", justamente o caminho que Francisco escolhera para fugir. O administrador da fazenda, Antônio da Costa Azevedo, informou, em depoimento prestado no dia 30 de janeiro, que entendia que Chico era o assassino de sua mulher Martha porque os dois escravos foram "vistos ambos entrarem pelo caminho do Macacú uma hora antes de ter ele testemunha encontrado o cadáver de Martha, pelo escravo Luiz Antônio, que mora à entrada do mato, e que ninguém mais vira passar por aquele caminho; acrescendo que o rasto do escravo Chico seguiu além do lugar onde jazia a morta, e que ele depois disso desaparecera". O escravo Bento dera uma informação semelhante, dizendo que Francisco seria o autor do assassinato de sua mulher porque foram

> vistos juntos passar pelo caminho do Macacú, poucos momentos antes de ter sido encontrado o cadáver de Martha, segundo informou-lhe o preto Luiz Antônio, que mora à entrada do Mato, na ocasião em que saíram do eito em procura de Chico e Martha, acrescendo mais que ninguém mais passara pelo caminho depois dele, não só pelo que informou Luiz Antônio, como por não haverem mais que dois rastos no caminho e esses bem distintos de que eram um de mulher e outro de homem.

Luiz Antônio era um africano de sessenta anos, solteiro, que disse que criava galinhas.[35] Quando foi perguntado a ele "se vira Chico e Martha passarem por defronte de sua casa à entrada do mato e seguirem pelo caminho do Macacú, e se disso dera parte a Azevedo ou informara algum parceiro seu", Luiz Antônio negara ter visto Chico e Martha passarem pelo referido local.

O que importa salientar são as referências geográficas presentes nas falas dos sujeitos envolvidos no processo. Duas testemunhas informaram que, em 1872, Luiz Antônio morava "à entrada do mato". A pergunta feita a esse homem utilizou a mesma expressão ("à entrada do mato"). O major Candido parece que posicionou

---

34 Conforme o depoimento do escravo Gabriel, prestado no dia 7 de fevereiro de 1872. MMN, Caixa 32/ nº de ordem 703.

35 Conforme depoimento de 7 de fevereiro de 1872. Cabe salientar que o administrador Antônio da Costa Azevedo refere-se a Luiz Antônio como escravo.

em local estratégico esse escravo. Ele deveria saber que esse caminho poderia ser uma possível rota de fuga para seus cativos. O processo em questão parece sugerir que Luiz Antônio, ao morar nesse local, deveria cumprir um papel de fiscalizador da movimentação furtiva e alternativa dos outros escravos. Isso porque, além de morar "à entrada do mato", o escravo morava também em um local ermo e inabitado. Por outro lado, estudos como os de Márcia Motta demonstraram que os limites de uma propriedade rural foram o foco de conflitos de terras de homens livres estranhos aos interesses dos proprietários. Esses locais representaram, igualmente, "uma brecha na qual os arrendatários esforçavam-se para se constituírem enquanto posseiros". Dessas ações surgiam os conflitos com grandes proprietários de terra.[36] Como se vê, as fronteiras de uma propriedade rural eram um dos locais estratégicos para a garantia dos interesses senhoriais e, portanto, local que precisava de vigilância e fiscalização.

Vale ressaltar que em 1875, ano do falecimento do major Candido Ribeiro Barbosa, o inventário desse escravista apresentou a mudança da paisagem agrária nos arredores da casa de Luiz Antônio. Naquele ano, havia 15 mil pés de cafés "novos do Luiz Antônio" e mais 12 mil pés "das larangeiras do Luiz Antônio". Além disso, o inventário informou que em algum momento entre o ano de 1872 e o ano de 1875, Luiz Antônio mudou sua condição civil: no ano do inventário ele não foi relacionado como um dos escravos pertencentes ao falecido major.[37] Já as expressões "cafés novos do Luiz Antônio" e "larangeiras do Luiz Antônio" também sugerem que o nome desse liberto misturava-se, neste momento, à toponímia dessa região, o que indica uma continuidade, ao longo do tempo, desse sujeito nesse local.

O inventário e o crime envolvendo o escravo Francisco mostram o processo de produção e reprodução do sistema agrário vigente em Bananal, conforme exposto por João Luís Ribeiro Fragoso.[38] Além disso, eles sugerem, ao lado do documento que envolve o escravo Firmo e do processo de medição amigável de 1848, que os proprietários rurais posicionavam seus homens livres e seus cativos em locais estratégicos, para garantir um policiamento/fiscalização das terras senhoriais.

---

36 MOTTA, Márcia Maria Menendes, *op. cit*, p. 203.

37 MMN, Caixa 161/ nº de ordem 3396. 1º Ofício.

38 FRAGOSO, João Luís Ribeiro, *op. cit*, p. 38-108.

Os caminhos poderiam servir, de outro modo, para encontros indesejáveis. Em muitos momentos as estradas foram o percurso natural de escravos fugitivos que poderiam ser recebidos sem suspeita por homens livres. Contudo, os encontros que aí aconteciam poderiam levar a assassinatos. Quando o menino Theodoro José Ferreira, caixeiro de treze anos de idade que trabalhava em São José do Barreiro para um italiano chamado Miguel Mesóla, teve de ir a Bananal a trabalho, encontrou-se com o fugitivo Saturnino, escravo do tenente coronel José de Magalhães Couto. Saturnino quis roubar-lhe a besta em que se encontrava e acabou derrubando o menino do animal. Como "o menino vinha atrás gritando, então ele respondente [Saturnino] apeando-se deu-lhe uma facada na barriga, e o menino correndo [ilegível] prosseguir dando-lhe outra nas costas e outra na garganta, sendo esta transversalmente, com a qual logo morreu". O mesmo Saturnino informara às autoridades de São José do Barreiro, onde fora preso, que comprara milho "em uma casa à beira do caminho (...) tendo desta vila [de São José do Barreiro] a dita casa mais de légua". O escravo do tenente coronel dissera ainda que o homem que lhe vendeu o milho lhe dera uma carta para entregar e que ele "deitou-a fora".[39] Chama a atenção nesse depoimento o papel das casas à beira das estradas. Elas foram um dos pontos de apoio para os fugitivos e para outros transeuntes.

Do mesmo modo, não teve sorte um velho chamado Antônio Rita que se encontrara com os fugitivos Antônio José e Antônio Ferreira, ambos escravos do major Candido Ribeiro Barbosa, proprietário da fazenda dos Coqueiros. Após assassinarem um camarada do major de nome José Maria, os dois escravos

> retiraram-se para o Rancho onde pernoitaram, no dia seguinte muito cedo, saindo eles no caminho para tomarem algum destino, não desejando dar nas vistas, e tendo andado um pouco encontraram-se com um velho, receando que o mesmo os fosse denunciar resolveram assassiná-lo, o que fizeram dando ele interrogado um tiro com uma espingarda que alcançou por terra, dando depois Antônio José algumas facadas e uma bordoada na cabeça (...).[40]

---

39 Conforme depoimento do escravo Saturnino realizado no dia 22 de agosto de 1869. MMN/ Caixa 30/ n° de ordem 665.

40 Conforme depoimento do escravo Antônio Ferreira realizado no dia 09 de março de 1863. MMN/ Caixa 23/ n° de ordem 523. Esse caso será analisado com mais detalhes no capítulo III.

Em outro processo criminal, verificou-se como a questão da mobilidade para os escravos que viviam em propriedades com poucos escravos foi importante para que eles pudessem construir redes de relacionamentos para além da propriedade de seus senhores. No dia 7 de março de 1882, Candido, escravo quitandeiro de d. Josepha Maria do Espírito Santo, prestou depoimento informando que no domingo, dia 5, por volta das sete horas da noite, dirigira-se ao centro da cidade de Bananal para vender pó de café e lenha. Quando retornava à propriedade de sua senhora viu, "no lado de dentro da porteira que fecha o sítio", um homem "deitado dentro da roça de milho e feijão". Ao aproximar-se do local, chamando pelo homem que se encontrava deitado, ao não obter resposta chegou bem perto e verificou ser o cadáver de Luiz, escravo de Antônio Leite. Candido disse que conhecia Luiz "há muito tempo" e que tinha "relações de amizade com ele". Contudo, Luiz não costumava ir à casa da senhora de Candido "senão quando ia vender farinha, isso mui raras vezes, sendo que há muito tempo que não acontecia isso, por não ter mais o senhor de Luiz, farinha para vender". O escravo de d. Josepha disse não saber se o morto tinha alguma intriga com pessoas da "vizinhança" e "que somente uma vez ele respondente vira a Luiz embriagado e querendo brigar com um filho de Joaquina Piraí, chamado Joaquim".

Domiciano, também pertencente a d. Josepha Maria do Espírito Santo, disse que retornava com Candido, após ter se dirigido ao centro da cidade para vender lenha, e que ambos conheciam Luiz "há muito tempo, mas que Luiz não visitava a ele respondente, nem a Candido, porque não se davam com ele morto, nem o morto com eles". Quando foi perguntado o motivo por que "não se davam" com Luiz, Domiciano respondeu que "não se davam com Luiz, porque este não ia em casa dele respondente".[41]

Os depoimentos dos dois escravos de Dona Josepha Maria do Espírito Santo referem-se ao assassinato de Luiz, trabalhador escravizado de Antônio Gonçalves Leite. O crime teria ocorrido no dia 4 de março de 1882, às sete horas da noite mais ou menos, na estrada que vai para o Turvo. Os depoimentos revelam que escravos de senhores diferentes se conheciam e mantinham diversas relações, sendo mesmo possível que uns escravos visitassem outros, circulando por diferentes propriedades. Mais ainda, evidencia-se que os domingos eram dias de relativa mobilidade para os escravos. Tal mobilidade produziu, portanto, a elaboração de um espaço social que

41 MMN/ Caixa 48/ nº de ordem 1004.

foi sendo, aos poucos, construído pelos cativos de diferentes proprietários. Nesse espaço, os sujeitos vivenciaram seus momentos de lazer e de trabalho e puderam namorar e, possivelmente, constituir famílias, além de realizar cultos religiosos e negócios. Para muitos escravos, as possibilidades de se afastarem dos estereótipos associados à escravidão encontravam-se fora dos limites da propriedade senhorial.[42]

Os acusados de assassinar Luiz foram os escravos Sebastião e Benedito, ambos pertencentes a Domiciano Moreira de Oliveira. João Domiciano de Oliveira, filho de Domiciano, também foi acusado de ter participado do crime, mas como o processo está incompleto, não foi possível determinar em que medida se deu tal participação. No caso dos escravos, o processo demonstra que eles sem dúvida se utilizavam de uma mobilidade que lhes era permitida para desenvolverem suas relações pessoais, procurando, com isso, um distanciamento dos estigmas mais característicos do cativeiro, quais sejam, a falta de laços e a impossibilidade de constituir família.

O processo começou a se desvendar a partir do depoimento de uma liberta chamada Felicidade Maria da Conceição. Essa mulher, de quarenta anos de idade mais ou menos, era viúva e disse ter "nascido em viagem de Benguela ao Brasil". Seu depoimento mostrou que os escravos procuravam construir redes de relacionamentos para além da propriedade senhorial. Mais ainda, essas redes eram decorrência direta da mobilidade autorizada dos escravos. Conceição afirmou que "no domingo atrasado"[43] chegaram à casa dela, à rua da Palha, no centro da cidade de Bananal[44], o escravo Luiz acompanhado de Felipe, que era escravo de Francisco Leite. Os dois tinham o costume de frequentar a casa de Felicidade e, nesse dia em especial, começaram a discutir "por causa de dinheiro que um dizia que o outro lhe havia roubado", não ficando claro no depoimento quem havia roubado o dinheiro e quem estava acusando. Felicidade, incomodada com a discussão, disse para eles irem embora porque "ali não era casa de barulho". Foi então que os dois cativos se retiraram pela estrada do Turvo. No domingo em que ocorreu o crime, Luiz estivera novamente na casa de

---

42 Para Hebe Mattos, esses estereótipos seriam "a falta de laços, o celibato, os castigos físicos e o trabalho coletivo". MATTOS, Hebe Maria. *Das cores do silêncio: os significados da liberdade no Sudeste escravista – Brasil, século XIX, op. cit.*, p. 126-127.

43 Provavelmente uma semana antes do ocorrido.

44 O depoimento de Honória Felicidade realizado em 8 de março de 1882 informa a respeito do endereço dessa família. Honória era uma das quatro filhas de Felicidade Maria da Conceição.

Felicidade, mas dessa vez ele veio sozinho, acendeu o pito e foi embora em direção à propriedade de seu senhor. Felicidade afirma que

> na tarde do domingo em que se deu o fato, pouco tempo depois de ter saído de sua casa, o preto Luiz, que foi achado morto, chegaram em casa dela respondente Sebastião e Benedito, escravos de Domiciano de Tal, morador no Sertãozinho, os quais pediram a ela respondente para guardar um saco que trazia contendo toucinho e carne seca, que ela respondente aceitou o saco e guardou-o, seguindo incontinenti os dois crioulos Sebastião e Benedito correndo pela mesma estrada que Luiz tinha seguido. Que daí a uma hora mais ou menos, voltaram os ditos crioulos Benedito e Sebastião correndo e muito cansados, e pediram a respondente o saco que tinham dado para guardar, o qual sendo-lhes entregue por ela respondente, perguntou-lhes esta porque é que estavam tão cansados, ao que eles não responderam e saíram apressadamente pela mesma estrada, donde há pouco tinham vindo, quando saíram em seguimento de Luiz.

Felicidade afirmou ainda que Sebastião e Benedito estavam "armados de porrete" e que não viu outra arma com eles e nem manchas de sangue em sua roupa.

A partir de então prestam depoimento vários escravos e alguns homens livres. É possível inferir a partir do depoimento de Felicidade Maria da Conceição que escravos de diferentes senhores frequentavam a sua casa. O atrativo da casa de Felicidade Maria da Conceição era a própria família da viúva: suas quatro filhas. De acordo com seu depoimento, Felicidade disse que não sabia se Luiz era inimigo de Sebastião e Benedito, mas que esses dois eram "amigados com duas filhas dela respondente de nome Brazilia e Maria" e que

> tendo Luiz ido três domingos sucessivos incluído o em que morreu, em casa dela respondente, é possível que os dois crioulos sabendo disso, tivessem ciúmes do Luiz que em o domingo anterior ao em que foi assassinado, só deixou a casa e foi conversar com as filhas dela respondente na porta de detrás, pelo que ela respondente lhe passou uma descompostura e Luiz por sua vez xingou muito a ela respondente e as suas filhas, chamando-as de – cambada de putas – e de outros nomes feios.

Brazília Felicidade, com dezesseis anos de idade, e Maria Felicidade, com quinze, confirmaram, em linhas gerais, o depoimento da mãe. A primeira disse em depoimento prestado em 8 de março de 1882 ser amásia de Benedito e que sua irmã, Maria, era amasiada de Sebastião. Disse ainda que somente Benedito estava presente "no dia em que Luiz xingou a ela, mãe e irmãs".

Os depoimentos revelam que a mobilidade dos escravos para além da propriedade de seu senhor permitiu a eles a construção de redes de relacionamentos que, por vezes, produziriam conflitos. O processo evidencia ainda que os escravos de pequenos proprietários procuravam buscar relacionamentos com mulheres de fora dos plantéis de seus senhores. Como os inventários dos homens livres mencionados no referido processo criminal não foram encontrados, não é possível estabelecer com precisão o número de escravos desses proprietários. Contudo, o processo criminal envolvendo a morte do escravo Luiz apresenta a escravaria de Domiciano Moreira de Oliveira, morador no Sertãozinho. No ano de 1872, esse escravista teve de apresentar a matrícula de seus escravos por conta de uma exigência legal oriunda da Lei do Ventre Livre. Conforme informação datada de 19 de agosto, Domiciano possuía sete escravos. Eram cinco homens e duas mulheres. Angélica, uma das escravas, tinha 38 anos e era viúva de outro escravo chamado Fabiano. Tinha como filhos, Benedito, então com vinte anos e um dos envolvidos no crime, João, com treze anos de idade, Sebastião, então com dez anos – o outro envolvido –, Luiz, com oito anos, Antônio, com seis anos e Maria, com três anos de idade. Ou seja, em 1872 Domiciano Moreira de Oliveira era senhor de uma única família de escravos. Caso a escravaria de Domiciano tivesse permanecido a mesma nos dez anos decorrentes entre a data da matrícula e a morte de Luiz, então é lícito supor que seus escravos homens, todos filhos de Angélica, só pudessem encontrar uma parceira fora da propriedade de seu senhor. E era isso o que acontecia entre Benedito e Brazília e também entre Sebastião e Maria. Também é possível inferir que Luiz frequentasse a casa de Felicidade procurando pelas mesmas oportunidades vivenciadas pelos escravos de Domiciano.

No século XIX, apesar das tentativas das autoridades e dos senhores para controlar as ações alternativas dos escravos, muitos deles praticaram, de modo autorizado ou não, uma ampla e rotineira mobilidade para além da propriedade senhorial. Essa mobilidade produziu uma série de ações informais que desafiaram a lógica de controle dos proprietários rurais. Um exemplo disso foram as irmandades construídas por "homens

pretos". Essas irmandades foram, sem dúvida, um dos locais em que os escravos puderam desenvolver diversas redes de relacionamentos. A querela a respeito da precedência
nas festas religiosas e procissões envolvendo duas irmandades de Bananal, a de Nossa
Senhora da Boa Morte e a de Nossa Senhora do Rosário, revela, segundo Fábia Barbosa
Ribeiro, "a importância e o prestígio associados às irmandades" no universo das confra-
rias no Vale do Paraíba no século XIX. Essa autora destaca que as relações sociais que os
escravos construíram em torno do catolicismo, quais sejam, os casamentos, os batizados e as relações de compadrio daí advindas e as festividades relacionadas às irmandades, foram de fundamental importância para que os cativos pudessem criar "espaços de
locomoção, trânsito e convivência". Desse modo, as irmandades congregavam escravos,
desde que esses portassem autorização dos seus respectivos senhores. No momento
das procissões, a participação dos escravos adquiria um significado de "inversão social"
uma vez que os cativos se veriam à frente dos senhores.[45]

O relato de Felicidade Maria da Conceição, que disse que Luiz havia visitado a ela
por "três domingos sucessivos", também revela esse tipo de movimentação para além
da propriedade senhorial. Como seria comum para a realidade escravista de um município cafeeiro, Luiz utilizava-se de sua mobilidade autorizada aos domingos para
frequentar a casa de Felicidade. Mais ainda, o relato da viúva permite inferir que Luiz
tinha sua mobilidade restringida ao longo da semana. Também nos relatos de Candido e Domiciano, os quitandeiros de d. Josepha Maria do Espírito Santo, percebe-se
que eles se dirigiam ao centro da cidade para vender lenha e pó de café, entre outros
produtos. Tais movimentações autorizadas constituíram-se como o ponto de apoio
segundo o qual muitos cativos puderam construir suas redes de relacionamentos e,
consequentemente, realizar em momentos não permitidos uma mobilidade furtiva,
não autorizada.

---

45 RIBEIRO, Fábia Barbosa. *Caminho da Piedade, caminhos de devoção: as irmandades de pretos no Vale do
Paraíba – século XIX*. Tese (Doutorado em História Social) – FFLCH-USP, São Paulo, 2010. Ver, especialmente, o capítulo III – "As irmandades no contexto valeparaibano: Bananal e Guaratinguetá, devoção
e sociabilidade na segunda metade do século XIX". O estudo de Fábia Barbosa permite ainda verificar a
intenção emancipacionista dessas irmandades, bem como de alguns de seus membros, como Francisco
de Paula Ferreira e José Filipe de Andrade. *Ibidem*, p. 197-205. Sobre o compadrio e as possibilidades de
novas abordagens para este assunto, ver BACELLAR, Carlos de Almeida Prado. "Os compadres e as comadres de escravos: um balanço da produção historiográfica brasileira". In: *Simpósio Nacional de História
– ANPUH*, n. 26, 2011, São Paulo. USP, 2011, p. 1-11.

Como se viu, a estrutura fundiária dos municípios cafeeiros, ou, em outros termos, a organização do espaço agrário, estava entremeada de caminhos e estradas com casas de negócios e moradias que guardavam, muitas vezes, os limites das propriedades de grandes proprietários rurais. Havia nesse espaço agrário diversas propriedades rurais, de diferentes tamanhos, e muitas delas pertenciam a senhores influentes e ricos. Desse modo, a estrutura fundiária contava com a magnificência das casas senhoriais e com as casinhas dos homens livres e pobres, além das senzalas de diversos tipos e das casas menos portentosas de proprietários de menor porte. Os morros com os pés de café plantados em linha, as capoeiras e os matos completavam a paisagem agrária, deixando muitas fronteiras das propriedades indefinidas e impondo a necessidade de vigilância. Em muitas partes dessas fronteiras, um espaço social se construiu. Um espaço denominado de vizinhança que foi fator fundamental para a construção de diversas redes de relacionamentos entre diferentes sujeitos sociais. A vizinhança ampliou o espaço de atuação de muitos cativos e de outros tantos homens livres.

A existência desse espaço social denominado vizinhança relaciona-se com três elementos fundamentais da estrutura fundiária: a conformação de uma espacialidade de controle que afirma um funcionamento do poder que visa à fiscalização, à dominação e à exploração de uma classe sobre o conjunto dos escravos e homens livres; a ocorrência de conflitos; e a existência dos "usos alternativos do espaço". As casas dos homens livres, os caminhos, as capoeiras e os cafezais serão o palco para a realização de usos alternativos do espaço que vão, em muitos momentos, contestar os desejos de normatização dos senhores sobre a escravaria e o conjunto de homens livres. A documentação pesquisada permite inferir que a tentativa de controle da escravaria e a existência de uma série de necessidades que permitiam a mobilidade dos escravizados criaram, intrinsecamente, uma negação das exigências de controle e contenção dos escravos. Ao aceitar a mobilidade escrava como uma das exigências dos trabalhos agrícolas (por exemplo, no caso dos escravos quitandeiros que iam para o centro da cidade vender quitandas ou dos cativos tropeiros que se dirigiam para mais longe, como outros municípios) e ao tolerar, por vezes, a conformação de territórios (as roças escravas seriam territórios que os escravos conseguiam e, segundo Robert Slenes, muitos escravos casados obtinham, outrossim, seu espaço próprio, diferenciado dos demais cativos),[46] os senhores possibilitaram aos sujeitos escravizados diversas apropriações dos espaços interno e externo das propriedades rurais. Tais apropriações geraram antíteses às exigências de controle sobre o escravo. Havia, portanto, as necessidades de controle e de contenção; porém, com a mobilidade e a conformação de territórios, a escravaria formava seu próprio campo de atuação, gerando contradições que poderiam provocar crises, conflitos e assassinatos. Cabe, contudo, uma ressalva importante às observações de Slenes. Não se pode considerar que todos os escravos casados conseguissem seu espaço próprio, separado das senzalas coletivas ou mesmo um espaço particular dentro delas, conforme sugeriu Slenes. Na pesquisa realizada, não se encontrou nenhum arranjo espacial de "fogo próprio" semelhante àquele descrito por esse historiador. É mais provável que, especialmente nas grandes propriedades rurais, os escravos se apropriassem de seus próprios espaços dentro das senzalas coletivas por meio de acordos e arranjos internos – e muitas vezes precários – que eles estabeleciam. E, além disso, qualquer possibilidade de conquista mais ampla deve ser entendida, necessariamente, como uma concessão senhorial que poderia ser, a qualquer momento, retirada.

Assim como os documentos analisados permitem entrever um espaço social que pode ser denominado de vizinhança, em que os cativos e homens livres construíram suas redes de relacionamentos, também o Registro Paroquial de Terras de Bananal[47] reuniu exemplos a respeito dos vizinhos que reconheciam os limites das propriedades confrontantes. As relações de vizinhança foram um dos meios para que se estabelecesse o reconhecimento dos limites territoriais entre diversas propriedades. Verificou-se em Bananal que cerca de 89% dos proprietários rurais declararam a existência de confrontantes em todas as direções de suas propriedades (norte, sul, leste e oeste). Isso pode indicar que, na grande maioria dos casos, o

---

46 De acordo com Robert W. Slenes, "(…) há indícios de que dentro do precário 'acordo' que os escravos extraíram de seus senhores, o casar-se significava ganhar maior controle sobre o espaço de 'moradia'". SLENES, Robert W. *Na senzala uma flor: esperanças e recordações na formação da família escrava – Brasil Sudeste, século XIX. Op. cit, p. 150.* Em outra passagem, o mesmo autor escreve que "o espaço construído provavelmente adquiriu mais importância para os escravos no Brasil do que tivera na África, já que teria servido como lugar para desenvolver uma variedade de atividades, escondidas da mira de feitores e senhores". *Ibidem.* p. 182.

47 O Registro Paroquial de Terras de Bananal tem o dia 3 de setembro de 1855 como a data do primeiro registro. O último registro é do dia 13 de outubro de 1858. Arquivo do Estado de São Paulo (AESP). Microfilme. Código: 03.08.003.

acordo pessoal entre os moradores estabeleceu os limites das propriedades. Mais ainda: o reconhecimento dos confrontantes por parte de um determinado proprietário significava o reconhecimento da propriedade dos seus vizinhos. Esses, em contrapartida, poderiam também confirmar a propriedade do declarante inicial, evitando futuras ocorrências de conflitos. Mas tais declarações sempre serviram de garantia precária para o estabelecimento de fronteiras porque as terras poderiam mudar de dono e os novos vizinhos poderiam não reconhecer mais os limites anteriores. O estudo do Registro Paroquial de Terras de Bananal demonstrou que o estabelecimento das fronteiras entre uma propriedade e outra foi algo extremamente complexo e, muitas vezes, precário. Muitos acordos de fronteiras entre diferentes proprietários expressavam as relações pessoais construídas em uma determinada vizinhança e, portanto, poderiam, ao longo do tempo, mudar. Além disso, o estabelecimento de limites precisos poderia impedir uma futura expansão das culturas. Isso, por si só, representou um obstáculo para o estabelecimento seguro de fronteiras entre diversas propriedades.[48]

Também a literatura brasileira do século XIX e os relatos dos viajantes são pródigos em apresentar exemplos de vizinhos que se reuniam em determinados lugares para praticar seus momentos de sociabilidade. Essas fontes documentais fornecem um conjunto amplo de situações que informam que a noção de vizinhança esteve presente para as diversas categorias sociais em muitas partes do Brasil.

---

48 Cf. AZEVEDO, Juan Dyego Marcelo, *op. cit.*, p. 15-21. Sobre a importância das relações de vizinhança para o reconhecimento da posse de uma terra, ver MATTOS, Hebe Maria. *Das cores do silêncio: os significados da liberdade no Sudeste escravista – Brasil, século XIX, op. cit.* p. 74. Em seu estudo sobre o funcionamento da justiça e o uso do aparelho judiciário feito por diversos homens e mulheres de todas as categorias sociais, Ivan de Andrade Vellasco mostrou, em diversos processos criminais, os conflitos que poderiam surgir entre vizinhos. VELLASCO, Ivan de Andrade. *As seduções da ordem: violência, criminalidade e administração da justiça, Minas Gerais, século 19.* Bauru (SP): Edusc; São Paulo: Anpocs, 2004. Cabe, ainda, o alerta feito por Márcia Motta, que escreveu que "os Registros Paroquiais de Terras não são um retrato da estrutura fundiária de cada região, nem tão pouco seus dados são meros reflexos de uma realidade estática. É preciso, portanto, considerá-los no contexto de sua produção, como resultado de um processo bastante complexo, tanto no que se refere às discussões que deram origem à lei, a seu regulamento e, pois, ao próprio registro, quanto em termos das ações efetivas relacionadas à decisão de [o proprietário da terra] registrar ou não a sua terra". MOTTA, Márcia Maria Menendes, *op. cit*, p. 167.

Em *O tronco do Ipê*,[49] José de Alencar escreveu que "Lúcio, Frederico e outros moços da vizinhança brincavam com umas primas e camaradas de Alice o jogo dos contos". Em *Senhora*, o mesmo autor, ao referir-se a uma família de casa pobre, disse que "d. Camila com as filhas estava ao chá; havia de visita uma família da vizinhança". Aluísio Azevedo, em *O Homem*, de 1887, referindo-se a pessoas abastadas, escreveu que "[...] despedira-se da casa a mulher que estava ao serviço de Magdá e fora substituí-la uma rapariga ali mesmo da vizinhança". Tais exemplos fornecem uma noção a respeito da vizinhança como um espaço limítrofe, confinante, relativamente próximo e significativamente indefinido em seus limites territoriais, em que os diversos sujeitos se reuniam para se divertir, para receber visitas ou para conseguir emprego. A proximidade é um elemento chave para se entender a vizinhança. Em uma época em que as distâncias são maiores por causa das dificuldades de mobilidade e de comunicação,[50] a contiguidade acaba se tornando um componente de socialização importante. Os que vivem na proximidade, espacialmente falando, tornam-se amigos, constroem redes de relacionamentos, brigam, vão à Igreja, participam de festas, frequentam as irmandades de pretos e pardos, visitam-se uns aos outros e solidificam suas relações.

Também Jean-Baptiste Debret, Auguste de Saint-Hilaire e Machado de Assis oferecem testemunhos que remetem para o entendimento de que a religião foi um componente agregador para os diversos sujeitos de uma vizinhança. Debret, em *Viagem pitoresca e histórica ao Brasil*, discorrendo a respeito de uma "pequena chácara" localizada na cidade do Rio de Janeiro, informa que lá havia um

> Oratório; *ararium* dos romanos, descrito por Plínio como colocado numa parte mais escondida da habitação, ao passo que aqui o altar é colocado de maneira a que os assistentes vindos da vizinhança e os escravos que ficam do lado de fora possam ver o oficiante. Pois possuir um oratório servido regularmente por um capelão constitui

---

49 Valemo-nos, nos próximos três parágrafos, da "busca livre" que é possível fazer no Arquivo Ernani Silva Bruno, referente ao projeto Equipamentos da Casa Brasileira. A consulta pode ser feita no seguinte sítio: <www.mcb.org.br/>. Ver também EQUIPAMENTOS, USOS E COSTUMES DA CASA BRASILEIRA. São Paulo: Museu da Casa Brasileira, 2001. 5 v. Neste capítulo, consultamos o termo "vizinhança".

50 Sobre esse assunto, as dificuldades nas viagens, as estradas precárias, os obstáculos para o transporte do café e as mudanças advindas com a construção das ferrovias, ver COSTA, Emilia Viotti. *Da senzala à colônia, op. cit.*, p. 181-202.

um luxo muito honroso para um proprietário de chácara no Brasil.[51]

Por sua vez, Auguste de Saint-Hilaire, em sua *Viagem pelas províncias do Rio de Janeiro e Minas Gerais (1816-1817)*, ao passar o dia de Pentecostes em uma fazenda chamada Boa Vista (localizada próxima ao rio Araçuaí, em Minas Gerais), que pertencia a uma "velha mulata chamada Luciana Teixeira", escreveu que "um sacerdote ali chegara, vindo de nove léguas de distância, e todos os colonos da vizinhança se tinham reunido na habitação com os filhos e netos da minha hospedeira, para assistir ao serviço divino. Essa boa gente jantou em casa dela: a mesma mesa foi posta e desfeita várias vezes, e os que, depois disso, acharam não ter comido bastante, jantaram, depois confusamente".[52] Chegando em Ouro Branco, Minas Gerais, em um dia de festa, Saint-Hilaire afirmou que " (...) os habitantes da vizinhança se dirigiam em grande número para a igreja. Todos estavam vestidos com limpeza: as mulheres traziam vestidos brancos, uma espécie de jaquetão de pano e um chapéu de feltro, mas as pernas e pés estavam nus".[53] Por fim, em *Helena*, Machado de Assis escreveu, a respeito de uma capela existente em chácara de pessoas ricas, que era "[...] onde muita gente da vizinhança ouvia missa aos domingos".

---

51 DEBRET, Jean-Baptiste. *Viagem pitoresca e histórica ao Brasil.* São Paulo: Martins, Edusp, 1972. Tomo II, v. 3, p. 254. É importante salientar que Debret esteve no Brasil durante aproximadamente quinze anos, entre 1816 e 1831. A tradução brasileira difere um pouco do original em francês. Lê-se, no original: *Oratorio,* oratoire, petite chapelle fermée de deux volets comme une armoire; *ararium* des Romains décrit de la même manière par *Pline,* mais qu'il place dans une partie plus secrète de l'habitation, au lieu qu'ici, l'autel est placé de manière à ce que les assistants venus des environs, et les esclaves, placés dehors, puissent cependant voir l'officiant. Car, posséder un *oratoire* régulièrement desservi par un chapelain est un luxe infiniment honorable pour le propriétaire d'une *chacra,* au Brésil". Observe que Debret escreve sobre os assistentes vindos dos arredores, das imediações ("les assistants venus des environs"). A tradução brasileira preferiu o termo vizinhança. Entendemos que o sentido expresso pelo termo vizinhança é adequado. A edição em francês encontra-se no seguinte endereço: <www.brasiliana.usp.br/bbd/handle/1918/00624530#page/5/mode/1up>.

52 SAINT-HILAIRE, Auguste de. *Viagem pelas províncias do Rio de Janeiro e Minas Gerais.* Belo Horizonte: Itatiaia; São Paulo: Edusp, 1975. p. 238. No original em francês, lê-se "(...) et tous les colons du voisinage s'étaient reunis à l'habitation avec les enfans et les petits-enfans de mon'hôtesse, pour assister au service divin". A edição original encontra-se digitalizada no seguinte endereço: <http://gallica.bnf.fr/ark:/12148/bpt6k98748p/f123.image.pagination>.

53 *Ibidem.* p. 67. Em francês, no original: "C'était un jour de fête, et les habitans du voisinage se rendaient en grand nombre à l'eglise". O original encontra-se disponível para consulta no endereço: <openlibrary.org/books/OL6930905M/Voyage_dans_les_provinces_de_Rio_de_Janeiro_et_de_Minas_Geraes>.

Do mesmo modo, o dr. João Venâncio Alves de Macedo, proprietário da fazenda da Divisa, recebeu em 14 de outubro de 1868, autorização para ter "oratório em sua casa para a celebração do santo sacrifício da missa, para a sua família, e vizinhos". O vigário de Bananal, Antônio Guimarães Barroso, justificou sua decisão com vários argumentos. Alguns deles remetem para considerações geográficas. Segundo o vigário, o dr. Macedo "era casado e com muitos filhos". Sua fazenda localizava-se "no lugar denominado Serra, distante dessa Matriz duas léguas e meia senão mais". O proprietário possuía mais de sessenta escravos, "sendo que pela distância não pode concorrer a Matriz, como era de desejar para cumprimento dos deveres religiosos". Assim justificava-se no século XIX a existência de oratórios e capelas em propriedades rurais. Em primeiro lugar, a distância seria um impeditivo para que se cumprisse "a celebração do santo sacrifício da missa". E, por fim, o oratório ou a capela em uma propriedade rural atenderia aos desígnios religiosos da vizinhança e reforçaria, por sua vez, o poder paternalista do proprietário.[54]

Debret utilizou-se do termo "environ". Saint-Hilaire preferiu "voisinage". "Environ" remete para a noção de proximidade, para aqueles que vivem nos arredores, nas imediações. A vizinhança é justamente o espaço em que os moradores, vivendo próximos uns aos outros, construíam suas redes de relacionamentos. A noção de vizinhança alude, diretamente, à questão de um espaço socialmente contíguo, onde as pessoas de determinada localidade se conheciam e onde os desconhecidos, os estranhos, podiam ser facilmente identificados.

Estabelecendo a diferença entre vizinhança e bairro, como a indicar que o primeiro refere-se a um ambiente espacialmente mais próximo, Machado de Assis escreveu, em *Histórias sem data*, que "em casa dele (Joaquim Fidélis, personagem do conto "Galeria Póstuma") reuniam-se à noite alguns íntimos da vizinhança, e às

---

54 O presente documento, retirado do Arquivo da Cúria Metropolitana de São Paulo, encontra-se em RIBEIRO, Fábia Barbosa, *op. cit.*, p. 163. A autora menciona também outro caso, envolvendo o tenente Manuel Ferreira de Aguiar, que recebeu a autorização do mesmo vigário para ter "oratório em sua fazenda para a celebração do santo sacrifício da missa". A autorização em questão está datada de 29 de novembro de 1870. Aguiar era proprietário da fazenda denominada Roseta e fazendeiro de café. Os nomes das fazendas de João Venâncio Alves de Macedo e do Tenente Aguiar encontram-se no *Almanak da Província de São Paulo para 1873*, à página 238. O referido documento pode ser consultado no sítio: <www.brasiliana.usp.br/bbd/handle/1918/00038100#page/251/mode/1up>.

vezes de outros bairros; jogavam o voltarete ou *whist*, falavam de política".[55] Distinção semelhante foi feita pelo escravo Joaquim, pertencente a Luis Vianna de Hermógenes. Em 9 de junho de 1875, ele assassinou seu senhor na fazenda da Formiga. Ao ser interrogado em 10 do mesmo mês, esse cativo afirmou "que eram onze horas da manhã na ocasião em que o senhor distribuía o almoço" e "achavam-se todos os escravos presentes, em número de quarenta mais ou menos, e ele respondente ao lado do senhor, nessa ocasião lançou mão de um machado e deu-lhe uma forte pancada sobre a nuca do lado esquerdo, produzindo a morte instantânea da vítima". Joaquim, um escravo africano de nação mina, sofrera, em algum momento de sua vida, o trauma de ser trazido da África para o Brasil e, por uma segunda vez, esteve envolvido no comércio de escravos. Ele foi levado primeiro para a província do Rio Grande do Sul e depois para o Rio de Janeiro e lá foi comprado por Luiz Vianna de Hermógenes. No momento em que foi comprado, Joaquim disse a Hermógenes "que não o comprasse porque ele não o queria servir, contanto (sic) ele o comprou e o conduziu à força para esta Cidade". O africano estava "há pouco mais de um ano"[56] na fazenda da Formiga, era solteiro e tinha quarenta anos de idade. Ao ser

---

55 O conto "Galeria Póstuma" foi publicado pela primeira vez na *Gazeta de Notícias*, em 2 de agosto de 1883 e republicado em *Histórias sem data*, de 1884.

56 Em depoimento prestado no dia 10 de junho de 1875, Joaquim disse que se encontrava "há pouco mais de um ano" na fazenda de Hermógenes. Em 30 de junho, afirmou que estava "há quase dois anos". E, por fim, no interrogatório feito no dia 3 de setembro de 1875, Joaquim informou que se encontrava havia oito meses na fazenda da Formiga. Tal noção imprecisa de tempo foi comum para muitos escravos. Para uma avaliação sobre a noção de tempo dos escravos, ver KAYE, Anthony E. *Joining Places: Slave Neighborhoods in the Old South, op. cit.*, p. 44-47. Esse autor ressaltou que as datas foram um conhecimento raro entre os escravos em Mississipi. As técnicas que os escravos utilizavam para marcar o tempo associavam-se, geralmente, a eventos importantes. Segundo o autor, para saber quando uma criança nasceu ou quando ela começou a trabalhar no campo, ou para saber quando aconteceu determinado casamento ou outros eventos importantes, os escravos costumavam associar aquele momento com outro evento de conhecimento comum. Para marcar o tempo, os escravos utilizavam-se também das épocas de determinadas colheitas (por exemplo, "in water melon time") e dos feriados (como o "Independence Day"). Outros escravos marcavam o tempo combinando um evento importante a um rudimentar conhecimento dos anos, como em um exemplo citado pelo autor em que a escrava afirma não poder datar nenhum evento antes da emancipação dos escravos mas poderia contar o número de anos. E ela informa ainda que havia se casado dois ou três anos antes de seu marido alistar-se e que eles tiveram dois filhos neste tempo. Também é possível perceber que muitos escravos de Bananal apresentavam uma noção imprecisa de tempo, como se depreende do exemplo de Joaquim. Estudando a cidade de São Paulo, Maria Cristina Cortez Wissenbach percebeu uma temporalidade peculiar aos dominados e apresentou relatos que mostravam que muitos escravos e libertos ignoravam o modo como o tempo era marcado pelos brancos. WISSENBACH, Maria Cristina C., *op. cit.*, p.197-201.

inquirido a respeito dos motivos que o teria levado a assassinar seu senhor, Joaquim respondeu

> que em virtude dos maus tratos que sofria e que ele dava a todos os seus escravos, especialmente a ele respondente, a quem apenas consentia uma alimentação muito insuficiente tendo-lhe pedido por três vezes que o vendesse, o que não lhe foi concedido, e fugir-lhe também por três vezes a ver se conseguia sua venda, nada obteve e foi por duas vezes castigado com pancadas, e a última carregado de ferros; por essa razão foi levado a praticar o fato.

Como produto do tráfico interno de escravos e trazido para uma região cafeeira em um momento em que o tráfico interprovincial crescia significativamente, acompanhando a exportação de café,[57] Joaquim revela o desarraigamento em que se encontrava na fazenda da Formiga. O escravo afirmou ainda que "praticou o ato unicamente por si, que nunca teve ocasião de falar com pessoa alguma a respeito, fosse de casa, da vizinhança ou de fora". Essa hierarquização entre os de casa, os da vizinhança e os de fora tem um sentido importante. Ela verbaliza um sentido espacializado das relações sociais construídas pelos sujeitos. Os de casa, os da vizinhança e os de fora são noções que remetem para lugares distintos, sendo que os mais próximos estavam em casa, na propriedade senhorial, e os mais distantes fora. A vizinhança seria um espaço intermediário, relativamente próximo. Nele, os sujeitos relacionavam-se e conheciam-se uns aos outros. Daí que as palavras de Firmo remetem, diretamente, para um conhecimento de um espaço vizinho à sua roça e à propriedade de sua senhora. Já os depoimentos de Joaquim revelam o desapego do escravo à nova terra e às pessoas ao seu redor: solteiro, reclamando da alimentação e dos maus tratos e tendo

---

57 Sobre a questão do tráfico interno de escravos, ver GRAHAM, Richard. "Another Middle Passage?: the Internal Slave Trade in Brazil". In: JOHNSON, Walter. *The Chattel Principle: the Internal Slave Trade in the Americas.* New Haven London: Yale University Press, 2004, p. 291-324. SLENES, Robert W. "The Brazilian Internal Slave Trade, 1850-1888: Regional Economies, Slave Experience, and the Politics of a Peculiar Market". In: JOHNSON, Walter. *The Chattel Principal: the Internal Slave Trade in the Americas, op. cit.* p. 325-370. Ver a Figura 14.3 do texto de Slenes, que demonstra o momento, no início dos anos 70, de aumento da exportação de café e o crescimento das vendas de escravos oriundos do tráfico interprovincial. Cf. *Ibidem*, p. 330. A referência do processo criminal relativo ao caso de Joaquim é: MMN, Caixa 37/ nº de ordem 801. Para um tratamento mais recente do tráfico de escravos na província de São Paulo, ver MOTTA, José Flávio. *Escravos daqui, dali e de mais além: o tráfico interno de cativos na expansão cafeeira paulista.* São Paulo: Alameda, 2012.

sido levado à força do Rio de Janeiro para a fazenda da Formiga – depois de ter sofrido por duas vezes os traumas e as vicissitudes do tráfico –, o cativo de Luiz Vianna de Hermógenes parece não ter desenvolvido amplas redes de relacionamento, tendo, em um ato de desespero, assassinado seu senhor "unicamente por si".

Anthony E. Kaye escreveu que os escravos do distrito de Natchez, em Mississipi, expressavam-se não em termos de comunidade, mas em termos de vizinhança. Relações de parentesco entre escravos de proprietários diferentes, de trabalho, de religiosidade e de sociabilidade desenvolveram-se na vizinhança. Para Anthony Kaye, as relações íntimas constituíram os mais fortes laços entre dois escravos de fazendas diferentes.[58] No caso de muitas localidades rurais no Império do Brasil no século XIX, a vizinhança foi um espaço social que os sujeitos construíram paulatinamente. Na vizinhança, as notícias circulavam. Conforme expôs Stanley Stein, no Vale do Paraíba, nos dias que precediam aos pagodes os escravos faziam correr a notícia pelas fazendas confinantes, pelas estradas ou mesmo através de versos enigmáticos cantados pelas turmas de trabalhadores do eito.[59] Nas ocasiões em que os escravos e libertos da vizinhança estavam reunidos e realizavam seus cantos, danças e festas, a interrupção por ordem senhorial poderia provocar revolta.[60] Considerar a noção de vizinhança – bem como os caminhos, os matos, as capoeiras, os cafezais e as relações sociais aí construídas – permite entrever uma ação dos escravos num espaço mais amplo, para além da propriedade senhorial.

É necessário considerar, por fim, uma série de complexos relacionamentos que poderiam surgir entre vizinhos no mundo rural e mesmo no espaço urbano. Hebe M. Mattos de Castro mencionou exemplos de fazendeiros que tinham cafezais em terras de proprietários vizinhos, sem a indicação de pagamento de aluguel. A mesma historiadora demonstrou, em seu estudo sobre Capivary, que grande número dos negócios realizados no mercado imobiliário (compra e venda de propriedades fundiárias) envolviam proprietários vizinhos.[61]

---

58 KAYE, Anthony E. *Joining places: Slave Neighborhoods in the Old South*, op. cit., p. 4. Ver também o capítulo II, "Intimate relations".

59 STEIN, Stanely. *Op. cit*, p. 245-246.

60 Como no exemplo mencionado por Maria Helena Machado na cidade de Taubaté. Ver MACHADO, Maria Helena Pereira Toledo. *Crime e escravidão: trabalho, luta e resistência nas lavouras paulistas: 1830-1888*, op, cit., p. 117.

61 CASTRO, Hebe Maria Mattos de. *Ao sul da História: lavradores probres na crise do trabalho escravo*, op. cit., p 135-154.

Por outro lado, a vizinhança poderia ser também um espaço para a ocorrência de conflitos, como demonstra a reclamação de Jerônimo Alves de Oliveira contra seu vizinho, Francisco de Matos Madeira. Ambos moravam na Serra da Carioca, em Bananal, e Oliveira reclamou dos "insultos, provocações e ameaças" por causa dos animais de Madeira que, constantemente, invadiam as plantações do suplicante. No fundo, o que se entrevê do curto processo é uma disputa de terras entre o octogenário Oliveira e Francisco de Matos Madeira.[62]

Em termos qualitativos, as experiências de Firmo e Joaquim são casos-limites, ao lado de muitos outros que existiram. O entendimento como caso-limite não exclui a consideração da regularidade. Muitos Firmos e Joaquins existiram pelo Brasil durante a vigência da escravidão. Firmo, vivendo em condições desfavoráveis, conseguiu adaptar-se ao sistema e à lógica senhorial. Seu comportamento, e também o de Thobias, é de inserção social. Não se pode com isso inferir, de imediato e irresponsavelmente, que ele tivesse sido um escravo passivo. Para a ótica senhorial, ele foi um bom escravo. Sua adaptabilidade às circunstâncias pode sugerir também uma estratégia para sobreviver como tal. Já Joaquim, vítima de uma realidade marcadamente cruel, encontrou na resistência explícita uma forma de expor contrariedade à sua condição e, por consequência, mostrou os conflitos inerentes ao sistema de trabalho escravo. Como se vê, os escravos encontraram meios, muito variados, de conviver e/ou resistir à sua dura condição. Tem-se, nesses casos, estratégias individuais e familiares diferenciadas que remetem para diferentes ações e questionamentos diante das circunstâncias sociais, materiais, políticas e econômicas.

Como se verá a seguir, os escravos usaram, em muitos momentos, a estrutura fundiária aqui descrita – e a espacialidade que a caracterizava – para reagir aos controles impostos pela dinâmica de trabalho que servia para atender às exigências de produção e aos interesses senhoriais. Essas ações de resistência foram muitas vezes realizadas através da elaboração de redes de relacionamentos que os cativos construíram no espaço social, que pode ser entendido como vizinhança ou mesmo em um espaço mais amplo, expresso pelo escravo de Luiz Vianna de Hermógenes como

---

62 MMN, Caixa 17/ nº de ordem 407. A reclamação está assinada por Francisco de Paula Oliveira a rogo de Jerônimo Alves de Oliveira e foi escrita em abril de 1860, provavelmente no dia 14 ou próximo a esse dia. Sobre a importância do reconhecimento dos confrontantes e a questão dos limites das propriedades como espaço de conflitos, ver o trabalho já citado de Márcia Maria Menendes Motta.

"de fora". A construção dessas redes de relacionamentos e o conhecimento adquirido dos espaços e dos tempos permitidos e proibidos foram fatores fundamentais para as estratégias de resistência dos escravos.

CAPÍTULO III
Os usos do espaço de plantação e a resistência escrava

No final de junho de 1853, o major Candido Ribeiro Barbosa, rico proprietário da fazenda dos Coqueiros, escreveu ao subdelegado do 1º Distrito reclamando contra o negociante Manoel Ferreira Gonçalves. Esse negociante teria comprado "uma porção de café a escravos do suplicante tendo para este fim uma venda aberta no lugar denominado Cachoeirinha, contígua à Coqueiros, e para o qual não impetrou licença da Câmara [dos Vereadores], e nem pagou os impostos nacionais, e provinciais, e municipais". A figura 1, abaixo, indica a localização dessa fazenda e desse bairro rural e mostra a proximidade de ambos com o centro de Bananal:

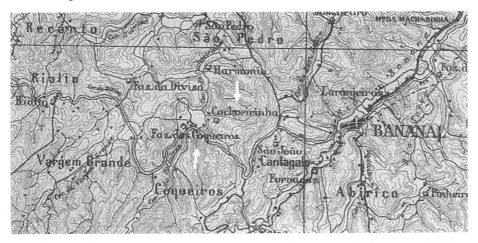

Figura 1 (detalhe): localização da fazenda dos Coqueiros e da Cachoeirinha (setas amarelas). Sem escala. Fonte: AESP.

O major Candido escreveu ainda que não era possível calcular o prejuízo do roubo cometido por seus escravos porque tais compras eram feitas "a escravos à noite

e a desoras, e o furto por eles praticado para ir vender a tais compradores [era fei-
to] em terreiros, e tulhas onde a porção de cafés contida não pode ser precisamente
avaliada".[1] Para evitar este tipo de ação, o comendador Antônio Barbosa da Silva, em
1851, ano de sua reclamação a respeito dos furtos de café em sua propriedade e então
rico proprietário da fazenda do Bom Retiro, mandava seus empregados fazerem rondas à noite. Nesse caso, as rondas produziram o resultado esperado. Os escravos Manoel Bahia e João Mina, ambos pertencentes ao comendador, foram flagrados pelos
rondantes furtando café no "terreiro de secar que fica na encruzilhada dos caminhos
que seguem para as 3 Barras, fazenda do Major Diniz, e para a Glória, terreiro esse
que se acha aberto, e por fechar (...)". Os dois escravos foram vistos vendendo café
para Francisco de Paula Gavião e, depois de descobertos, estariam à mercê da justiça
privada de seu senhor.[2] Esse tipo de furto, cometido "à noite e a desoras" por escravos
foi narrado por Stanley Stein através da perspectiva de um escravo:

> Um antigo escravo contava de que maneira obtinha o café para
> vender na taberna mais próxima. Depois de fechadas as portas da
> senzala ele trepava no beiral onde eram colocadas as ferramentas,
> e retirava diversas telhas. Através do buraco assim aberto ele se
> esgueirava, conseguindo penetrar na tulha. Ali, abria um buraco
> no assoalho por onde retirava todo o café que podia carregar num
> saco. Depois pulava o muro externo da sede, evitando a estrada
> geralmente fiscalizada pelos rondantes, e alcançava a taberna. Se
> o fazendeiro suspicaz ou o feitor zeloso se apresentavam à porta
> da taberna, o taberneiro respondia com inocência "aqui não tem
> ninguém" Em troca do saco de café o escravo recebia uma fração
> do seu valor em cachaça ou fumo.[3]

Em setembro de 1864, Domingos José da Silva Monteiro disse que seus escravos chegaram a conseguir uma "chave falsa" com a qual "roubavam cafés e
mantimentos".[4] Na denúncia que fez contra José Antonio de Oliveira Guimarães,

---

1   MMN, Caixa 08/ n º de ordem 238.

2   MMN, Caixa 07/ n º de ordem 202.

3   STEIN, Stanley J., *op. cit.*, p. 205-206.

4   MMN, Caixa 23/ nº de ordem 537. Conforme reclamação feita por Domingos José da Silva Monteiro
     contra José Antonio de Oliveira Guimarães. A petição do suplicante não está datada, mas foi escrita em
     meados de setembro de 1864.

Monteiro disse que estava sentindo "desfalques em seus cafés colhidos e mantimentos". Disse ainda que em Bananal tem-se

> repetido muitas vezes o fato de serem os escravos das fazendas seduzidos por negociantes de estradas, que com insignificante quantidade de fumo, aguardente ou açúcar conseguem deles fazerem consideráveis furtos, tanto que teve já a Câmara Municipal de tomar providências a respeito.

Para Maria Joaquina de Almeida, grande proprietária de escravos e terras de Bananal, a "vizinhança" da fazenda da Cachoeira abrigava "especuladores taberneiros" que aliciavam os seus escravos. Esses, por sua vez, furtavam "às escondidas e alta noite" o café "colhido e depositado nos paióis". O café roubado iria parar nas "tabernas e imundas pocilgas" que circundavam a referida fazenda. Tal procedimento era, segundo a reclamante, "um verdadeiro cancro da fortuna dos fazendeiros em geral".[5] O protesto dessa tradicional escravista revelava um problema muito comum das localidades cafeeiras do Sudeste. A vizinhança das grandes propriedades rurais nem sempre foi um espaço de coesão comunitária. Além disso, os exemplos citados mostram claramente que existiu a necessidade de controle e de fiscalização dos espaços (no caso, as tulhas, os paióis e os terreiros) para que se pudesse conter a ação dos escravos e frear os interesses dos "especuladores taberneiros". As tulhas e os paióis eram espaços de armazenamento de café e gêneros alimentícios. Geralmente, eram construídos para salvaguardar os produtos em condições adequadas de conservação. Espaços geralmente assoalhados, os edifícios procuravam atender as exigências de preservação dos produtos aí depositados, com afastamento do solo, boa ventilação e forramento com tábuas para evitar a umidade.[6] Como se vê com os processos criminais acima trabalhados, eram também espaços que necessitavam de vigilância.

Diversos historiadores já notaram que os escravos furtavam seus senhores e mantinham relações com os comerciantes nos municípios cafeeiros do Vale do Paraíba.

---

5   A reclamação não está datada mas foi feita no final do mês de outubro de 1862 pelo procurador de dona Maria Joaquina de Almeida, Francisco Xavier Vahia Durão, contra Antônio Gonçalves Portela. No caso, o escravo José Cabinda foi flagrado furtando o café. É certo, porém, que vários outros escravos participavam desses furtos. MMN, Caixa 20/ n º de ordem 477.

6   CARRILHO, Marcos J. *As fazendas de café do caminho novo da Piedade, op. cit.*, p. 74-75. BENINCASA, Vladimir., *op. cit.*, p. 34-36.

Maria Helena P. T. Machado, por exemplo, viu na ação narrada por Stein uma manifestação da "tenacidade dos escravos", que tentavam "manter as pequenas margens de autonomia adquiridas através da apropriação de uma parcela dos bens produzidos".[7]

A autonomia dos escravos é enfatizada por essa autora como um dos elementos da resistência à opressão em um regime de trabalho que se pautava pelas relações assimétricas de poder. Mas é possível entender tal ação a partir de outra perspectiva. Uma perspectiva que não valorizaria propriamente a autonomia dos escravos, mas o uso alternativo que eles faziam da espacialidade. "Remontar a dinâmica dos furtos escravos significa resgatar a história de senhores atribulados pela necessidade de aperfeiçoar constantemente as estratégias capazes de vencer a habilidade de improvisação dos cativos, que, às dificuldades respondiam com criatividade" escreveu Maria Helena P. T. Machado acerca dos furtos cometidos pelos cativos nas localidades de Campinas e Taubaté no século XIX.[8] Se for considerada a dimensão espacial na experiência dos escravos, o termo "improvisação" deve ser reconsiderado. Os furtos e a posterior comercialização em outros locais da cidade ou em vendas próximas à fazenda não aconteciam de modo inteiramente improvisado. O que se pode notar é uma ação dos escravos com base no conhecimento da espacialidade, o que garantiria

---

7   MACHADO, Maria Helena Pereira Toledo. *Crime e escravidão: trabalho, luta e resistência nas lavouras paulistas: 1830-1888, op. cit.*, p. 106. Machado entende que o estudo da criminalidade permite ao historiador entrever a luta dos escravos para preservar suas "margens de autonomia". A "defesa da autonomia escrava" se concretizava, para essa autora, "tanto por meios acomodativos – fugas, sabotagem do trabalho, 'preguiça' etc." quanto poderia se expressar "numa criminalidade violenta que atingia, preferencialmente, os senhores e seus prepostos". MACHADO, Maria Helena. *O plano e o pânico: os movimentos sociais na década da Abolição, op. cit.*, p. 22. Para uma reconsideração do conceito de autonomia, ver KAYE, Anthony E. *Joining Places: Slave Neighborhoods in the Old South, op. cit.*, p. 9-10. Em Bananal, não encontramos processos que remetessem diretamente à sabotagem e à "preguiça". Sobre a venda realizada por escravos nas casas de negócios dos diversos municípios cafeeiros do Vale do Paraíba, ver também MATTOS, Hebe Maria. *Das cores do silêncio: os significados da liberdade no Sudeste escravista – Brasil, século XIX, op. cit.* Especialmente o capítulo VII: "Conflito e coesão na comunidade escrava". Kátia Mattoso afirma existir uma "paz social no conjunto do Brasil escravista". Essa formulação de paz social fica desmentida pela análise da documentação que dá suporte a esta pesquisa e pelas estratégias senhoriais usadas para controlar e conter a ação dos escravos. MATTOSO, Kátia De Queirós. *Ser escravo no Brasil*. São Paulo: Brasiliense, 1990, p. 122. Para uma consideração crítica a respeito das questões de paz social, resistência, acomodação e domínio senhorial, ver GORENDER, Jacob, *op. cit.* Especialmente o capítulo III, "Violência, consenso e contratualidade" e o capítulo VIII, "Escravidão e luta de classes: da estrutura à subjetividade".

8   MACHADO, Maria Helena Pereira Toledo. *Crime e escravidão: trabalho, luta e resistência nas lavouras paulistas: 1830-1888, op. cit.*, p. 109.

a esses movimentos uma relativa margem de segurança para o sucesso de qualquer empresa. Uma escrava doméstica que tivesse seu espaço de trabalho restrito à casa-grande, sujeita à proximidade constante do senhor ou de alguém de sua família e que desconhecesse caminhos para fora da propriedade teria amplas dificuldades de "improvisar" um furto e comercializar seu produto nas vendas da região. Para os escravos de Bananal, muitas das ações de resistência e de desafio ao poder senhorial só se efetivaram com o conhecimento que esses sujeitos adquiriram dos espaços interno e externo às propriedades de seus senhores.

Nos episódios narrados, foi possível notar que os escravos utilizaram pelo menos três ferramentas para obter êxito: a primeira delas foi o conhecimento que eles possuíam do espaço para além da propriedade de seu senhor; a segunda, o conhecimento das possibilidades de uso do espaço material da fazenda (trepar no beiral, retirar telhas, penetrar na tulha, conseguir chave falsa etc.) para que eles pudessem ter sucesso em suas empreitadas e, por fim, a confiança nas relações sociais que eles desenvolveram para além das propriedades de seus senhores. É importante notar que uma situação de coação, como aquela vivenciada pelos cativos, não se constituiu impeditivo para a falta de ação.

Desse modo, pode-se verificar que os escravos resistiram e desafiaram o funcionamento do poder senhorial de diversas formas. Eles se utilizaram, para isso, do uso consciente da espacialidade. Mas as dificuldades vivenciadas pelos escravos demonstram como foi difícil para os cativos lutarem e conseguirem êxito em suas empreitadas. A análise de processos criminais envolvendo escravos fugitivos demonstra os obstáculos que eles enfrentaram em suas ações transgressoras. Dessa maneira, as práticas de espaço dos fugitivos produziram situações aflitivas e conflitos para muitos deles. É o que se pode entrever da fuga de Benedito. Em carta datada de 7 de março de 1865, Maria Joaquina de Almeida, a mesma grande proprietária de terras e escravos acima citada, informou ao delegado de polícia que foi assassinado em sua fazenda, denominada Jararaca, "um administrador que aí se achava de nome José Sincoral do Espírito Santo".[9] Na missiva, a "matriarca de Bananal" supunha que o crime tinha sido praticado por quilombolas:

> tendo-se dado o fato ontem, só hoje à noite tive conhecimento

---

9   Ver a localização da fazenda Jararaca em relação à fazenda Boa Vista (duas propriedades de Maria Joaquina de Almeida) na figura 4 do capítulo II.

dele, por distar daqui o lugar algumas cinco léguas com mau caminho e muita chuva, e como para amanhã deve de achar o cadáver em putrefação, mandei que o enterrassem depois de bem examinado pelo inspetor de quarteirão e testemunhas, visto a impossibilidade de ser o cadáver conduzido no terceiro dia para esta Cidade, com tal distância, caminho e tempo.

Como se depreende das palavras de Maria Joaquina de Almeida, tal crime, supostamente praticado por quilombolas, revela que a ação de escravos fugitivos era uma ameaça constante. No dia 17 de março, o inspetor de quarteirão Luciano Ramos da Silva informou ao delegado que havia sido capturado na fazenda dos Coqueiros,[10] pertencente a d. Maria Dias de Jesus, "o preto que no dia 5 de março, assassinou a José Cincoral do Espírito Santo". Junto com o preso, foram apreendidos "um saco com roupa e retalhos, e uma faca". O fugitivo chamava-se Benedito, um escravo que tinha 25 para 26 anos de idade, solteiro e trabalhador de roça. Benedito, escravo de Antonio Luiz de Almeida, disse que havia nascido em Angra dos Reis, em Ilha Grande de Fora, e que morava na fazenda de seu senhor havia dois meses.[11]

Ao depor no dia 23 de março, Benedito Ascânio, de doze anos de idade, narrou o que poderia ter acontecido entre o escravo Benedito e o empregado de Maria Joaquina de Almeida. Ele disse que por volta do meio dia de domingo

estando o campeiro dessa situação José Sincoral em a casa de morada, apareceu na porteira do terreiro o preto que se acha presente, que diz chamar-se Benedito e perguntando [o] caminho de Rio Claro, dizendo ir para a Barra Mansa; ao que respondeu-lhe Sincoral dizendo-lhe = rapaz tu estás fugido = ao que disse-lhe o réu que não, então tratou Sincoral de ir reconhecê-lo avançando para o mesmo, e fugindo o réu foi acompanhado, indo atrás ele informante e um crioulinho de nome José, pertencente à mesma dona Maria, e depois de terem chegado a alguma distância da casa mandou Sincoral ao crioulinho buscar o animal, e como tardasse também mandou

---

10 Existem duas fazendas denominada Coqueiros. Uma localizada na Cachoeirinha e pertencente, no ano de 1865, ao major Candido Ribeiro Barbosa, e outra, de propriedade de d. Maria Dias de Jesus, localizada na Serra da Bocaina, próximo à Jararaca.

11 Conforme o "Auto de Qualificação" feito no dia 23 de março de 1865. MMN, Caixa 25/ nº de ordem 575.

ele informante, e quando iam com o animal só viram o réu andando até que gritando o crioulinho, correu o réu para o mato, então tratando eles de procurar a Sincoral acharam-[n]o morto dentro de um arrego, tendo eles visto o réu sair desse mesmo lugar.

As palavras do informante Benedito e os depoimentos do réu revelam a importância da geografia para os escravos fugitivos. Apesar de negar o assassinato, o escravo Benedito expressou em seus depoimentos de modo inequívoco o caráter furtivo dessa empreitada e os riscos que vivenciavam quando os cativos saiam para caminhos movimentados. O depoimento citado do informante revela ainda que era possível perceber uma movimentação suspeita e associá-la a uma fuga. Mas o fator que pode ter sido determinante para identificar Benedito como fugitivo foi o local em que se encontrava. O escravo estava completamente perdido. Um exame do mapa de Bananal informa que a direção para Barra Mansa era outra. O fugitivo encontrava-se na Serra da Bocaina, em um caminho que poderia levá-lo, possivelmente, para Angra dos Reis. Mas, segundo o depoimento do informante, Benedito procurava o caminho para Rio Claro, em direção a Barra Mansa. Apesar de ter nascido em Angra dos Reis, Benedito, por alguma razão que o processo não esclarece, dirigia-se para Barra Mansa.

A análise dos processos envolvendo escravos fugitivos revela que a dimensão geográfica foi fundamental para determinar o êxito ou o fracasso da fuga. Em uma primeira aproximação a respeito do tema, vale sublinhar, no depoimento do informante Benedito Ascânio, que ele e José, quando estavam retornando com o animal, encontraram-se com o escravo Benedito. Esse último, após ouvir o grito de José, fugiu para o mato. Em seus depoimentos, o escravo fugitivo confirmou ter estado no "mato virgem" enquanto se encontrava fugido. Como se verá, o "mato virgem" e outros espaços agrários (as capoeiras, os cafezais etc.) foram palco para muitas movimentações alternativas de escravos. Foram também os locais de encontros e de construção de redes de relacionamentos. Esses espaços agrários foram espaços de uma resistência furtiva, cotidiana, dos escravos em diversas situações que desafiaram a lógica senhorial de controle.

A sentença proferida pelo juiz de direito 1° substituto em 18 de abril de 1866 é um exemplo dos mecanismos usuais de controle em uma sociedade escravista. Benedito foi condenado a sofrer duzentos açoites, "que lhe serão aplicados na cadeia desta cidade; e depois de cumprida esta pena será entregue a seu senhor que se obrigará a fazê-lo trazer no pescoço um ferro por espaço de um ano (...)".

As fugas dos escravos representaram o momento em que foi possível vislumbrar as movimentações alternativas dos cativos bem como os usos dos equipamentos – muitas vezes precários – que se encontravam à disposição dos fugitivos. Talvez a fuga fosse o momento em que os escravos mais precisavam colocar em prática o modo como eles apreenderam a espacialidade do município no qual viviam. Os fugitivos estavam inseridos nessa espacialidade como transgressores.[12] Eles sabiam que tal inserção era dependente dos usos que eles faziam da mesma. Contudo, para aqueles que não conheciam a locali-dade – por exemplo, os escravos oriundos do tráfico interprovincial e recém chegados a Bananal – ficava mais difícil realizar sua empreitada para longe da propriedade senhorial.

Nas ações dos escravos que descambavam para a revolta e o confronto direto con-tra o poder senhorial, os usos que faziam da espacialidade se constituía em evidente desafio para a ordem e a segurança públicas. As autoridades, então, preparavam-se para realizar "providências enérgicas e prontas". O caso dos escravos Antônio José, Antônio Ferreira e Pedro, todos pertencentes ao major Candido Ribeiro Barbosa, revela os temores que se despertavam quando existia a possibilidade de um enfren-tamento direto contra o poder senhorial. A pressão que se exerceu sobre a escravaria gerou diversos momentos de tensão. Nessas ocasiões, a utilização dos objetos da cul-tura material e os usos alternativos dos espaços foram elementos fundamentais para os escravos tentarem encontrar formas de sobrevivência em situações adversas.

No dia 4 de janeiro de 1863, um domingo, os escravos Antônio José e Antônio Ferreira, em associação com o escravo Pedro, assassinaram Benedito Monjolo. Pedro e Benedito eram responsáveis por vigiar os dois escravos, considerados fujões, que

---

12 Nesse sentido, vale a pena ler a análise de Walter Johnson a respeito dos escravos fugitivos das fazendas do Sul dos Estados Unidos. Em seu estudo, esse autor demonstrou como o "ouvir", mais que o "ver", foi um dos elementos importantes para o possível êxito da ação do fugitivo. Além disso, a empreitada des-ses escravos foi marcada por caminhadas em estradas à noite, em silêncio, e pelo uso da espacialidade como ferramenta para se esconder dos perseguidores, entre outras estratégias. Em seus termos, "if the geography of slaveholding power was characterized by its visuality, that of resistance and escape was characterized by aurality – by the precedence of the ear over the eye". Não seria difícil supor que muitas das práticas de espaço que o historiador norte-americano analisou em seu livro fossem semelhantes às dos escravos no Brasil. JOHNSON, Walter. *The River of Dark Dreams: Slavery and Empire in the Cottom Kingdom, op. cit.*, p. 232.

se encontravam trabalhando, presos a ferros por determinação do major Candido, na roça de Benedito, localizada na Vargem Grande, próximo à casa de vivenda da fazenda dos Coqueiros. Os três fugiram após o assassinato e pernoitaram no mato, no lugar denominado Cedro. A partir daí, os escravos iniciaram uma ampla movimentação que desencadeou mais dois assassinatos: o de José Maria, no dia 7 de fevereiro, e o de um "velho" chamado Antonio Rita, no dia 8. Também no processo revelam-se duas outras ocorrências associadas especificamente à ação dos escravos Antônio José e Antônio Ferreira: a de Marcolino de Tal, que foi ferido com um tiro na mão, e o desejo dos dois escravos de assassinar seu senhor.[13]

Após o primeiro assassinato, os três escravos fugiram "atravessando uns cafezais" e Antônio José e Antônio Ferreira tiraram os ferros em um mato virgem. No dia 5 de janeiro, esses dois escravos retornaram à fazenda para tentar furtar "alguma roupa fina". Como se viu no capítulo I, quando se analisou o controle social exercido sobre os escravos a partir das roupas, esses dois escravos não conseguiram alcançar o seu intento. Após essa tentativa fracassada, partiram em direção a Barra Mansa e, no caminho para esse município, "(...) chegaram [à noite] à fazenda de Manuel Brandão além do Paraíba e a duas léguas pouco mais ou menos distante de Barra Mansa". Nesse local, combinaram de retornar para roubar uma besta de seu senhor para vender e conseguir algum dinheiro. Antônio José e Antônio Ferreira retornaram então a Bananal, ficando à espera deles o cativo Pedro. Toda essa movimentação, conforme depoimento de Antônio Ferreira, teria acontecido "no espaço de quatro dias". Após roubarem a besta, os dois escravos voltaram à fazenda de Brandão, que se localizava no município do Piraí, e aí abrigaram o animal. Nessa localidade, Antônio José e Antônio Ferreira tentaram vender a besta para algumas pessoas, inclusive para o próprio Brandão. Após algumas tentativas fracassadas, os dois escravos retornaram uma vez

---

13 Conforme depoimento do escravo Antônio Ferreira realizado no dia 9 de março de 1863. MMN, Caixa 23/ nº de ordem 523. Esse caso foi arquivado em várias pastas no Museu Major Novaes. Todos os depoimentos foram retirados dessa classificação, salvo quando houver outra indicação. No processo criminal, não foi possível precisar a data em que Marcolino de Tal foi ferido. Esse incidente teria acontecido por volta do dia 20 de fevereiro, portanto após os assassinatos de José Maria e Antonio Rita. Vale ressaltar que, tendo como base a documentação judiciária da Corte de apelação existente no Arquivo Nacional, Hebe Mattos utilizou-se do mesmo caso (o de Antônio José e Antônio Ferreira) em seu estudo sobre a escravidão no Sudeste no século XIX. Ver MATTOS, Hebe Maria. *Das cores do silêncio: os significados da liberdade no sudeste escravista – Brasil, século XIX, op. cit.*, p. 43-44.

mais à fazenda de Brandão para "levarem a besta" e, ao aproximarem-se, suspeitaram que havia alguma escolta no lugar. Antônio José recomendou então que ao chegarem

> (…) fosse [Antônio Ferreira] pegar a besta no campo, enquanto que ele Antônio José ficaria na porta para impedir que saíssem para os prender, e como a besta não deixasse pegar, saiu Antônio José para ajudar, nesse ínterim saíram muitas pessoas atrás deles, as quais deram-lhes dois tiros que não acertaram, fazendo também fogo nos mesmos Antônio José com uma garrucha, mas não lhes puderam prender, apenas tomaram-lhes a besta, e prenderam ao mulato Pedro que tinha ficado os esperando no dia anterior quando foram oferecer a besta a Caldas.

Foi então que, após esse incidente, os dois escravos decidiram retornar a Bananal, onde planejaram assassinar José Maria, camarada do major Candido e provavelmente o líder da emboscada acima descrita. Quando chegaram novamente às terras da fazenda dos Coqueiros, passaram a noite e o dia seguinte em um rancho de seu senhor, no mato. José Maria teria sido assassinado em um sábado, quando os dois fugitivos o esperavam "na beira do caminho junto a um cafezal". No dia seguinte bem cedo os dois escravos planejaram "tomar algum destino, não desejando dar nas vistas, e tendo andado um pouco encontraram-se com um velho". Foi então que, por receio de serem denunciados, Antônio Rita também foi assassinado.

Após esses acontecimentos, mais uma movimentação impressionante caracterizou a empreitada dos escravos Antônio José e Antônio Ferreira. Eles se esconderam na mata perto da fazenda do major Henrique. À noite – provavelmente no dia 9 de fevereiro –, ambos dirigiram-se à fazenda Bella Vista e procuraram pelo escravo Antônio Marange. Como esse demorasse para abrir e desconfiando da situação

> saíram e passando pelo Rio Manso, chegaram à casa de Bentim [?] de madrugada, aí Antônio José vendera a faca que tirara de José Maria por dois mil réis, e seguiram para Resende, parando no lugar, digo parando no Caminho no lugar Campinho para comerem, onde também Antônio José comprou meia libra de chumbo grosso, no outro dia foram ao Campo Belo, e no dia seguinte seguiram para a Província de Minas pela Estrada do Picú (…).

Diversos elementos desse longo processo estão associados à importância das questões geográficas e da cultura material para a vida dos escravos e para a realização de suas empreitadas. Em primeiro lugar, a apreensão espacial feita pelos escravos em sua vivência permitiu a eles utilizarem seus conhecimentos com o intuito de explorar os recursos disponíveis e os espaços e os tempos permitidos e proibidos. Um trecho do depoimento de Antônio Ferreira corrobora, de modo exemplar, esse entendimento. O escravo disse que Pedro havia manifestado a intenção de fugir e, aproximando-se de Antônio José, disse que "se ambos estavam naquela prisão era porque queriam, e que se eles quisessem ele lhes tiraria os ferros com um machadinho do feitor, a quem ele pediria a pretexto de cortar com o mesmo com uns cabos de enxada, depois do que fugiriam todos três pois que querendo fugir e não sabendo destes caminhos por terra, queria aproveitar-se da companhia de Antônio José que os conhecia perfeitamente". É lícito considerar que Antônio Ferreira estivesse mentindo para amenizar sua culpa no episódio. No entanto, a narrativa se dá em termos de verossimilhança e não pode ser desprezada. De acordo com esse depoimento, o escravo Pedro queria fugir e encontrou como saída associar-se aos escravos presos porque um deles, Antônio José, conhecia "perfeitamente" os "caminhos por terra". O emprego do advérbio no depoimento é fator crucial para entender as possibilidades de fuga de um escravo. Tal uso reforça, desse modo, uma situação real, qual seja, a necessidade que os escravos tinham de conhecer caminhos para além da propriedade senhorial para que eles pudessem aumentar as possibilidades de êxito em seus planos. No caso em questão, a fuga de Pedro estaria facilitada pelos conhecimentos de Antônio José dos caminhos por terra. Vale salientar outro componente facilitador da fuga: Pedro era um escravo de roça e Antônio Ferreira um tropeiro, o que seria um elemento a mais para indicar que o primeiro conhecia menos caminhos para além da propriedade de seu senhor do que o segundo. Os escravos, assim, consideravam o uso dos espaços de plantação como estratégia de resistência e como recurso para suas ações alternativas. Tais usos eram favorecidos, em muitos casos, pela função dos escravos no processo produtivo.

Um segundo elemento geográfico desse processo criminal refere-se à impressionante movimentação desses fugitivos. Também chama a atenção a denominação dos lugares, expressa no depoimento de Antônio Ferreira. De fato, Antônio José e Antônio Ferreira conheciam muitos caminhos para além da propriedade de seu senhor.

Geografia da escravidão no Vale do Paraíba cafeeiro

A chegada dos dois escravos do major Candido em Baependi, província de Minas Gerais, fez Hebe Mattos denominar esse tipo de evasão de "fugas 'para dentro'" porque elas aconteciam não em direção ao espaço urbano, mas no "sentido rural-rural". Os fugitivos poderiam passar-se por homens livres e ter maiores possibilidades de conseguir um emprego temporário em propriedades rurais de outros municípios. Tal forma de "assalariamento temporário" aconteceu em um momento em que crescia o número de não-brancos livres e a cor de pele estava deixando de ser elemento de suspeição e indicativo da condição escrava.[14]

Entre promessas de recompensas oferecidas pelo major Candido para que matassem Antônio José e os receios despertados na vizinhança da fazenda dos Coqueiros pelos assassinatos cometidos – andar pelas estradas e caminhos nas cercanias da referida fazenda nesse início de 1863 era um risco muito grande, como se pode ver do velho assassinado e do ferimento provocado na mão de Marcolino – as autoridades claramente se preocuparam com as movimentações desses escravos. Em relato datado de 28 de fevereiro de 1863 e dirigido ao juiz de direito, João Ladislau Japi-Assú de Figueiredo Mello, o promotor público, Bráulio Timótheo Uriostes relatou os temores produzidos pela ação de Antônio José e Antônio Ferreira. Ele afirmou que a população estava "possuída de certo terror" diante dos crimes cometidos pelos escravos sendo necessário, portanto, enviar um ofício ao chefe de polícia para pedir "providências enérgicas e prontas". Disse ainda que era perigoso o estado de coisas e que outros males poderiam advir da situação criada pelos dois escravos, como o fato de servir de fama para outros cativos se rebelarem. Segundo o promotor, a justificativa para as

---

14 MATTOS, Hebe Maria. *Das cores do silêncio: os significados da liberdade no Sudeste escravista – Brasil, século XIX, op. cit.*, p. 43-44. Ver outros casos de escravos que procuravam trabalhar enquanto se encontravam fugidos em GOMES, Flávio dos Santos. "Jogando a rede, revendo as malhas: fugas e fugitivos no Brasil escravista, *op. cit.* Nesse artigo, o autor trabalha uma infinidade de estratégias usadas pelos escravos fugitivos. Para o nosso objeto de estudo, é importante ressaltar a significativa movimentação desses dois escravos. Em seu depoimento, Antônio Ferreira informa, a certa altura, que ele e Antônio José pretendiam "tomar algum destino". Isso parece indicar que mesmo conhecendo muitos caminhos para além da propriedade senhorial e abusando das movimentações alternativas, os dois escravos do major Candido não sabiam muito bem para onde se dirigir. Eduardo Silva também trabalhou, com um sentido diferente do de Hebe Mattos, com a categoria de "fugas para dentro", além de outras como "fugas para fora", "fugas-reivindicatórias" e "fugas-rompimento". Ver SILVA, Eduardo. "Fugas, revoltas e quilombos: os limites da negociação". In: REIS, João José; SILVA, Eduardo. *Negociação e conflito: a resistência negra no Brasil escravista, op. cit.*, p. 62-78. Esse conjunto de "fugas" aponta para a complexidade e para a diversidade de ações feitas pelos escravos em suas estratégias de resistências.

apreensões era devida à existência de grande número de escravos em Bananal e nos municípios circunvizinhos.[15]

O caso revela que as autoridades dos municípios cafeeiros se preveniam para evitar o perigo das rebeliões e agiam rapidamente para reprimir as ações subversivas dos cativos. E isso pode ter representado um fator de sucesso para conter as revoltas generalizadas dos escravos em diversas localidades do Vale do Paraíba. Nesse sentido, cabe apontar que dentre as "providências enérgicas e prontas" o chefe de polícia[16] deveria ser comunicado e uma força provincial deveria ser enviada para conter a ação dos escravos do major Candido, demonstrando que em casos como esse os vínculos entre o poder local e o poder provincial eram acionados para debelar a revolta e garantir a ordem. Também se formariam rondas para garantir a segurança da vizinhança da fazenda dos Coqueiros e possibilitar a captura dos fugitivos. As rondas aconteceriam de duas maneiras: no âmbito privado, dentro das propriedades senhoriais, e no espaço público. Expressões como "rondar a casa" referem-se ao primeiro grupo. Segundo *A Actualidade*, por conta da ação dos escravos Antônio José e Antônio Ferreira, o major Candido cercou-se, em sua fazenda, de "grande número de capangas, e do destacamento de permanentes" provocando, desse modo, o abandono do centro da cidade e da guarda da Cadeia.[17] As ações como aquelas dos escravos do major causavam preocupação e exigiam a reação das autoridades e dos senhores para evitar a proliferação da rebeldia dos escravos e as revoltas generalizadas, e indicar à população local a visibilidade e a presença do poder senhorial.

---

15 MMN, Caixa 21/ nº de ordem 490-A. O caso extrapolou os limites do município e foi noticiado na Corte. Ver *A Actualidade*, 15 de fevereiro de 1863, número 338, p. 3; e *A Actualidade*, 8 de março de 1863, número 358, p. 3; *A Actualidade*, 15 de março de 1863, número 365, p. 4 e *A Actualidade*, 15 de abril de 1863, número 392, p. 3. Essas edições fazem sérias críticas às autoridades de Bananal. Informa-se, no último número citado, que o promotor público Dr. Bráulio Uriostes foi demitido e que um dos fatores que podem ter determinado sua demissão foi o fato ocorrido na fazenda do major Candido, "a respeito dos quais esse funcionário não procedeu com a devida energia". Mas também a crítica se dirige ao delegado, subdelegado e substitutos, "que nada fizeram, e continuam na inação a mais escandalosa".

16 Sobre as atribuições do chefe de polícia, ver MATTOS, Ilmar Rohloff de, *op. cit.*, p. 223-224.

17 *A Actualidade*, 8 de março de 1863, número 358, p. 3. A denúncia de abandono do policiamento da parte urbana da cidade foi rebatida em ofício reservado dirigido ao delegado de polícia, dr. João Godoy Bueno, pelo subdelegado, o major Henrique José da Silva Filho. O ofício encontra-se arquivado no processo criminal MMN, Caixa 21/ nº de ordem 490-A.

Antônio José e Antônio Ferreira foram emboscados no início de abril na localidade de Vila Cristina, Comarca de Baependi. Os dois escravos encontravam-se trabalhando na propriedade de um homem chamado João Belo, com quem tinham ajustado "para fazerem um valo na estrada a mil reis a braça". No terceiro dia de trabalho, quando recolheram-se para a "casa" de Belo e no momento em que tomavam café, chegaram três homens armados e

> tomaram a porta da frente, reconhecendo ele Réu ser um desses homens um fulano Venâncio, mulato afilhado de seu Senhor, digo afilhado do Senhor dele Réu, que morou no Caminho do Retiro, o qual assim o avistou a Antônio José que estava dentro da casa disparou-lhe um tiro de trabuco, que não acertou nele Réu, correndo ele Réu e o dito Antônio José pelo portão do Quintal digo do quintal, ao saltarem uma cerca, atirou o dito Venâncio ilegível, a Antônio José, pelas costas com uma pistola o qual tiro impossibilitou o dito Antônio José de poder correr, e indo sobre ele o dito Venâncio com uma faca de ponta acabou de matá-lo esfaqueando--o; o que ele Réu observou de um alto em que se escondeu. Disse mais que os outros dois homens da escolta também com o dito Venâncio atrás de Antônio José e dele Réu, porém não os viu atirar com as armas e somente assistiram o ato de Venâncio esfaquear o dito Antônio José. Fugindo ele Réu foi preso na Serra do Picú por três homens, os que os trouxeram para este Município, e o entregaram a seu Senhor, por ordem de quem foi remetido as autoridades e recebido na Cadeia.

O fim de Antônio José e a prisão de seu parceiro mostram a perseguição implacável que ocorria contra escravos que ousavam enfrentar diretamente o poder senhorial. As forças policiais do município e da província e os capangas do próprio senhor eram responsáveis por garantir a ordem e acabar com a rebeldia escrava e participavam, quando necessário, das ações de repressão. Em situação que causava sérias preocupações, delegados de polícia, subdelegados, juízes municipais, os próprios senhores de escravos com seus camaradas e a Guarda Nacional participavam, todos, das forças de repressão. Isso revela, no nível local, o funcionamento do poder senhorial, que recorria às instâncias superiores (no caso o chefe de polícia e a presidência da província) para garantir a ordem e evitar maiores problemas. A ação imediata da repressão significou a busca pela manutenção da ordem. E ordem, na realidade escravista dos municípios cafeeiros do século XIX, significava o bom funcionamento do espaço disciplinar das propriedades rurais. Significava também a garantia do sossego público.

Mas o caso dos escravos do major Candido revela também que a análise dos processos criminais envolvendo escravos fugitivos mostrou que a dimensão espacial foi importante para determinar as possibilidades de êxito da fuga. Nesse ponto, é possível pensar essas ações dos escravos a partir do conceito de "campo negro" desenvolvido por Flávio dos Santos Gomes. Se se considerar as possibilidades geográficas contidas na definição proposta por Gomes, é possível entender que diversos escravos construíram, de diferentes maneiras, o seu próprio "campo negro" ou, talvez, os seus "campos negros". Esse conceito sintetiza as amplas relações que os quilombolas – escravos fugitivos, deve-se lembrar – construíram com taberneiros, mascates, lavradores, agregados, arrendatários, fazendeiros, escravos de senzalas e escravos de ganho. Ao analisar os quilombos de Iguaçu (Rio de Janeiro), que começaram a se formar no final do século XVIII e perduraram até fins do século XIX, Gomes escreveu que tais relacionamentos

> constituíram a base de uma teia maior de interesses e relações sociais diversas, por meio das quais quilombolas souberam tirar proveito, visando à manutenção de sua autonomia. Representava um verdadeiro campo negro no qual as ações dos agentes históricos envolvidos tinham lógicas próprias, entrecruzando interesses, solidariedades, tensões e conflitos.

Para Gomes, o campo negro seria, então

> uma complexa rede social permeada por aspectos multifacetados, envolvendo, em determinadas regiões do Brasil, movimentos sociais, assim como práticas econômicas com interesses multifacetados. Tal qual uma arena social, constituiu-se palco de lutas e solidariedade conectando comunidades de fugitivos, cativos nas plantações e nas áreas urbanas vizinhas, libertos, lavradores, fazendeiros, autoridades policiais e outros tantos sujeitos que vivenciaram os *mundos da escravidão*.[18]

---

18 GOMES, Flávio dos Santos. *Histórias de quilombolas: mocambos e comunidades de senzalas no Rio de Janeiro, século XIX, op. cit.*, p. 45.

Importante observar o recorrente uso do termo "solidariedade". As redes de solidariedade construídas pelos escravos não excluíram a existência de tensões e conflitos entre os diversos sujeitos acima mencionados. Baseando-se em ampla bibliografia e em fontes primárias concernentes aos quilombos do Iguaçu, Flávio dos Santos Gomes estudou a "complexidade das práticas econômicas dos quilombos brasileiros e suas estratégias de sobrevivência". Ao contrário do isolamento, diversos quilombos "procuravam manter relações simbólicas com o restante da sociedade".[19]

Partindo das fontes consultadas para esta pesquisa, é possível visualizar a perspectiva exposta por Gomes a partir de outro ângulo e considerar as relações que os escravos das senzalas desenvolveram com cativos de outras fazendas, com quilombolas e com libertos e homens livres. Os escravos das senzalas formaram, assim, seu "campo negro", construindo relações sociais para além da propriedade de seus senhores. Para Hebe Maria Mattos, as relações familiares e comunitárias foram eixos básicos de sociabilidade para os escravos. Desse modo, os escravos puderam forjar suas expectativas de liberdade, nas últimas décadas da escravidão, a partir destes dois pressupostos: a família e a comunidade.[20] Outro eixo fundamental de sociabilidade aconteceu para além da propriedade senhorial, na vizinhança e, em alguns casos, muito longe dela. Tais relações sociais não foram, em muitos momentos, pautadas pela ideia de comunidade. Os escravos do major Candido deveriam sentir uma relativa segurança para roubarem café e venderem ao negociante Manoel Ferreira Gonçalves. Além do mais, sabiam muito bem o horário e os caminhos que deveriam percorrer para realizar tal empreitada. São essas movimentações, autorizadas ou não pelos senhores, administradores e feitores, que produziram e estimularam uma infinidade de usos dos espaços de plantação, malgrado a lógica de vigiar e punir que existia nas fazendas cafeeiras. Nesse sentido, pode-se considerar a hipótese de que nem todos os escravos tiveram facilidades para usufruir dessas oportunidades de movimentação e de construção de redes de relacionamentos sólidas para além da propriedade senhorial.

Os processos criminais que tratam dos escravos fugitivos demonstram que muitos deles poderiam se evadir da propriedade de seus senhores e agir nas proximidades, tentando roubar para sobreviver. Para esses escravos, a fuga não foi uma longa

---

19   *Ibidem*, p. 59.

20   MATTOS, Hebe Maria. *Das cores do silêncio: os significados da liberdade no Sudeste escravista – Brasil, século XIX, op. cit.*, p. 110.

caminhada em direção a lugares distantes. Eles fugiam e ficavam escondidos na vizinhança, procurando alimentos em propriedades rurais das redondezas ou assaltando uma casa de negócio no centro da cidade. É o que aconteceu com os escravos Justina, Domingos e Alexandre. Os três escravos foram presos porque os dois últimos roubaram a casa do negociante João Batista de Oliveira na noite de 13 para 14 de novembro de 1865. Justina, escrava pertencente a Henrique José da Silva, encontrava-se fugida por mais de um ano e vivia com Alexandre e Domingos, dois outros fugitivos pertencentes a senhores diferentes, em terras do dr. João Paulo dos Santos Barreto. Em depoimento prestado no dia 8 de dezembro de 1865, a escrava de Henrique José da Silva afirmou que eles se encontravam acoitados no mato e possuiam "ranchos, cozinha, galinheiro, panelas e todos arranjos". Um dos meios encontrados pelos três escravos para vencer as vicissitudes inerentes à condição de fugitivos era praticado por Alexandre, escravo que pertencia a Rodrigo Ribeiro de Miranda. Esse escravo correspondia-se, segundo Justina, com dois outros escravos do dr. João Paulo, "os quais quase todas as noites lhe davam feijão cozido". Dos escravos do dr. João Paulo, o fugitivo Alexandre também comprou "um cachorrinho que estava acostumado para avisar quando fosse gente". Ou seja, segundo o depoimento da escrava de Henrique José da Silva, Alexandre estava determinado a permanecer como fugitivo, preparando-se de diversas formas para evitar ser capturado.[21]

Quando fugiam, os escravos procuravam acionar, sempre que possível, suas redes de relacionamentos. No entendimento dos fugitivos, isto facilitaria a sobrevivência na situação adversa em que se encontravam. Justina, em seu depoimento de 8 de dezembro, disse que, após fugir, ficou acoitada por Felipe em sua residência no centro de Bananal, próximo à Igreja Matriz. Disse Justina que Felipe

> morava nessa ocasião debaixo de um sobrado da esquina do pátio da Matriz, nesta Cidade onde dormia e comia, retirando-se de madrugada para o mato até que dizendo-lhe o mesmo Felipe que já tinham falado sobre estar ele acoitando-a, teve ela respondente de não voltar, e então andando vagando por algum tempo, em uma noite na estrada perto da Cidade encontrou-se com o preto Alexandre de Rodrigo Ribeiro de Miranda, que também andava fugido (...).

---

21 MMN, Caixa 25/ n º de ordem 576.

E por que não considerar, nesse mesmo processo, as relações entre o forro José e Alexandre? Segundo o depoimento de Alexandre, José era seu conhecido desde criança. O forro havia guardado os produtos do roubo cometido pelos escravos na casa de negócio de João Baptista de Oliveira. José alegou não ter desconfiado da mala entregue por Alexandre e também disse não saber que seu amigo encontrava-se fugido.[22] Contudo, verifica-se que o fugitivo Alexandre conseguiu, a partir de um relacionamento pregresso de longa data, obter ajuda para esconder os produtos obtidos do assalto na casa de negócio de Oliveira. Tais relacionamentos foram importantes para que os fugitivos conseguissem sobreviver.

Mas o pensamento e a ação dos escravos fugitivos estavam rigorosamente vinculados à sua condição de "fugitivos". A noite era o tempo de suas movimentações furtivas. Seus ambientes de sobrevivência deveriam ser necessariamente discretos e recônditos. Seriam os ranchos perdidos na imensidão das terras senhoriais, as tocas e grutas escondidas nessas mesmas terras. O acoitamento por forros, revelando talvez um relacionamento pregresso ou mesmo uma consciência de condição social, poderia ser também uma alternativa.

Justina, Alexandre e Domingos viveram por um tempo juntos em terras de grandes fazendeiros de Bananal. Quando prestou depoimento em 8 de dezembro, Domingos, trabalhador escravizado de Marcos de Oliveira Arruda, proprietário da fazenda Bom Sucesso, localizada próxima à fazenda Boa Vista,[23] disse que após fugir permaneceu por cerca de um mês "nas imediações da fazenda de seu senhor" quando dirigiu-se para as terras do capitão Henrique José da Silva, onde se encontrou, em um cafezal do referido capitão, com outro escravo de nome Alexandre, pertencente a Rodrigo Ribeiro de Miranda. De imediato, o escravo Alexandre chamou a atenção de Domingos porque tinha "na cara um sinal que na Angola usam fazer". A empreitada do fugitivo Domingos adquiriu, a partir desse momento, uma nova dimensão. Usando solitariamente até então as terras de seu senhor e as do capitão Henrique José da Silva, Domingos foi convidado por Alexandre a se juntar a ele e à escrava Justina. Alexandre e Justina estavam então vivendo em uma "toca de pedra em uma capoeira nas terras do major Henrique" quando Domingos recebeu

---

22   Alexandre e José prestaram depoimento em 9 de dezembro de 1865.

23   Para a localização dessas propriedades, ver o capítulo II. Sobre a Cachoeirinha, ver a figura 1 nesse capítulo.

o convite de Alexandre. Os três viveram, segundo o mesmo depoimento, nessa toca "por algum tempo", até que

> suspeitando serem pressentidos, mudaram-se para as terras do doutor João Paulo, onde procuraram abrigar-se em um mato da mesma fazenda onde fizeram um Ranchinho e achavam-se vivendo do que de noite saíam a procurar, e que consistia em galinhas, e mandioca, tendo o mesmo Alexandre em uma noite comprado farinha e levado fubá.

Como se vê, a peregrinação de Domingos demonstra que ele se conservou em trânsito desde que fugira das terras de seu senhor. Segundo o Registro Paroquial de Terras de Bananal,[24] as terras de Henrique José da Silva localizavam-se na Cachoeirinha e confrontavam-se com as de Rodrigo Ribeiro de Miranda pelo lado oeste. Domingos era um escravo do Rancho Grande, que se localizava a cerca de 13 quilômetros da Cachoeirinha.[25] Portanto, enquanto Alexandre e Justina fugiram e se conservaram nas cercanias da fazenda de seus senhores, Domingos caminhara um pouco mais.

Em seu depoimento, Alexandre disse que após fugir ficou nas terras de seu senhor e depois "retirou-se para o mato do doutor João Paulo onde foi preso, vivendo aí com cinco companheiros que eram os seguintes: ele respondente, Domingos, José e Joaquim, escravos de fazendeiros do lado do Rancho, cujos nomes [dos senhores] ignora, e mais a preta Justina de Henrique José da Silva Filho, e aí fizeram Ranchos vivendo de galinhas que tiravam das fazendas". O depoimento informa que não somente os três escravos presos viviam nas terras do doutor João Paulo. Dois outros cativos do lado do Rancho Grande, além de Domingos e Justina, conviviam no local, totalizando cinco fugitivos. Alexandre também menciona o nome de mais um escravo que o teria acompanhado na empreitada na casa de negócio de João Baptista: "o preto Antônio, que também pertence a um Fazendeiro do lado do Rancho Grande", teria participado do arrombamento e roubo. Alexandre faz uma descrição dos

---

24 Henrique José da Silva informou seus confrontantes no referido documento em 28 de abril de 1856. No Registro Paroquial, não existe informação acerca das terras do doutor João Paulo. AESP. Microfilme. Código: 03.08.003.

25 Os mapas do capítulo II mostram a localização do Rancho Grande.

escravos que o acompanhavam, produzindo um perfil desses cativos que atuavam de modo furtivo. Segundo o escravo de Rodrigo Ribeiro de Miranda,

> o preto José que fez o arrombamento é fula, alto, direito, com sinais de queimaduras nas costas, barbado e de nação conga; que o seu companheiro Joaquim é benguela, preto, ainda moço alto barbado com sinais de queimaduras nas costas; que outro companheiro de nome Antônio é mulato barbado, alto, com falha de um dente.

Chama a atenção os relacionamentos construídos pelos escravos, suas tentativas de sobrevivência e as marcas dos castigos infligidos na dupla menção às queimaduras nas costas. Excetuando-se Justina, os escravos José, Joaquim, Alexandre e Domingos eram africanos que procuravam atuar de modo furtivo.[26] Tal ação evidencia a resistência dos escravos, malgrado os investimentos brutais que eram feitos sobre a mobilidade e o corpo dos cativos. Apesar das tentativas de contenção e controle, a ação senhorial nunca conseguiu debelar por completo as movimentações alternativas da escravaria.

É possível levantar três hipóteses a respeito desses escravos que fugiam e não se aventuravam para lugares distantes. A primeira delas relaciona-se ao fato de que muitos fugitivos não conheciam os caminhos em direção a outras cidades ou a lugares mais distantes; a segunda hipótese é que, como consequência, muitos não tinham para onde ir e eram forçados a sobreviver nas imediações e, por fim, outros evitavam sair das imediações porque entendiam que, mesmo na condição de fugitivos, eles poderiam conseguir, nos arredores da propriedade senhorial, acesso a recursos e a outros cativos que poderiam minimizar suas dificuldades e auxiliá-los com provimentos. Ao estudar o distrito de Natchez, em Mississipi (EUA), Anthony Kaye observou que muitos fugitivos evitavam se encontrar com escravos de outras vizinhanças porque reconheciam o local em que viviam como o espaço da solidariedade e entendiam que recorrer a ajudas para além dos limites de sua vizinhança poderia ameaçar sua empreitada.[27] Além das hipóteses aventadas acerca dos lugares percorridos pelos fugitivos, é possível entender que os escravos que se evadiam das fazendas pensassem que na vizinhança eles também poderiam ter maiores possibilidades de sobrevivência.

---

26 No processo, não foi mencionada a nacionalidade do escravo Antônio.

27 KAYE, Anthony E. "Neighbourhoods and Solidarity in the Natchez District of Mississipi: Rethinking the Antebellum Slave Community", *Slavery & Abolition*, Londres, v. 23, n. 1, abr. 2002, p. 1-24.

Os processos criminais que tratam de escravos fugitivos mostram que as capoeiras, os matos virgens e os cafezais foram muitas vezes os locais das movimentações alternativas desses cativos. Nas capoeiras, eles podiam construir seus ranchos ou viver em tocas com alguma segurança. Contudo, dada a carência de recursos de sobrevivência, os fugitivos eram, fatalmente, forçados a recorrer a roubos no centro da cidade ou em propriedades rurais próximas. Tais crimes eram cometidos, na maior parte das vezes, de madrugada e chamavam a atenção das autoridades porque indicavam a presença de escravos fugitivos nas imediações. Cabe sublinhar ainda a localização em que viviam Alexandre e Justina quando Domingos se juntou a eles. A toca de pedra em uma capoeira talvez não seja um local escolhido sem reflexão. Os escravos sabiam que as capoeiras eram terras já usadas para o plantio do café e que foram "convertidas em vegetação secundária". Após certo tempo de pousio, essas terras poderiam ser usadas para a lavoura de alimentos.[28] De acordo com a avaliação feita pelos próprios escravos, ali, nas terras de capoeira, os fugitivos poderiam construir suas tocas com relativa segurança porque avaliavam que eram pouco frequentadas e que não estavam sendo utilizadas para a lavoura. Eram, em suma, terra de pousio e bom lugar para se abrigar.

O caso de Justina, Domingos e Alexandre demonstra também o modo muitas vezes ocasional de surgimento de um quilombo. Três escravos, pertencentes a três senhores diferentes, encontraram-se em terras de proprietários importantes de Bananal e passaram a viver juntos.[29] Os depoimentos nesse processo mostram que os fugitivos viviam e circulavam por capoeiras, cafezais e matos. Mas também evidenciam que a situação para esses escravos era de extrema precariedade e que as rondas eram uma constante ameaça. Sem muito esforço, é possível visualizar um cenário noturno com capoeiras, matas virgens e cafezais sendo percorridos por escravos, fugitivos ou não, que se utilizavam de modo furtivo dos espaços de plantação.

---

28   FRAGOSO, João Luís Ribeiro, *op. cit.* Sobre as capoeiras, ver também MARCÍLIO, Maria Luiza. *Crescimento demográfico e evolução agrária paulista: 1700-1836*. São Paulo: Hucitec, 2000. p. 165.

29   Flávio dos Santos Gomes demonstrou que o aquilombamento em terras de proprietários rurais ocorreu em diversos municípios do Brasil. Ver os casos envolvendo proprietários de Macaé e Campos, em 1876 e 1880, respectivamente. GOMES, Flávio dos Santos. *Histórias de quilombolas: mocambos e comunidade de senzalas no Rio de Janeiro, século XIX, op. cit.*, p. 248-268.

Um último dado sobre esse processo refere-se ao momento em que os três escravos fugiram. Domingos disse que se evadiu da fazenda de seu senhor "quando principiava a plantar as roças de milho deste ano". Segundo Eloy de Andrade, "terminadas as capinas até meados de agosto, logo, às primeiras chuvas, fazia-se o plantio do milho que ia, o mais tardar, ao fim do mês de setembro".[30] Com isso, é possível inferir que Domingos encontrava-se fugido havia três meses, mais ou menos.

Quando prestou depoimento, em 9 de dezembro de 1865, Alexandre informara que se encontrava fugido "desde o princípio da colheita de café". Esse momento seria um período de intensos trabalhos na fazenda e, portanto, pode ser a justificativa da fuga desse escravo. Para Fragoso, nos momentos de colheita "os fazendeiros costumavam, além de forçar uma maior produtividade por parte de seus escravos, alugar escravos de outras fazendas ou contratar trabalhadores livres".[31] A pressão sobre a escravaria aumentava nessa época do ano. Justina, por sua vez, afirmou em 8 de dezembro que fugiu "antes que levassem o milho o ano passado". Justina encontrava-se nas imediações há um bom tempo, pelo menos um ano. Ela foi capturada em dezembro de 1865 e afirmou em depoimento que fugiu antes de *levarem* o milho do ano passado. Esses escravos parecem ter fugido em uma época em que os trabalhos nas fazendas aumentavam: a época da colheita, no caso de Justina e Alexandre, e o período de plantação, no caso de Domingos. "Levar o milho" poderia significar o início da época de colheita desse produto? Talvez sim, porém o depoimento de Justina não permite maiores inferências a esse respeito. Segundo Eloy de Andrade, as colheitas se iniciavam "em princípios de março e se prolongavam até fins de junho ou meados de julho". Segundo o memorialista, para a colheita de milho (e também a de feijão), os trabalhos com o café poderiam ser suspensos ou a escravaria poderia ser dividida em duas turmas sendo que "os melhores apanhadores e as mulheres iam para os cafezais e a outra turma seguia para a colheita daqueles cereais". Andrade descreve da seguinte maneira o trabalho de colheita do milho:

> O escravo retirava as espigas dos pés, quebrando os pedículos e as ia atirando para determinados pontos, formando montes ou *bandeiras*, distantes umas das outras algumas braças; levava-as

---

30 ANDRADE, Eloy de, *op. cit.*, p. 104.

31 Fragoso, João Luís Ribeiro, *op. cit.*, p. 51.

depois às costas em jacás, presas aos ombros por alças de couro, até o terreiro, onde eram despejadas. Daí, em carros de bois, toda a colheita era conduzida para o paiol. Dos pés para as bandeiras, destas para o grande monte, deste para os carros, para os terreiros e finalmente para o paiol.[32]

Como se depreende da narrativa do memorialista, a colheita de milho era um trabalho pesado, que exigia do escravo esforço físico significativo. Afinal, além da intensa fiscalização, também narrada por Andrade, era necessário que o escravo *levasse* o milho colhido "às costas em jacás, presas ao ombro por alças de couro". Dada a narrativa de Eloy de Andrade, que diz que os escravos deveriam levar o milho até o terreiro, pode-se supor que Justina tivesse fugido justamente nessa época, em algum momento entre março e meados de julho de 1864. Como ela foi capturada somente em dezembro de 1865, a escrava de Henrique José da Silva teria fugido há pelo menos um ano e meio. Deve-se sublinhar que, durante todo esse tempo, ela não se dirigiu para lugares distantes, mantendo-se sempre no município de Bananal, ora no centro da cidade, perto da Igreja Matriz, acoitada por um forro de nome Felipe, ora em companhia dos escravos Alexandre e Domingos, em terras de vários senhores. Como se vê, os depoimentos parecem indicar que Domingos, Justina e Alexandre fugiram para escapar das exigências dos trabalhos agrícolas.

Nas cidades cafeeiras do Vale do Paraíba havia, *grosso modo*, a existência de três espaços necessários para a produção e reprodução da agricultura de alimentos e da agricultura de exportação: as terras de plantação, as matas virgens e as capoeiras. Tais espaços, como se vê dos processos acima mencionados, poderiam ser utilizados de modo alternativo pelos fugitivos que formavam ranchos para viverem escondidos. A quantidade de terras era tamanha que os escravos fugitivos encontravam possibilidades de se esconder nos espaços agrários referidos por períodos que poderiam durar mais de um ano.

Como contraponto a esses deslocamentos parciais que ocorriam marcadamente nas imediações, dentro das terras senhoriais ou para o centro da cidade, tem-se a movimentação de outros cativos que se dirigiam para municípios distantes. Um motivo para realizar uma fuga era a separação de famílias. Em anúncios de jornais sobre os

---

32 ANDRADE, Eloy de, *op. cit.*, p. 113-114.

escravos que fugiam, os senhores especulavam sobre o paradeiro de seus cativos dizendo que eles provavelmente se encontrariam onde possuíam família.[33]

A fuga foi o momento em que os escravos vivenciaram, de modo mais radical, a necessidade de usos alternativos dos espaços de plantação. Enquanto fugitivos, os cativos precisavam a todo instante realizar movimentações furtivas e não provocar suspeita. O espaço de atuação desses escravos era limitado por sua condição civil e sua inserção no processo produtivo. Quando estavam na condição de transgressores, eles vivenciavam privações extremas que dificultavam ainda mais as ações de resistência.

Também as suspeitas senhoriais acerca do paradeiro dos fugitivos remetem, diretamente, para as localidades em que os escravos poderiam ter relações de parentesco ou de amizade que pudessem garantir-lhes a sobrevivência. Ou seja, a mobilidade dos cativos e o conhecimento dos espaços daí advindo possibilitaram a efetivação das experiências/resistências e formaram aquilo que se poderia chamar de geografia dos escravos. Muitos organizaram relações familiares, de trabalho, de solidariedade, de embates e altercações com outros escravos e homens livres a partir dos usos da espacialidade. Os "caminhos", o centro da cidade, os espaços agrários das fazendas (os matos virgens, as capoeiras, os morros com os pés de cafés plantados em linha) e aqueles

---

33 SLENES, Robert W. *Na senzala uma flor: esperanças e recordações na formação da família escrava, Brasil sudeste, século XIX, op. cit.*, p. 112. Os relatos de escravistas na Virginia, Estados Unidos, também conjecturam a respeito do paradeiro dos escravos fugitivos nos mesmos termos. Em 13 de janeiro de 1790, James Johnston, do Condado de Augusta (Augusta County), informava que seu escravo Ben havia fugido. Johnston acreditava que Ben havia se dirigido a Richmond, onde ele teria conhecidos, em especial um mulato livre chamado George Clarke. Outros anúncios apresentam informações semelhantes. Por exemplo, escrevendo a respeito do fugitivo Adam, seu senhor, Catesby Jones, de Northumberland County, noticiou: "I have reason to believe he is lurking about Mrs. Hodge's (as he has a wife there) or col. Turner's plantation in King-George county, of whose estate he was purchased". Em outros anúncios sobre fugitivos, o anunciante relatava os proprietários anteriores do escravo. É o caso de Alexander Baugh, do Condado de Chesterfield. Em 7 de julho de 1790, este escravista informou que seu escravo Ben foi propriedade de um senhor chamado John Price Posey, que o vendeu para John Stockdell de Richmond. Este, por sua vez, vendeu Ben para o Coronel William Lewis, do Condado de Henrico. Após evadir-se da propriedade deste último, Ben foi vendido para Alexander Baugh e tornou a fugir. As três citações podem ser consultadas nos seguintes periódicos: *Virginia Independent Chronicle*, 13 de janeiro de 1790; *Virginia Herald and Fredericksburg Advertiser (Timothy Green and Co.)*, Fredericksburg, 15 de julho de 1790 e *Virginia Independent Chronicle and General Advertiser (Davis)*, Richmond, 7 de julho de 1790. Outros anúncios podem ser consultados no sítio: <www2.vcdh.virginia.edu/gos/explore.html>. Acesso em: 7 jul. 2011. Sobre essas estratégias para se encontrar fugitivos, ver GOMES, Flávio dos Santos. "Jogando a rede, revendo as malhas: fugas e fugitivos no Brasil escravista", *op. cit.*, p. 67-93.

além dos limites da propriedade senhorial foram os lugares da geografia construída pelos escravos. Sem dúvida que o espaço de atuação de muitos escravos foi menor do que aquele dos senhores, especialmente os mais influentes politicamente. Contudo, essa locomoção permitiu o surgimento de redes de relacionamentos independentes da supervisão dos feitores, administradores e dos proprietários de escravos.

***

Após a lei que suprimiu o tráfico de escravos entre a África e o Brasil (1850), e até meados da década de 60, o clima político no Império era favorável àqueles que defendiam a escravidão. Nessa época, os proprietários de escravos se sentiam protegidos pelo Estado na delicada questão do elemento servil e não vislumbravam, por parte das autoridades e do imperador, nenhuma atitude contrária aos seus interesses. Para Tâmis Parron, o momento vivenciou um arrefecimento das publicações e das iniciativas contra a escravidão e conheceu uma significativa "estabilidade discursiva" pautada pelo silêncio do Poder Legislativo nas questões relativas ao trabalho escravo. Segundo Robert Conrad, pouco se fez a favor dos escravos e dos africanos introduzidos ilegalmente no Brasil. Seguiu-se, então, "mais de uma década de quase silêncio sobre o problema dos escravos".[34]

Mesmo as suspeitas de desembarques ilegais de africanos após a aprovação da lei de 1850 e a celeuma produzida com a ação governamental não abalaram a confiança e a segurança depositadas na existência da instituição do trabalho escravo. Em Banal, a denúncia de um desembarque ilegal e o envolvimento de grandes potentados locais estremeceram, por breve período, as relações de poder nessa localidade. No mês de dezembro de 1852, correu a notícia da chegada de um navio com africanos e do desembarque deles em terras da fazenda Santa Rita, pertencentes ao comendador Joaquim José de Souza Breves. O palco do desembarque seria o porto do Bracuhy,

---

34 PARRON, Tâmis. *A política da escravidão no Império do Brasil: 1826-1865*. Rio de Janeiro: Civilização Brasileira, 2011. p. 299-300. Conforme Parron, um desembarque ilegal de escravos em Serinhaém, Pernambuco, no ano de 1856, rompeu por breves instantes os silêncios sobre a escravidão que caracterizaram esse período. Contudo, tal fato não impediu que a escravidão se tornasse um "não evento na agenda política imperial", de acordo com os exemplos apresentados por esse autor. *Ibidem*, p. 300-303. Ver também sobre esse momento histórico, CONRAD, Robert, *op. cit.*, p. 62; TOPLIN, Robert Brent. *The Abolition of Slavery in Brazil, op. cit.*, p. 41.

freguesia da Ribeira, próximo a Angra dos Reis. O ocorrido explicitava o desrespeito à recém aprovada Lei Eusébio de Queirós, diploma que procurou suprimir em definitivo o contrabando negreiro, existente no país e tolerado pelas autoridades desde 1831. Os africanos desembarcados teriam sido remetidos para a cidade do Bananal, e um amplo conjunto de agentes repressores foi mobilizado pelo ministro da Justiça, José Ildefonso de Souza Ramos, para investigar a transgressão. As ações repressivas deram resultado e no dia 16 de janeiro de 1853, 10 africanos boçais e um escravo ladino foram apreendidos em Bananal, em terras da fazenda do Resgate, então pertencentes ao delegado de polícia Manoel de Aguiar Vallim – que seria demitido do seu cargo pelo chefe de polícia interino, o sr. Joaquim Fernandes da Fonseca, no início de fevereiro. No dia 20 de janeiro, mais 33 africanos foram retidos "em uma pequena mata de propriedade de José Barbosa, ainda no município do Bananal, junto da estrada que servia de caminho para Resende e São Paulo".[35]

Esse episódio, apesar de ter mostrado a intenção do governo central em fazer cumprir a nova legislação antitráfico e de ter atingido diretamente grandes poderosos locais, não abalou a instituição da escravidão nos níveis local e nacional. Como se viu, a historiografia aponta que no plano político os anos de 1850 e 1860 foram um período de relativa estabilidade e de garantia para os escravistas. No entanto, acontecimentos nacionais e internacionais minariam aos poucos as bases nas quais estavam assentadas a instituição da escravidão no Brasil. Diversos historiadores já analisaram as repercussões que o resultado da Guerra Civil americana (1861-1865) produziu na classe política brasileira. O final da década de 1860 já anunciava a mudança. A crise política de 1868 e o fortalecimento das vozes de oposição aumentaram a circulação das ideias contrárias aos interesses dos proprietários escravistas. Segundo diversos estudiosos, a crise do gabinete de Zacarias de Góes (liberal), provocou um considerável desgaste da monarquia. A ascensão ao poder do conservador Rodrigues Torres (Visconde de Itaboraí), em 16 de julho de 1868, causou uma ruptura política considerada como um divisor de águas na história política da monarquia. Os conser-

---

35 ABREU, Marta. "O caso Bracuhy". In: CASTRO, Hebe Maria Mattos de; SCHNOOR, Eduardo. *Resgate: uma janela para o oitocentos*. Rio de Janeiro: Topbooks, 1995. p. 169. Ver também LOURENÇO, Thiago Campos Pessoa. *O Império dos Souza Breves nos oitocentos: política e escravidão nas trajetórias dos comendadores José e Joaquim Breves*. Dissertação (Mestrado em História) – ICHF-UFF, Rio de Janeiro, 2010, p. 149-163.

vadores, a partir de então, exerceriam o controle do governo por dez anos.[36] Por essa época, os clubes emancipacionistas e os jornais antiescravistas estavam contribuindo para aumentar a circulação das ideias contrárias ao trabalho escravo. Entre maio e julho de 1869, na fase final da Guerra do Paraguai, projetos reformistas que visavam a liberalizar a escravidão foram apresentados ao Poder Legislativo. A maioria desses projetos nem entrou na pauta de discussões. Contudo, no dia 25 de agosto passou a vigorar a lei que proibia os leilões públicos de escravos e a separação de casais e seus filhos com idade inferior a quinze anos. E, mais uma vez, um evento internacional levaria as discussões no Brasil a novos patamares: a Espanha aprovara, em 1870, uma lei concedendo a liberdade aos recém-nascidos e aos idosos em Cuba e Porto Rico. Desenvolvia-se, portanto, um ambiente político que iria pressionar o governo e levaria à discussão de um projeto para favorecer a liberdade dos recém-nascidos – a Lei do Ventre Livre, aprovada em 28 de setembro de 1871. O debate nacional que precedeu a aprovação da referida lei foi, na avaliação de Conrad, "quase sem precedentes".[37]

Para Ricardo Salles, o período em tela marcou a "disjunção entre as percepções que fazendeiros e estadistas tinham da situação", ou seja, dos rumos e das soluções acerca do trabalho escravo.[38] No que diz respeito aos debates que levaram à aprovação da Lei Rio Branco, conhecida como "Lei do Ventre Livre", a disjunção ocorreu, conforme salientaram outros autores, no âmbito nacional ou entre as regiões brasi-

---

36 TOPLIN, Robert Brent, *op. cit.*, p. 45-47; CONRAD, Robert, *op. cit.*, p. 103-106. Sérgio Buarque de Holanda inicia seu livro sobre a monarquia com esse evento político. Para esse autor, houve uma "recomposição de forças e programas políticos" a partir de 1868, que vai fazer crescer a oposição à monarquia. 1868 teria sido um momento de "clivagem" na história política do regime de d. Pedro II e marcaria "o ponto de partida mais visível da deterioração do regime". HOLANDA, Sérgio Buarque de. *O Brasil Monárquico: do Império à República*. Rio de Janeiro: Bertrand Brasil, 1997. Tomo II, v. 5. p. 7. Francisco Iglésias entende que 1868 encerrou o período de esplendor da monarquia e iniciou o momento de crises que levarão à queda do imperador d. Pedro II. IGLÉSIAS, Francisco. "Vida política, 1848/1868". In: HOLANDA, Sérgio Buarque de. *O Brasil Monárquico: reações e transações*, Rio de Janeiro: Bertrand Brasil, 1987, tomo II, v. 3, p. 9-112. A ruptura de 1868 foi de fato um dos eventos mais importantes da história política do Império do Brasil. É possível considerar que a partir desse momento, por intermédio do Clube Radical – grupo político composto por dissidentes do Partido Liberal – e da maçonaria, diversos atores importantes que defendiam o fim da escravidão, como Luiz Gama, Ferreira de Menezes e Rui Barbosa, iniciaram uma militância política mais intensa pela causa abolicionista. Ver a esse respeito AZEVEDO, Elciene, *op. cit.*, p. 107-113.

37 CONRAD, Robert, *op. cit.*, p. 106-116. Ver também CARVALHO, José Murilo de. *A construção da ordem: a elite política imperial/ Teatro de sombras: a política imperial, op. cit.,* p. 308.

38 SALLES, Ricardo. *E o Vale era o escravo: Vassouras, século XIX – Senhores e escravos no coração do Império*. Rio de Janeiro: Civilização Brasileira, 2008, *op. cit.*, p. 81.

leiras. O debate do projeto sobre a "reforma do estado servil" provocou, portanto, uma desunião entre os fazendeiros de diversas partes do país e também entre os estadistas representantes de regiões onde o trabalho escravo tinha importância política e econômica declinante. A defesa da escravidão nos debates ficou majoritariamente concentrada nos representantes das regiões produtoras de café, em decorrência da concentração de escravos nos municípios cafeicultores. Dos 45 deputados contrários à reforma na Câmara, trinta (66,7%) eram do Centro-Sul, ou seja, de Minas Gerais, Espírito Santo, Rio de Janeiro (incluindo o Município Neutro) e São Paulo. No Senado, dos sete contrários, cinco (71,4%) eram dessa região. As discussões também provocaram cisões internas nos dois partidos, o Liberal e o Conservador.[39]

Muitos proprietários de escravos de Bananal participaram desse debate e marcaram posição contrária à aprovação do projeto que levaria à Lei do Ventre Livre. Atentos aos acontecimentos da política nacional, esses homens temiam que a reforma em discussão pudesse interferir em seus negócios privados. Em representação sobre o "elemento servil" publicada no *Diário do Rio de Janeiro* de 22 de junho de 1871, 144 defensores da escravidão em Bananal, dentre eles um padre, o presidente da Câmara Municipal, vereadores, muitos proprietários de escravos e eleitores dos dois partidos (o Liberal e o Conservador) opuseram-se ao referido projeto de orientação emanci-

---

39 CONRAD, Robert, *op. cit.*, p. 114-116. Ver também a tabela 21 à página 362. CARVALHO, José Murilo de. *A construção da ordem: a elite política imperial/teatro das sombras: a política imperial, op. cit.*, p. 308-311. Não se pode deixar de mencionar outras disjunções que passaram a existir na década de 1860, fruto do recrudescimento do debate político, e que se tornaram mais explícitas após o evento de julho de 1868. Esse é um ponto importante porque senão corre-se o risco de simplificar o entendimento do processo político e empobrecer o debate acerca do mecanismo de funcionamento da política imperial. Nessa época apareceu com força uma série de discussões acerca de questões que estavam diretamente ligadas às reformas saquaremas do início da década de 1840 e aos mecanismos de funcionamento da política imperial. Sobre esses pontos e o fato de o republicanismo ter significado um retrocesso no debate político e na discussão de reformas, ver CARVALHO, José Murilo de. *Liberalismo, radicalismo e republicanismo nos anos sessenta do século dezenove*. Oxford: Universty of Oxford, s/d. p. 1-22. Ver também SALLES, Ricardo. "Abolição no Brasil: resistência escrava, intelectuais e política (1870-1888)". *Revista de Índias*, Madrid, v. 71, n. 251, 2011, p. 259-284. As mudanças ocorridas na segunda metade do século XIX foram mais amplas e complexas e não podem ser restringidas a esse ou aquele assunto. Essas mudanças provocaram crescente insatisfação e facultaram o surgimento de uma oposição ao Estado Imperial, à burocracia, ao patronato político etc. Ver a esse respeito COSTA, Emília Viotti da. "Brasil: a era da reforma, 1870-1889". In: BETHELL, Leslie (org.). *História da América Latina: de 1870 a 1930*. São Paulo: Edusp/Imprensa Oficial do Estado; Brasília: Fundação Alexandre de Gusmão, 2002, v. 5, p. 705-760.

pacionista que se discutia no Legislativo.[40] A lista de assinaturas estava encabeçada por um dos grandes escravistas de Bananal, Manoel de Aguiar Vallim, membro do Partido Conservador e, como se viu, um dos envolvidos no caso Bracuhy no início da década de 1850. Mais uma vez, como em 1852 no processo envolvendo o contrabando ilegal de africanos, as questões relativas ao trabalho escravo pareciam aproximar liberais e conservadores, demonstrando uma união representativa dos interesses dos proprietários escravistas. Esses dois episódios da história de Bananal, separados por um hiato de cerca de dezenove anos, reforçam os vínculos incontestáveis que os proprietários de escravos tiveram com a instituição da escravidão e corrobora, uma vez mais, os elos desses homens com as bases materiais da vida social e econômica.

No entanto, no caso da *Representação*, a aproximação dos liberais com os conservadores talvez tenha sido parcial, indicando neste momento uma ruptura de interesses de classe. Chama a atenção a ausência de liberais históricos do município de Bananal entre os signatários, dentre eles o comendador Antônio José Nogueira e o dr. João Venâncio Alves de Macedo.[41] O periódico *A Reforma* de 20 de junho de 1871 talvez explique a ausência. Um comunicado enviado por um correligionário "diretamente interessado na sorte da lavoura, e um dos cidadãos mais conspícuos da província de São Paulo" (seria o chefe do partido liberal em Bananal, o comendador Antônio José Nogueira?), informava que os conservadores de Bananal estavam se arregimentando para levar à Câmara um protesto contra a questão do elemento servil que se discutia no Parlamento. Porém, o missivista informava que o Partido Liberal de Bananal se posicionava contra o conteúdo da *Representação* e desejava que se resolvesse "o problema da emancipação, ao que está ligado o futuro do país". Além disso, denunciava que o delegado de polícia era o responsável por recolher as assinaturas e que "os liberais têm sido fortemente instados para assinarem o protesto". Por fim, o missivista escreveu que

---

40 Sobre a oposição dos cafeicultores do Vale do Paraíba à Lei do Ventre Livre e o contexto geral das representações contrárias ao projeto em discussão, ver PANG, Laura Jarnagin. *The State and Agricultural Clubs of Imperial Brazil, 1860-1889*. (Doutorado de Filosofia em História) – Vanderbilty University, Nashville, 1980, p. 84-124. A Representação, com apenas catorze assinaturas, foi reproduzida em CASTRO, Hebe Maria Mattos de; SCHNOOR, Eduardo (orgs). *Resgate: uma janela para o oitocentos*. Rio de Janeiro: Topbooks, 1995, p. 245-250.

41 Sobre a aliança política e os vínculos familiares entre o comendador Nogueira e o dr. João Venâncio Alves de Macedo, ver SANTOS, Marco Aurélio dos. "Lutas políticas, abolicionismo e a desagregação da ordem escravista: Bananal, 1878-1888", *op. cit.*

nós aderimos aos princípios sustentados pelos liberais do senado, e não desejamos que se creia que o partido liberal daqui faz causa com a propaganda escravagista, que tememos traga as mais graves perturbações ao país, se não for sendo contrariada nos próprios centros agricultores.[42]

Surgido como resultado da reviravolta política de 1868 que levou ao poder o partido conservador na pessoa do visconde de Itaboraí, *A Reforma* foi o periódico lançado para defender as ideias dos liberais dissidentes, dentre eles o antigo presidente do Conselho e um dos derrotados com a mudança de julho de 1868, Zacarias de Gois e Vasconcelos.[43] A adesão aos "liberais do Senado" informa sobre os vínculos estabelecidos entre os membros do Partido Liberal em Bananal e os políticos do mesmo partido no Senado, com destaque para o senador José Thomaz Nabuco de Araujo. A avaliação dos votos dos membros do partido no Senado quando da votação da Lei do Ventre Livre demonstra a adesão às ideias reformistas que estavam sendo discutidas. Dos dezesseis senadores liberais, oito votaram a favor da Lei do Ventre Livre, sete se encontravam ausentes e apenas Zacarias votou contra. O voto desse último justifica-se pelos desgostos advindos da crise política que o tirou da Presidência do Conselho, em 16 de julho de 1868. Além disso, segundo Conrad, "Zacarias não se opunha à própria lei" mas tinha ressentimentos "da iniciativa do Partido Conservador e do seu apoio a uma medida que, *por direito*, pertencia a ele e ao Partido Liberal".[44] A ressalva feita ao voto de Zacarias, contudo, não esconde as divisões internas que, mesmo no Senado, o Partido Liberal enfrentou acerca da questão da "reforma do estado servil". Alguns senadores ausentes discursaram contra o gabinete e abandonaram a votação, retirando-se para suas províncias, quando o projeto foi remetido ao Senado.[45]

---

42 *A Reforma*, n. 138, 20 de jun. de 1871, p. 1.

43 IGLÉSIAS, Francisco. *Op. cit.*, p. 112. TOPLIN, Robert Brent. *Op. cit.*, p. 46.

44 CONRAD, Robert. *Op. cit.*, p. 116. Conseguimos localizar uma manifestação pública de apoio ao senador Nabuco de Araújo assinada pelos liberais de Bananal. Tal manifestação, de 1875, elogia os seus "brilhantes discursos" proferidos no Senado, especialmente aqueles que diziam respeito "ao projeto da reforma eleitoral". A "justa manifestação" termina da seguinte maneira: "e o Partido Liberal deste obscuro canto da nossa terra, (...) associa-se de corpo e alma aos patrióticos sentimentos de v. ex., seu ilustre chefe, assegurando-lhe toda a sua dedicação na cruzada do futuro, qualquer que seja o acometimento". Encabeçava a lista de assinaturas o chefe do Partido Liberal de Bananal, comendador Antônio José Nogueira. *Correio Paulistano*, n. 5669, 31 ago. 1875, p. 1.

45 *Discussão da Reforma do Estado Servil na Câmara dos Deputados e no Senado.* v. 2, Apêndice, p. 151-154.

Como entender a ausência de expressivos representantes do Partido Liberal de Bananal entre os signatários da *Representação* contra a Lei do Ventre Livre? Como se pode observar da missiva do correligionário liberal d'*A Reforma*, existia uma disjunção política entre os proprietários de escravos no tocante ao projeto em pauta. Motivos político-partidários explicam a ausência de importantes escravistas de Bananal, como a do chefe do partido liberal – comendador Antônio José Nogueira – e de seu cunhado, o dr. João Venâncio Alves de Macedo, na *Representação* encabeçada por Manuel de Aguiar Vallim. As rivalidades entre correligionários liberais e conservadores em Bananal eram severas e uma *Representação* encabeçada por um dos expoentes do Partido Conservador em Bananal, Manoel de Aguiar Vallim, permite entender o motivo da ausência do líder da facção rival, o comendador Antônio José Nogueira. Por outro lado, o conteúdo da reclamação do correligionário liberal de Bananal reverbera, em um momento ainda distante da vaga abolicionista que assolaria diversas regiões do país na década de 1880, a posição de alguns liberais a favor da resolução do problema da mão de obra.[46]

Bananal foi, sem dúvida, um dos baluartes do escravismo no Brasil imperial e, por intermédio dessa *Representação*, marcou sua contrariedade com as discussões que se travavam no Parlamento acerca do "ventre livre", do pecúlio do escravo e do direito à alforria. O documento assinado pelos escravistas de Bananal mostra que a vinculação dos proprietários de escravos com as questões da política nacional e mesmo com aquelas ocorridas no plano internacional – "A face desse problema [do elemento servil] entre nós é muito diferente da que assumiu nos Estados Unidos" – foi um dos componentes da estratégia de dominação e de articulação política desses sujeitos. Os "lavradores e proprietários de escravos" de Bananal afirmavam que a extinção imediata da escravidão seria "um erro e mal de consequências incalculáveis". Por outro lado, seria muito pior a conservação do "regime escravo desmoralizando-o completamente". Se a primeira solução seria funesta, a segunda seria "funestíssima". Manifestando preocupação com o "estado equívoco" em que viveria a "classe que, não sendo escrava, livre também não era, porque achava-se obrigada a

---

46 Sobre as cruentas lutas políticas em Bananal, a atuação de Antônio José Nogueira e da família do dr. João Venâncio Alves de Macedo e o uso do abolicionismo como estratégia política para atacar os conservadores, ver SANTOS, Marco Aurélio dos. "Lutas políticas, abolicionismo e a desagregação da ordem escravista", *op. cit.*

serviços até os 21 anos", e temendo o "mundo de ideias" que poderia surgir no menor livre que iria viver ao lado dos pais em cativeiro, os signatários revelaram seus temores a respeito da intromissão do poder público nas relações entre os senhores e seus escravos. Ao revelar uma preocupação hipócrita com o destino da criança de oito anos encaminhada para os cuidados do governo, a *Representação* esclarecia que o poder público não possuía "em larga escala os estabelecimentos próprios para o tratamento e conveniente serviço dos menores". Restaria perguntar aos signatários se os menores, escravos ou não, teriam o tratamento adequado e o "conveniente serviço" permanecendo nas fazendas cafeeiras.

Outro ponto de desgosto – "a vindita (sic) armada sobre todos os tetos" – seria a "alforria forçada" prevista no projeto. A questão do pecúlio mataria o espírito filantrópico dos fazendeiros e abriria novo campo de lutas entre os senhores e seus escravos. Citando o artigo 4°, parágrafo 2, os proprietários manifestavam preocupação com questões do tipo "o escravo tem direito a alforria por meio de seu pecúlio ou por liberalidade de outrem". Para os signatários da *Representação*, seria perigoso "regular as relações entre o senhor e o escravo" principalmente porque o direito de propriedade não poderia ter um de seus principais atributos – "a livre disposição do objeto" – suprimido, uma vez que ficariam à mercê de aventureiros. "Ou existe a propriedade com todas as suas qualidades essenciais, ou então não pode decididamente existir", vaticinavam os signatários. O ideal, na visão dos defensores da escravidão em Bananal, seria marcar para o fim do século "a derradeira hora da escravidão".

Três pontos da *Representação de Bananal* expõem a ideologia escravista desses renhidos proprietários. Para eles, a escravidão fundava-se na autoridade senhorial e na não interferência do poder impessoal do Estado nas relações entre os senhores e os escravos.[47] O poder público e as leis deveriam garantir, sempre, o reforço da autoridade moral do senhor. O "espírito filantrópico" seria outro ponto fundamental da ideologia escravista. Segundo a *Representação*, os senhores tinham por prática conceder aos escravos "prazos de terra para o cultivo [a roça cultivada pelos escravos]" e ao

---

47 Esse desejo de não interferência do Estado nas relações entre senhor e escravo relaciona-se ao "princípio da soberania doméstica". Ver a respeito MARQUESE, Rafael de Bivar. *Feitores do corpo, missionários da mente: senhores, letrados e o controle dos escravos nas Américas, 1660-1860, op. cit.*, p. 65-68. Sobre a ideologia da classe proprietária de escravos no Império do Brasil, ver BOSI, Alfredo. "A escravidão entre dois liberalismos".,*Estudos Avançados*, São Paulo, v. 2, n. 3, set./dez. 1988, p. 4-39.

mesmo tempo proporcionar a eles "auxílios de toda a espécie" que permitiriam aos cativos o acúmulo de numerário. Um terceiro ponto da ideologia escravista estaria relacionado com uma concepção absoluta do conceito de propriedade, garantindo ao proprietário "a livre disposição do objeto".

Reforço da autoridade senhorial sem interferência externa, formulação absoluta do conceito de propriedade e espírito filantrópico: eis os pilares da ideologia escravista presentes na Representação de Bananal de junho de 1871. Esses pilares serviriam, segundo seus signatários, para manter a ordem nas fazendas e permitiriam o controle do senhor sobre os escravos, por meio das concessões senhoriais. Os senhores tinham consciência de que o exercício do cativeiro era uma relação social que pressupunha o reconhecimento público. De acordo com a *Representação*, a escravidão seria "um fato filosoficamente lamentável", mas não deixaria de ser "um fato", uma instituição que se achava "entranhada no âmago da nação, influindo em todas as suas vísceras". As relações entre senhor e escravo deveriam permanecer como atualmente estavam porque as "ideias filantrópicas que tão vigorosas iam se desenvolvendo entre os lavradores" encaminhariam uma solução para o problema do elemento servil com a marcha da "ideia emancipadora".[48]

A questão da legitimidade foi, portanto, um dos pontos substanciais da relação entre senhor e escravo. Assim, ao enfatizar a força moral do senhor, por um lado, e o caráter absoluto da propriedade, por outro, a ideologia senhorial reforçava a questão da legitimidade do cativeiro no plano interno das fazendas e a legalidade do cativeiro como fato social. No entanto, nas décadas de 1870 e 1880, cada vez mais a defesa da escravidão se daria não com base no direito natural ou no reconhecimento de sua legitimidade, mas sim com os argumentos da legalidade que estavam vinculados ao direto positivo. Nesse momento histórico, o respeito à propriedade erigiu-se como

---

48 *Diário do Rio de Janeiro*, n. 171, 22 jun. 1871, p. 2. *A Representação de Bananal* encontra apoio nas seguintes edições: *Diário do Rio de Janeiro, n. 174*, 25 jun. 1871, p. 2 (artigo assinado por "um lavrador"); *Diário do Rio de Janeiro*, n. 178, 29 jun. 1871, p. 2 (defesa na Câmara dos Deputados em sessão de 28 de junho feita pelo deputado Rodrigo Silva); *Diário do Rio de Janeiro*, n. 206, 27 jul. 1871, p. 2 (mais vinte signatários de Bananal manifestam apoio, totalizando, portanto, 164 assinaturas oriundas de Bananal); *Diário do Rio de Janeiro*, n. 227, 17 ago. 1871, p. 3 (apoio à *Representação de Bananal* mandada publicar por lavradores e proprietários de São Luiz do Paraitinga, comarca de Paraibuna). Esses apoios indicam a extensão em que se operava a luta política dos escravistas de Bananal, com suas ligações na escala da política imperial. Sobre as representações e as tentativas dos proprietários de se organizarem contra a lei do Ventre Livre, ver o trabalho já citado de Laura Janargin Pang.

o argumento fundamental para a defesa da escravidão. Sob a ótica senhorial, o Estado, como detentor do poder coativo, deveria servir de garantia para a preservação da propriedade escrava.[49] Por fim, cabe salientar que a *Representação* é um exemplo de como os proprietários de escravos temiam a ingerência das ações do Estado na esfera dos seus interesses imediatos.

Como se sabe, o ponto de vista exposto pela *Representação* foi derrotado e a Lei do Ventre Livre foi aprovada em 28 de setembro de 1871. A sanção dessa lei significou, para muitos escravistas, uma derrota. Por outro lado, muitos renhidos defensores da escravidão logo passaram a entender as fragilidades da lei e os benefícios políticos que poderiam ser auferidos com a defesa desse diploma como solução definitiva para a questão do elemento servil.[50] Além disso, o quadro econômico nacional produziria, na década de 1870, outra disjunção importante. O comércio interprovincial de escravos provocou desequilíbrios regionais que desencadearam reações contrárias à escravidão. O declínio da população escrava foi significativamente mais acentuado em regiões que não produziam café. Nas regiões do Extremo Norte (Amazonas, Pará e Maranhão), do Nordeste e do Sudoeste (Mato Grosso, Goiás, Paraná, Santa Catarina e Rio Grande do Sul), a queda da população escrava foi da ordem de 34% para o período de 1874 a 1884. No Centro-Sul (Minas Gerais, Espírito Santo, Rio de Janeiro, Município Neutro e São Paulo), a queda foi de aproximadamente 9%. Uma apreciação mais detalhada desses números mostra que o Município Neutro perdeu 31,8% da sua população escrava no período acima indicado. Tal decréscimo pode ser explicado, dentre outros fatores, pela tendência para a transferência dos escravos urbanos para as fazendas de café. Os dados compilados por Robert Conrad demonstram que o comércio interprovincial fez com que as regiões do Extremo Norte, do Nordeste e do Oeste e Sul perdessem escravos entre os anos de 1874 e 1884, devido a demanda por escravos no Centro-Sul. Esses escravos iriam encontrar, nas fazendas cafeeiras dessa última região, uma nova realidade e uma nova vivência. Ora, tal conjuntura iria provocar um afastamento entre os políticos das diversas partes do país. Ao lado da vaga abolicionista da década de 1880, esse quadro político-econômico ajudaria a minar as bases políticas de apoio à escravidão no Brasil.[51]

---

49 MENDONÇA, Joseli Maria Nunes. *Op. cit.,* p. 138 - 159, CONRAD, Robert. *Op. cit.,* p. 119-120.

50 TOPLIN, Robert Brent. *Op. cit.,* p. 59. CONRAD, Robert. *Op. cit.,* p. 145-146.

51 CONRAD, Robert, *op. cit.* p. 351-353, tabelas 9, 10 e 11. Tal disjunção não deve ser, contudo, sobrevalorizada. Ela de fato existiu, mas o excelente artigo de Robert W. Slenes acerca do comércio interprovincial

Como se vê, o contexto nacional indicava que o início da década de 1870 foi um momento de agitação e de intranquilidade pública. Isso em uma época que precedeu a vaga abolicionista da década de 1880. O fato é que a aprovação da Lei do Ventre Livre produziu insatisfação entre os proprietários rurais que se opuseram à sua aprovação. Menos de uma década após a aprovação desse diploma, os partidários da abolição investiram contra a lei e no momento seguinte, de agitação abolicionista, muitos dos mesmos proprietários de escravos que se opuseram à sua aprovação serão os defensores dela, como solução definitiva para o problema da questão servil. Isso se evidenciou no momento dos debates acerca do projeto Dantas, que levaria à aprovação da Lei dos Sexagenários. Em 1884, muitos parlamentares defendiam a lei de 1871 como a melhor solução para o problema do elemento servil, uma vez que esse diploma preservava o direito de propriedade na forma da indenização e garantia a solução gradual para a questão.[52]

Processos criminais das duas décadas finais da escravidão no Brasil demonstram as vicissitudes desse momento histórico, período marcado pela tensão explícita decorrente de um contexto político e social de profundas transformações. O caso envolvendo o assassinato do escravo José, pertencente ao capitão Faustino José Correa, é um exemplo disso. Na noite de 9 para 10 de fevereiro de 1874, os escravos José e João dormiam em uma "casinha" quando o primeiro foi "mortalmente ferido". O escravo Domingos, ouvindo os gritos na casinha, foi ver o que estava acontecendo e imediatamente dirigiu-se à casa de vivenda para acordar seu senhor. O referido crime é mais um dos vários que aconteceram nas propriedades cafeeiras de Bananal e de todo o Sudeste cafeeiro ao longo do século XIX. E o escravo fugitivo Manoel, pertencente ao proprietário da fazenda da Boa Vista, foi facilmente apontado como autor do crime.

O inventário do senhor desses escravos, de 1894, ajuda a compreender o espaço de vivência deles e a categoria desse escravista.[53] É possível concluir pela descrição

---

no Brasil após 1850 demonstrou que muitos senhores de engenho do Nordeste continuaram a comprar escravos na década de 1870 e que batalhas políticas foram travadas no sentido de frear o tráfico para o Centro-Sul. Sobre esse assunto e o impacto do tráfico interno de escravos sobre as áreas urbanas, ver SLENES, Robert W. "The Brazilian Internal Slave Trade, 1850-1888: Regional Economies, Slave Experience, and the Politics of a Peculiar Market", *op. cit.*

52 TOPLIN, Robert Brent. *Op. cit.*, p. 131-134. MENDONÇA, Joseli Maria Nunes. *Op. cit.*, p. 119-177.

53 Infelizmente, não foi encontrada a matrícula dos escravos de Bananal, realizada como resultado de uma exigência legal prevista na Lei do Ventre Livre. Sendo assim, baseado nos dados de seu inventário, de

contida no inventário que a casa de vivenda da fazenda da Boa Vista, localizada no bairro rural chamado Capitão-Mór, não deveria ter a magnificência e a carga simbólica de outras casas senhoriais de Bananal, como sua homônima, que pertenceu à família Almeida.[54] Avaliada em 1:500$000, ela se encontrava em mau estado quando, em 1894, se realizou o inventário de seu proprietário, o capitão Faustino José Correa. Ela era coberta de telhas e assoalhada e continha dois lanços de casas anexas, igualmente cobertas de telhas, que serviam de cozinha. Mais dois lanços de casas, com pilares de pedra e cobertas de telhas, serviam de paiol e estavam em péssimo estado. Por fim, os últimos dois lanços descritos no inventário serviam de tulha. No ano de sua morte, o mesmo capitão tinha uma propriedade com 23,5 alqueires de terras em carrascal, pastos e cultura e 3,5 alqueires de terra de "capoeiras finas". Mais um alqueire de cultura completava sua riqueza. O inventário não informa quais eram as culturas que a propriedade produzia e diz que os bens estavam penhorados por Rodrigo Pereira Leite.[55] É possível considerar que, em 1894, Faustino José Correa não fosse um homem rico e que sua propriedade estivesse em evidente declínio produtivo. Além do mau estado de sua propriedade, o único móvel descrito no inventário foi uma mesa grande com o pé quebrado e que foi avaliada em 5 mil reis.

A configuração do espaço da fazenda da Boa Vista não deveria ser muito diferente daquela encontrada no ano de 1874, a não ser por algumas casinhas em que moravam os escravos do capitão e, provavelmente, por estar mais conservada. O escravo fugitivo Manoel encarregou-se, ele próprio, de se entregar às autoridades de Bananal, afirmando ter assassinado seu parceiro porque tinha rixas antigas com ele. Prestando depoimento no dia 12 de fevereiro, Manoel disse que assassinara José porque se encontrava aborrecido dado o fato de seu parceiro ser "o denunciante de todos e tanto que aparecendo o feixo (sic) onde dormiam, arrombado, e então este seu parceiro disse a seu senhor que eram escravos que tinham feito isso, mandando este por este motivo tirar a roupa de todos e até dinheiro que alguns tinham". O motivo alegado por Manoel não parece ser tão simples e direto. Outras informações no depoimento

---

1894, e na sua tentativa de não perder o escravo que estava sendo julgado, pode-se inferir que esse escravista não pode ser classificado entre os grandes proprietários de escravos de Bananal.

54 Ver as imagens e os dados sobre a fazenda Boa Vista no capítulo I.

55 Conforme inventário de 1894. MMN, Caixa 217/ nº de ordem 4376. 1º Ofício.

revelam seu desgosto com o cativeiro. Quando perguntado por que motivo fugiu e não se apresentou a seu senhor, Manoel respondeu que não desejava mais servir a Faustino José Correa "visto não poder viver com maus tratos chegando a ponto de não poder possuir coisa alguma", sendo, outrossim, capaz de suicidar-se caso fosse remetido de volta à fazenda da Boa Vista.

Quando prestou depoimento, o fazendeiro Faustino José Correa tentou de todo modo descaracterizar a fala de Manoel. Pretendendo, de modo evidente, não perder seu escravo, o senhor disse que encontrou José Carapina "não espancado, porém ferido". Correa afirmou que o ferimento não tinha "plausível explicação" sendo possível que fosse cometido por escravos fugitivos que queriam furtar galinhas, uma vez que José era responsável pela criação de galinhas da fazenda. Além disso, Manoel havia sido criado por José e ambos eram compadres. Esses motivos colocariam em dúvida as acusações contra o seu escravo que se entregara à cadeia. Por fim, Correa disse atribuir à "mania da época, que é procurar o escravo a sua liberdade por meio do crime" o fato de Manoel ter fugido e se dirigido à cadeia, alegando ter matado seu parceiro.[56]

A "mania da época" estava de fato afetando as relações entre senhores e escravos e produzindo sérias críticas à instituição da escravidão. Em artigo publicado no *Echo Bananalense* de 14 de fevereiro de 1874, um roceiro anônimo escreveu um libelo a respeito da situação do elemento servil. Nesse artigo, o missivista reclamou das "atrapalhações" decorrentes da "lei do *ventre livre*" e apresentou de modo bastante enfático a situação da escravidão no início da década de 1870. Tal diploma teria sido "um verdadeiro óleo de rícino para a fecundação rebelde do ventre escravo". Os fazendeiros se opunham aos três pontos principais da Lei de 28 de setembro, quais sejam, o "inconveniente do *ventre livre*", o pecúlio e a libertação pelo Fundo de Emancipação. Sobre esse último ponto, reclama o anônimo a respeito da obrigação de ir à capital da província, relatando diversos acontecimentos desagradáveis e custosos, "para receber o que for arbitrado para sua indenização". Tal situação fez com que ele decidisse vender todos os seus escravos.[57] A carta desse

---

56 MMN, Caixa 35/ nº de ordem 768.

57 O exemplar do jornal *Echo Bananalense* encontra-se no inventário de Luis Vianna de Hermógenes. Ver MMN, Caixa 160/ nº de ordem 3342. O referido artigo tem o seguinte título: "Elemento servil: cartas de um roceiro do Caxambú, a seu compadre do Carioca". Hermógenes foi o proprietário assassinado pelo escravo Joaquim. Sobre esse caso, ver o capítulo II.

"roceiro do Caxambu", coincidentemente publicada no mesmo mês e ano do assassinato do escravo de Faustino José Correa, expõe já a crise em que se encontrava o trabalho escravo no Brasil no início dos anos 1870. Além disso, permite entrever um momento de agitação escrava que afetava diretamente a escravidão enquanto instituição social.

Diversos fatores contribuíram para que as relações sociais baseadas no trabalho escravo se deteriorassem nas décadas de 1870 e 1880. O crescimento das ações abolicionistas, algumas caracterizadas pela "ação direta" de seus partidários, os problemas políticos e sociais decorrentes do tráfico interprovincial, o aumento da criminalidade escrava em diversas localidades do Sudeste e uma opinião pública cada vez mais crítica ao trabalho escravo, com fundamental participação da imprensa, podem ser arrolados como alguns dos fatores que vão provocar a crise da escravidão. Todos eles já foram ampla e competentemente estudados pelos historiadores.[58] Igualmente, não se pode deixar de lado as rivalidades partidárias e a instrumentalização política que os partidos imperiais fizeram da criminalidade escrava e das insurreições.[59] Esse quadro complexo de situações demonstra a crise política e social do período.

Em tempos de crise e de questionamentos da ordem escravista, os proprietários ficavam atentos à situação política que poderia interferir na vida cotidiana e nas relações de trabalho no âmbito da localidade e das suas fazendas. Nas décadas finais da escravidão, o poder senhorial continuou a utilizar estratégias de contenção das movimentações alternativas dos escravos. Como se sabe, a mecânica do poder senhorial que

---

58 Além dos trabalhos citados de Robert Brent Toplin, Robert Conrad, Joseli M. N. Mendonça e Maria Helena Machado, vale a pena mencionar os estudos de PAPALI, Maria Aparecida C. R. *Escravos, libertos e órfãos: a construção da liberdade em Taubaté (1871-1895)*. São Paulo: Annablume; Fapesp, 2003 e AZEVEDO, Celia Maria Marinho de. *Onda negra, medo branco: o negro no imaginário das elites, século XIX*. São Paulo: Annablume, 2004. p. 153-187. Conforme escreveu Elciene Azevedo, os escravos procuraram como recurso alternativo para escapar dos rigores do cativeiro a pena de galés, sendo que essa pena era encarada pelos cativos "quase como uma conquista, um direito, ou mesmo uma opção de vida". AZEVEDO, Elciene. *Op. cit.*, p. 74. De modo que tem fundamento no contexto histórico da década de 1870 o argumento do fazendeiro Faustino José Correa.

59 Sobre esses assuntos, ver QUEIROZ, Jonas Marçal de, *op. cit.* Ver especialmente a segunda parte dessa dissertação. VITORINO, Artur José Renda; SOUSA, Eliana Cristina Batista de. "'O pássaro e a sombra': instrumentalização das revoltas escravas pelos partidos políticos na província de São Paulo nas últimas décadas da escravidão", *Estudos Históricos*, Rio de Janeiro, v. 21, n. 42, jul.-dez. de 2008, p. 303-322. SANTOS, Marco Aurélio dos. "Lutas políticas, abolicionismo e a desagregação da ordem escravista: Bananal, 1878 - 1888", *op. cit.*

procurava garantir a tríade proposta por Eloy de Andrade era pautada pela brutalidade e pela organização da espacialidade que visava ao controle, além de outros elementos mais sutis – e não menos cruéis –, como o paternalismo. Nas décadas de 70 e 80, à medida que a propaganda abolicionista arregimentava cada vez mais adeptos para a luta pelo fim da escravidão, os elementos que permitiam o funcionamento do poder senhorial – uso da violência, técnicas de controle da mobilidade, legislação repressiva etc – adquiriam, progressivamente, um conteúdo político e ultrapassavam os limites da propriedade senhorial e do município. A documentação coligida comprova que as ações de contenção e controle, vistas como normas a serem cumpridas para garantir a perfeita ordem, o trabalho intenso e a produção e riqueza senhoriais foram investimentos de uma politização sempre crescente à medida que a vaga abolicionista se intensificava e arregimentava a opinião pública. Cada vez mais, agentes exteriores ao domínio privado do senhor sobre os escravos interferiam nas relações senhoriais e abalavam a autoridade dos proprietários de escravos. As ações dos escravos e a brutalidade da instituição extrapolaram, então, os limites da fazenda e do município e se tornaram temas para as lutas políticas a favor da abolição.[60] Por isso que, nesse momento histórico, as movimentações dos escravos para fora das propriedades de seus senhores eram fonte de preocupação e de transtornos para os proprietários.

Os processos criminais mostram diversas situações que evidenciam conflitos surgidos a partir das movimentações feitas pelos escravos. O dr. Braz Barbosa da Silva, proprietário da fazenda Bom Retiro, possuía escravos que vendiam quitandas no centro da cidade de Bananal. Joaquim Benguela vendia quitandas de capim e Maurício era responsável pelas de café, entre outras. Muitos desses escravos construíram, nessas idas e vindas, redes de relacionamentos que se perpetuaram no tempo. Maurício realizava "negócios" para seu senhor no centro da cidade de Bananal. Segundo o relato do promotor público adjunto, Zoroastro Nogueira Alves de Macedo, no dia 15 de outubro de 1880, Maurício saiu da Cidade de Bananal "às 08 horas da noite mais ou menos" e "seguiu para a fazenda do Bom Retiro", propriedade de seu senhor, "e no caminho esperou a Joaquim Benguela, também escravo do mesmo senhor, e o assassinou barbaramente, produzindo graves ferimentos e morte instantânea".[61] Em

---

60 Ver, por exemplo, os casos de suicídios e os casos com escravos fugitivos que foram punidos com ferros mencionados no capítulo I.

61 O relato do promotor está datado de 23 de novembro de 1880. MMN, Caixa 43/ nº de ordem 899.

seu depoimento, esse escravo disse que retornou para a fazenda de seu senhor "pelo caminho particular do Barão de Joatinga",[62] o que indica um trânsito costumeiro de escravos por fazendas de diferentes senhores.

O caso envolvendo Mauricio evidencia que o caminho para a fazenda foi o palco de um assassinato e que no centro da cidade era comum a presença de quitandeiros. O episódio revela um traço muito comum da sociedade escravista: a permissão concedida aos escravos de transitarem para além dos limites da propriedade de seu senhor. Também demonstra que havia um espaço de atuação que permitia às pessoas escravizadas o relacionamento com outros sujeitos. Assim, Joaquim Benguela tinha por costume depositar o dinheiro na casa do negociante Jorge Felt, onde só "arrecadava" aos finais de semana. Já o escravo Mauricio tinha por hábito pedir dinheiro emprestado a várias pessoas e trabalhar para quem precisasse de seus serviços. O fato de muitos dos conhecidos de Mauricio afirmarem nos depoimentos que não emprestaram o dinheiro solicitado pelo escravo do dr. Braz no dia do assassinato de outro escravo da fazenda do Bom Retiro não diminui a importância da ação desse escravo. Seu hábito informa, ao contrário, que ele poderia errar nas contas das quitandas – provavelmente porque gastasse indevidamente o dinheiro – e completá-las pedindo dinheiro emprestado a várias pessoas ou mesmo, como se expressa o escravo em depoimento dado no dia 18 de outubro de 1880, "lenhando voluntariamente aos domingos, e vendendo na cidade sua lenha que lhe dá para pagar sua Senhora e sobra para si". Também o mesmo escravo afirmou, em depoimento de 9 de novembro do mesmo ano, que havia prestado serviço para "começar a fazer um pequeno chiqueiro", e "trazer um feixe de bambu" a Januário Ferreira Lopes. E ainda que era o encarregado do seu senhor de vender leitoas e que procurava "obter maior preço" para poder pagar seus empréstimos.

O mesmo depósito que o escravo Joaquim Benguela fazia na casa do comerciante Jorge Felt aparece em outro processo criminal. O escravo João Redondo, pertencente ao major Henrique José da Silva, costumava ir ao Rancho que pertencia a José Lopes da Silva para "depositar a lenha que trazia a fim de distribuir aos seus fregueses".[63] Os depósitos que os escravos faziam a pedido de seus senhores ou por iniciativa própria

---

62 Depoimento de 16 de outubro de 1880.

63 MMN, Caixa 44/ nº de ordem 945. Conforme depoimento prestado em 23 de outubro de 1881.

nas casas de negociantes permitiram aos cativos o estabelecimento de contatos regulares com o mundo exterior à fazenda. As implicações desses contatos são evidentes para a concretização das ações de resistência dos escravos.

As movimentações autorizadas feitas pelos escravos deram margem para que ocorressem outras, não autorizadas. As ações senhoriais de contenção, inscritas no espaço material das propriedades rurais e no espaço público através de uma série de regulamentações e o uso de uma gama de equipamentos que tinham como objetivo investir sobre o corpo dos cativos para controlar a mobilidade, fiscalizar suas atitudes e coibir ações alternativas, não puderam conter as movimentações furtivas realizadas pelos escravos. Como corolário desenvolveu-se uma cultura da informalidade. Muitos cativos realizavam, a mando de seus senhores, dos administradores e dos feitores, seus "serviços" e obrigações para além da propriedade senhorial e, ao mesmo tempo, procuravam conseguir para si benefícios que deveriam melhorar suas condições de cativeiro. Nesse sentido o depoimento de Mauricio é exemplar. Esse tipo de ação provocou, no contexto da escravidão, o desenvolvimento de práticas informais por parte dos escravos. Chamam-se de informais, aqui, as ações dos cativos que não estavam propriamente autorizadas ou não eram de conhecimento explícito dos senhores, administradores ou feitores. As fugas, as vendas não autorizadas e as mobilidades furtivas sempre existiram, malgrado as tentativas senhoriais de contenção e controle que se processaram na espacialidade e que atuaram no corpo dos escravos, como colocá-los no tronco para conter o movimento ou carregá-los de ferros para expô-los como transgressores. As atividades sociais dos escravos, fossem elas autorizadas ou não, dependeram, certamente, do conhecimento que construíram dos espaços para fora das propriedades de seus senhores. Dependeram também das redes de relacionamentos que desenvolveram. Um terceiro fator a auxiliar na sociabilidade dos escravos foi sua movimentação no espaço urbano da cidade de Bananal. O fator urbano foi essencial para que os cativos pudessem ampliar suas redes de relacionamentos.

As palavras do advogado José Ramos da Silva, proprietário do escravo Pedro, demonstram de modo inequívoco a dicotomia existente entre o espaço rural, marcado pela disciplina de trabalho da produção agrícola, e o espaço urbano, caracterizado por uma maior mobilidade e pela possibilidade de desenvolvimento de amplas redes. O escravo Pedro havia se enforcado na casa desse senhor, situada à rua do Comércio. O negociante português José Antônio de Oliveira disse, em depoimento prestado no dia 17 de dezembro de 1875, que havia contratado Pedro para fornecer-lhe água para sua casa e que durante muito tempo o dito escravo prestou o serviço. Contudo, o desaparecimento de alguns objetos de sua casa de negócio levou Oliveira a investigar e descobrir que o autor dos furtos era o escravo de Silva. Isso porque o próprio escravo havia confessado e, além disso, seu parceiro de nome Apolinário o havia denunciado. O senhor de Pedro explicou o suicídio pelo fato de o escravo ter sido descoberto como o autor dos furtos e também pelo temor que o escravo tinha de ser enviado à roça, "onde não podia viver com a mesma folga e quase forro como vivia na cidade". Dependendo do ponto de vista adotado, a explicação talvez possa parecer banal ou mentirosa. Mas, mais uma vez, ela pode ser interpretada como sendo verdadeira. Essa sociabilidade do meio urbano, em contraposição à disciplina e à vigilância do meio rural, é explícita nesse caso e também no processo criminal envolvendo os escravos do dr. Braz Barbosa da Silva. A luta pelos ganhos, por mínimos que fossem, ensejava a ocasião do furto e permitia que os escravos procurassem trabalho para aumentar seu pecúlio. Tal ação possibilitou, nas palavras da historiadora Maria Cristina C. Wissenbach, a existência de uma "microeconomia dos vinténs". Essa realidade econômica fez com que os escravos lutassem para preservar os seus poucos e vulneráveis bens, salvaguardando-os tanto da ação dos senhores quanto da investida dos parceiros e demais homens livres.[64]

Os processos envolvendo os escravos do dr. Braz Barbosa da Silva, do major Henrique José da Silva e de José Ramos da Silva informam que os contatos para além da propriedade senhorial e/ou com diversos homens livres, muitos deles comerciantes que tinham suas vendas dentro das propriedades rurais de grandes fazendeiros ou na vizinhança da fazenda, foram, para muitos escravos, uma regularidade na sociedade escravista em estudo. Além disso, é preciso levar em conta que o espaço urbano apareceu como uma referência importante nos depoimentos desses processos criminais. Os escravos construíram, nessas idas e vindas, um espaço social pautado em redes de relacionamentos que em muitos momentos produziram conflitos. A mobilidade das pessoas escravizadas incluiu um espaço para fora da propriedade de seus senhores e, consequentemente, distante da supervisão dos feitores e proprietários. Mauricio cos-

---

64 Sobre a "microeconomia dos vinténs" e a sociabilidade do mundo citadino, ver WISSENBACH, Maria Cristina C, *op. cit.* O trabalho de Wissenbach estabelece muito bem as diferenças entre o espaço rural e o espaço urbano, distinguindo as possibilidades de ação em cada um desses ambientes.

tumava vender quitandas no centro da cidade, transitava por ela, sabia caminhos para ir e vir e relacionava-se com outras pessoas. O mesmo se pode dizer para os outros escravos desses processos.

Tais relacionamentos dos escravos produziram-se pela sua mobilidade para além do espaço de plantação. Essas relações entre escravos que prestam serviços para homens livres indicam uma necessidade de trabalho que esses mesmos tinham. Em seus sítios, em suas pequenas terras, usar a mão de obra de escravos de outros senhores para fazer pequenos serviços e reparos constituía-se, por vezes, uma necessidade. Nesse sentido, os cativos aproveitavam-se para conseguir algum dinheiro ou qualquer coisa que lhes tivesse valor (fumo, açúcar, aguardente etc.). Como corolário, os escravos conseguiram um espaço de atuação maior, mais dinâmico e menos coercitivo, ampliando suas possibilidades de contatos com o mundo exterior.

Em um contexto histórico em que as relações sociais baseadas no trabalho escravo estavam sendo cada vez mais questionadas, o controle sobre a movimentação dos cativos foi um dos pressupostos para a garantia do funcionamento das fazendas cafeeiras. Porém, nos anos finais da escravidão, a questão da mobilidade dos escravos foi fator preocupante para as autoridades e para os senhores que ainda resistiam à situação nacional de desagregação. Como se viu, um dos componentes do cotidiano da escravidão foram as movimentações autorizadas ou não que os escravos faziam para além da propriedade de seus senhores. Da mobilidade não autorizada, o conhecimento dos espaços e dos tempos permitidos e proibidos foi fator determinante para o êxito das ações dos escravos. Por outro lado, foram as movimentações autorizadas que os escravos desenvolveram para além da propriedade senhorial que permitiu o contato com informações do mundo exterior. Em um contexto de conflitos políticos e de questionamentos à ordem escravista, esses contatos com as notícias do mundo exterior à propriedade senhorial poderiam permitir ações que questionassem os interesses dos proprietários rurais. Foram essas movimentações autorizadas que permitiram a Constantino saber que ele não era mais escravo por ter sido libertado pelo Fundo de Emancipação. No dia 3 de julho de 1883, Constantino estava

> na apanhação do café, com os escravos do dr. Braz Barboza da Silva, em cafezais do mesmo que se acha no mato, e como estivesse ele respondente atrasado na tarefa que tinha de dar, foi colher em um pedaço de café que se achava no campo junto ao mesmo ca-

fezal por assim facilitar mais a sua tarefa, e que por isso foi castigado pelo o feitor e administrador da fazenda de nome Joaquim Pernambuco, escravo do mesmo doutor Braz, e que então saiu escondido do serviço e veio para esta cidade procurar justiça, visto que estava ciente que era liberto, por lhe ter dito dias antes José Galdino da Rocha, quando com ele respondente encontrou-se na estrada carregando feijão para o carro pegar.[65]

A "apanhação do café" ou colheita (ver figura 3) era, para Eloy de Andrade, o "rebuliço nas senzalas". Segundo o memorialista, "os escravos – homens e mulheres – espalhavam-se pelo cafezal, depois de distribuídas as ruas pelo feitor, tocando duas fileiras de cafeeiros para cada um. Os casais colhiam o café em ruas juntas, mas a tarefa era tomada em separado e eram auxiliados, nas varreduras, pelos filhos menores". É lícito supor que a descrição feita pelo memorialista tenha variado de acordo com a fazenda. Mas o que se constitui como regularidade é a punição física como possível consequência para aqueles que não cumpriam sua tarefa.

Figura 2: "Colheita de café". Fotografia de Marc Ferrez. s/d. Fonte: ERMAKOFF, George. *op. cit.,* p. 114.

---

65 MMN, Caixa 48/ nº de ordem 989. Depoimento do dia 3 de julho de 1883.

No processo de Constantino, vê-se a sua situação pelos depoimentos das testemunhas informantes. Manoel Ignácio, um dos escravos do dr. Braz Barbosa da Silva, afirmou em depoimento prestado no dia 14 de julho de 1883 que Constantino estava entregue "ao feitor por seu senhor como escravo e como tal era tratado na fazenda por todos". O escravo Carlos disse, em depoimento prestado no mesmo dia, que Constantino "estava entregue como escravo e assim era tratado". Além disso, em seu depoimento, esse escravo informou com alguns detalhes a respeito da vigilância sobre o trabalho dos escravos no momento da colheita. O feitor, segundo o depoimento de Carlos, foi "correr o eito" após o almoço dos escravos e percebeu "um balaio vazio em uma rua de café". Não conseguindo identificar o responsável por essa falta, o feitor "foi mandar a gente para ver de quem era o balaio, faltou o crioulo Constantino na forma". A passagem do depoimento, relativamente truncada, permite entender os mecanismos de controle no momento da colheita do café. Em primeiro lugar, sublinhe-se a atitude do feitor de "correr o eito" para fiscalizar o trabalho dos escravos. Em seguida, ao observar uma irregularidade, o mesmo feitor mandou os escravos se formarem para a verificação do escravo ausente. Foi nesse instante que se confirmou a ausência de Constantino. Outros escravos também sustentaram a informação de que Constantino trabalhava como escravo e igualmente confirmaram os procedimentos gerais de fiscalização dos trabalhos no eito.

O processo em questão permite concluir que Constantino havia sido libertado pelo Fundo de Emancipação e que seu senhor, o dr. Braz Barbosa da Silva, havia sonegado tal informação ao seu ex-escravo.[66] Todavia, a mobilidade que o recém liberto desenvolveu em seus tempos de cativeiro garantiu contatos lícitos com sujeitos de fora da propriedade – no caso o homem livre José Galdino da Rocha, que lhe comunicara, "na estrada", sobre sua condição de liberto. De fato, infere-se da leitura do processo criminal que os dois se conheciam anteriormente a esse encontro "na estrada". Além disso, o depoimento de Constantino se enriquece quando se observa que a fazenda Bom Retiro localizava-se próximo ao centro da cidade de Bananal, a cerca de três quilómetros de distância em linha reta, conforme se pode observar na figura 3. Esse pode ser um fator a mais para deixar preocupado esse proprietário: seus escravos poderiam obter informações perigosas para o bom andamento dos trabalhos na fazenda.

---

66 Constantino foi libertado pela 3° Quota do Fundo de Emancipação em 20 de abril de 1883. O juiz era Antonio Luis Carlos de Toledo e José Galdino da Rocha era o escrivão. MMN, Caixa 185/ n° de ordem 3.765. 1° Ofício.

Figura 3 (detalhe): mapa que indica a localização da fazenda Bom Retiro. A seta amarela mostra a proximidade, em linha reta, da fazenda em relação ao centro da cidade (a parte urbana). Sem escala. Fonte: AESP.

Malgrado as exigências senhoriais de contenção e controle, os cativos de uma fazenda não estavam isolados do mundo exterior, mas, ao contrário, se comunicavam com ele. Por um lado, o caso de Constantino mostra os embates relacionados ao cumprimento das exigências senhoriais de fiscalização e, por outro, os movimentos de resistência decorrentes das notícias conseguidas pelos contatos com sujeitos do mundo exterior às fazendas. Como se vê do processo em questão, a dimensão espacial foi um componente essencial do exercício do poder senhorial e da estratégia de resistência de Constantino. A rua de café e a averiguação de um balaio vazio, os escravos em forma para a fiscalização e verificação do ausente, a ação de Constantino de "sair escondido do serviço", conforme seu depoimento, e se dirigir à "cidade para procurar justiça" e a constatação de que apesar de liberto, ele trabalhava como escravo, era coagido e sofria punições físicas indicam mais do que um reflexo de uma situação de desagregação do escravismo – a ação do dr. Braz Barbosa da Silva de não comunicar a liberdade ao seu escravo é indicativo da necessidade de mão de obra no sistema agrário vigente e também revela a oposição e o desrespeito desse proprietário à lei. Todos esses elementos mostram os conflitos entre uma "geografia dos senhores" e outra "geografia dos escravos". As questões relativas ao espaço e a seus usos estiveram presentes na fala dos sujeitos, seja para fiscalizar, seja para resistir. Desse modo, pode--se entender os embates e os conflitos em termos de uma "geografia da escravidão". Tem-se, por um lado, os "usos que os escravos faziam dos espaços de plantação" e, por outro, os "controles realizados por feitores, administradores e senhores sobre a mobilidade e o corpo dos cativos".[67]

Porém, outro elemento pode ajudar a entender a atitude de Constantino. A comunicação feita por José Galdino da Rocha ao recém liberto pode ser compreendida como um dos resultados das oposições entre liberais e conservadores em Bananal, o que faz aumentar o perigo das movimentações dos escravos para além da propriedade senhorial em um contexto histórico de crise. As rivalidades entre essas duas parcialidades foram uma das características mais marcantes da década final da escravidão (1878-1888).[68] Neste início de julho de 1883, José Galdino da Rocha era um correligionário liberal e Braz Barbosa da Silva um partidário conservador. Uma carta datada de 20 de fevereiro de 1881 e endereçada ao presidente da província, dr. Laurindo Abelardo de Brito, prova o vínculo de José Galdino da Rocha com o chefe do Partido Liberal de Bananal, o comendador Antônio José Nogueira. Na missiva, Nogueira solicitava a nomeação de Rocha para o cargo de escrivão de órfãos. Além de ter "larga prática do ofício" e gozar da "confiança dos juízes e do foro em geral" devido a sua "probidade e solicitude", Rocha era apontado pelo comendador como "um correligionário digno de ser auxiliado".[69] Esse tipo de atuação clientelística dos poderosos locais já foi amplamente estudado por diversos pesquisadores. O presidente da província era um dos participantes centrais do jogo político do Império do Brasil. Afora ser o representante direto do imperador nas províncias, ele tinha uma função importante na formação das redes de clientelismo necessárias para garantir o poder político do partido que exercia o governo. Por outro lado, os chefes políticos das localidades atuavam para formar

---

67   SANTOS, Marco Aurélio dos. "Geografia, História, Escravidão", *op. cit.*

68   Para os conflitos políticos entre os liberais e os conservadores na década final da escravidão, ver SANTOS, Marco Aurélio dos. "Lutas políticas, abolicionismo e a desagregação da ordem escravista: Bananal, 1878 - 1888", *op. cit.*

69   AESP. Ofícios diversos de Bananal 1876-1890. Caixa 25. Ordem 571. Pasta 3. Doc. 57. Braz Barbosa da Silva aparece como partidário conservador no *Correio Paulistano*, n. 6613, 04 dez. 1878, p. 2.

amplas redes de clientelismo, estendendo sua influência às instituições públicas através da nomeação de correligionários. Como salientou Graham, os escrivães e tabeliães cumpriam importantes obrigações nas ações legais. Eles tinham meios para bloquear as investigações criminais e muitos deles redigiam as decisões dos juízes nos processos criminais.[70] Daí se entende a importância de se ter correligionários exercendo esse tipo de cargo. Era um dos mecanismos que garantiriam a impunidade e a fraude processual, além de ser uma ferramenta para proteger aliados e prejudicar ou punir inimigos políticos. Segundo o *Almanak* de 1885, José Galdino da Rocha trabalhava como escrivão de órfãos, o que indica que a ação clientelística do comendador Nogueira deu, para o caso desse sujeito, um resultado positivo.

Além desse fato, é evidente que a mobilidade de Constantino permitiu que ele tivesse a possibilidade de conhecer a sua condição de liberto, fazendo-o, desse modo, questionar o tratamento dado pelo feitor. Sua nova condição civil foi, como se pode entrever do processo, sonegada pelo seu senhor, o conservador dr. Braz Barbosa da Silva. Mas também permite supor que a ação de um funcionário público liberal contra o escravo de um partidário conservador foi um dos ingredientes das lutas políticas na localidade. As ações de Constantino e de José Galdino da Rocha podem ser vistas como mais um componente da desorganização do trabalho escravo e das acirradas lutas políticas que ocorriam na localidade e no nível nacional.

Também a mobilidade de Constantino fez com que ele levasse às senzalas, para outros cativos, notícias do mundo exterior. Esse fato demonstra os riscos inerentes às movimentações autorizadas dos escravos para além da propriedade de seus senhores. Esse tipo de atitude se sobressai principalmente em um momento de crise, como esse do início da década de 1880. Cerca de oito meses depois do incidente envolvendo o liberto Constantino, outra escrava do dr. Braz fugiu após receber punição de sua senhora. Ao se dirigir ao centro da cidade, Paulina procurou o mesmo José Galdino da Rocha. A escrava do dr. Braz dirigiu-se "a uma mulher que morava defronte do bilhar a qual indicou o dito Galdino que se achava na porta do bilhar e falando e guiando-se ela respondente ao dito José Galdino este respondeu que o juiz de direito que morava aí defronte era quem podia valer a ela respondente (...)".[71]

---

70 GRAHAM, Richard. *Clientelismo e política no Brasil do século XIX, op. cit.,* p. 283.

71 MMN, Caixa 48/ n° de ordem 1000.

O processo envolvendo a escrava Paulina permite entender outros aspectos dos usos que os escravos faziam dos espaços de plantação. Paulina fugiu devido ao espancamento que recebeu no dia 20 de fevereiro de 1884, quinta-feira, por ordens de sua senhora, d. Lusia, mulher do dr. Braz. A escrava foi acusada por outra escrava de nome Adelaide de ser a responsável por um pagode na senzala. Sabendo disso, a senhora de Paulina ordenou a punição que aconteceu nos seguintes termos:

> a senhora desta agarrou logo a respondente pelas goelas e bateu com ela respondente numa prateleira; feito o que gritou ao escravo Bernardino, feitor da fazenda, que trouxesse uma escada, um chicote, uma palmatória e um [ilegível] bacalhau, que ela dita d. Lusia queria matar de açoite a ela respondente; que tendo Bernardino trazido tudo quanto a senhora dela respondente mandara trazer, mandou aquela ao dito Bernardino amarrar na escada a ela respondente e a castigar com o bacalhau; depois disto mandou mais a senhora dela respondente que Bernardino desse muitas bordas [sic] com a palmatória e mais umas relhadas por cima da saia nela respondente o que tudo foi cumprido pelo mesmo feitor. Disse mais a respondente que depois de ter sido castigada, sua senhora a mandou para a roça com as outras escravas, dando ordem a Bernardino que trouxesse logo de tarde a ela respondente para ser mais castigada; que tendo ela respondente ouvido a sua senhora dar essa ordem ao feitor logo de tarde [ilegível], na ocasião em que as pretas foram lenhar, ela respondente escondeu-se dentro do capim e quando todas passaram ela respondente dirigiu-se a esta cidade (...).

O depoimento de Paulina revela muitas situações recorrentes na sociedade escravista em um contexto de crise da escravidão. Um dos elementos da dominação senhorial envolveu a organização espacial das áreas rurais para efetivar o controle sobre a mão de obra. Os escravos vivenciaram concretamente, de modo indelével, essa espacialização do exercício do poder. Tal vivência exerceu na vida dos escravos um peso enorme e constituiu-se, por si mesmo, um limitador para a autonomia escrava. Um trecho do depoimento de Paulina permite entrever o modo como os escravos procuravam modificar, através de suas ações furtivas e pela sua práxis cotidiana, adquirida por meio do aprendizado, o mundo que estava estabelecido em torno deles. Um dos fatores a provocar a fúria de dona Lusia foi o suposto pagode na senzala. Paulina foi acusada pela escrava Adelaide de ser a responsável pelo "barulho de manhã à noite, pois tinha estado de pagode lá em baixo". O que poderia significar o "barulho de manhã à noite"? E o que significaria o "pagode lá em baixo"? O processo em questão não permite grandes esclarecimentos a respeito. Tal fato é mencionado apenas pela escrava Paulina. Quando foram interrogados, Adelaide e Bernardino nada informaram a esse respeito.[72] Mas o fato de o pagode e o "barulho" terem sido mencionados revela que eles eram de fato uma realidade e que punições poderiam acontecer para os escravos que não respeitassem algumas regras estabelecidas tanto pelos senhores, no âmbito das fazendas, quanto pelas autoridades municipais, no espaço público. O fato de a escrava Adelaide, segundo o depoimento de Paulina, ter mencionado o "barulho" revela também que ela sabia como prejudicar a outra e qual o argumento que deveria utilizar para realizar tal intento.

Segundo diversos estudiosos, o pagode foi um meio de diversão dos escravos e tal ocorrência constituiu-se como um bom exemplo para se pensar a questão do espaço em uma sociedade escravista. Além de diversão, podia ser considerado como um perigo para as autoridades e para os senhores e um momento de reunião de grande número de escravos que geralmente se agrupavam "debaixo da direção dos mais velhos e, portanto, mais astutos e respeitados escravos".[73] Segundo informa Stein, os "dias de pagode" eram os dias santos em que os escravos "pediam licença ao fazendeiro para fazer o caxambu". Tais dias revelariam mesmo a articulação dos escravos e os usos que eles faziam da espacialidade. Caxambu, ou batuque,[74] era a

---

72 Braz Barbosa da Silva, senhor desses escravos, foi o proprietário da fazenda do Bom Retiro, localizada próximo ao centro da cidade de Bananal. Em todos os processos envolvendo escravos do dr. Braz, é possível observar que eles estavam bem orientados quando prestavam os depoimentos. O *Almanak* de 1885 apresenta Braz Barbosa da Silva como advogado. Isso talvez explique o modo conciso e cheio de negativas das testemunhas informantes (escravos) que prestavam depoimentos favoráveis ao seu senhor. Ver Almanak Administrativo, Mercantil e Industrial do Império do Brazil para 1885. Rio de Janeiro: Laemmert & C., 1885, p. 1378. Sobre a fazenda do Bom Retiro, ver PORTO, L. de A. Nogueira. "Fazendas de Bananal". *op. cit.*, p. 172.

73 STEIN, Stanley J. *op. cit.* p. 245.

74 Conforme explicam Hebe Mattos e Martha Abreu, o "batuque foi o termo genérico que a maioria dos viajantes utilizou para qualquer reunião de 'pretos'". Para Lilia Moritz Schwarcz, "os batuques e lundus eram o 'espaço do outro'" porque eram os "lugares para a manifestação de uma liberdade virtual" que se afastava do cotidiano da escravidão. Camilla Agostini informa que "os arredores ou o interior das senzalas" eram

diversão dos escravos realizada muitas vezes com a autorização e com o temor dos senhores e das autoridades. Nos momentos que precediam aos "dias de pagode", os escravos faziam circular a notícia

> entre os escravos das fazendas vizinhas, pelas conversas nas vendas à beira da estrada, quando um escravo visitava outra fazenda a serviço do senhor, ou então a notícia se espalhava sob forma de versos enigmáticos cantados pelas turmas de trabalhadores de fazendas vizinhas, quando mourejavam no cafezal.[75]

Os escravos, em suas movimentações e em seu trabalho, faziam a notícia circular e até cantavam versos enigmáticos para dar publicidade para o evento. Estariam eles chamando, com essas ações, pessoas não autorizadas pelos senhores? O que se pode inferir é que os escravos davam um conteúdo social próprio ao momento que precedia a realização dessas festas. Porém, nem sempre as autoridades municipais concordaram com tais festejos. Já se viu que o Código de Posturas de 1865 regulava, em seu Título IX, "Da moralidade e tranquilidade pública", os divertimentos dos escravos.[76] O Código de 1886, no capítulo XVI, "Polícia e Segurança", no artigo 153, proibia igualmente "os divertimentos de cantorias e danças estrondosas, vulgarmente conhecidas por cateretê". Os valores das multas eram idênticos aos do Código de 1865. Nas duas posturas mencionadas, o entrudo, o cateretê, os batuques, as cantorias e as danças estrondosas poderiam perturbar a segurança e a tranquilidade pública. O controle e a fiscalização aconteceriam nos espaços público e privado. Dentro das fazendas haveria proibições para os barulhos e talvez esse possa ter sido o motivo para a punição da escrava Paulina.

"os locais de encontro para o Caxambú, onde os cativos se reuniam em torno de tambores para danças e batuques". MATTOS, Hebe; ABREU, Marta. "Jongos, registros de uma história". In: LARA, Silvia Hunold; PACHECO, Gustavo (orgs.). *Memória do Jongo: as gravações históricas de Stanley J. Stein*. Rio de Janeiro: Folha Seca; Campinas: Cecult, 2007, p. 73. SCHWARCZ, Lilia Moritz. *As barbas do imperador: d. Pedro II, um monarca nos trópicos*. São Paulo: Companhia das Letras, 1998. p. 277. AGOSTINI, Camilla. *Africanos no cativeiro e a construção de identidades no além-mar: Vale do Paraíba, século XIX*. Dissertação (Mestrado em História) – IFCH-Unicamp, Campinas, 2002, p. 85. Ver também a nota 173, à página 91, quando essa autora distingue o jongo do caxambú. Sobre a subversão que as festas populares representavam para o espaço público, ver WISSENBACH, Maria Cristina C. *op. cit.* p. 201-207.

75 STEIN, Stanley J. *op. cit.*, p. 245-246.

76 Ver capítulo I.

Pelo texto do Código de Posturas, vê-se que as proibições se davam em termos de controle da atividade escrava no espaço. Ajuntamentos, batuques, danças e algazarras poderiam permitir movimentações alternativas dentro e fora das propriedades e gerar tumultos.[77] Os escravos tinham seu espaço social controlado. Para se realizar o batuque e as danças, seriam necessários uma apropriação e um uso diferenciado (e por vezes não autorizado) da espacialidade. O espaço social constituiu um elemento importante para definir como deveria acontecer o acesso ao espaço material de homens e mulheres de diferentes camadas sociais e, consequentemente, fixar o comportamento adequado dentro de espaços materiais específicos.[78] Desse modo, é possível entender que em sociedades escravistas, a necessidade de regulamentação e fiscalização sobre os usos da espacialidade pressupunha (a) a configuração da espacialidade como uma estratégia de poder para efetivar a dominação, o controle e a exploração dos senhores sobre o conjunto dos seus escravos e dos homens livres; (b) a tentativa de se evitarem os conflitos (brigas, revoltas, tumultos, ajuntamentos indevidos e não autorizados, comunicações suspeitas etc.) e (c) a consciência de que os escravos poderiam realizar ações furtivas na espacialidade. Os batuques poderiam representar uma ameaça na medida em que possibilitariam aos escravos a utilização dos espaços de modo alternativo.

Contudo, parece que os divertimentos proibidos nas Posturas Municipais aconteceram em alguns momentos. A legislação municipal não conseguiu debelar por completo o jongo, o cateretê e outras práticas e pode mesmo ter existido certa tolerância das autoridades e dos senhores com os divertimentos mencionados nas Posturas Municipais. A documentação permite entrever a referência a esses divertimentos, muitas vezes reunindo homens livres, libertos e escravos. Não foi possível, no entanto, deter-

---

77 Sobre o entrudo, o batuque, o jongo e as festas populares, ver LARA, Silvia Hunold; PACHECO, Gustavo (orgs.), *op. cit.*; STEIN, Stanley J., *op. cit.*, capítulo VIII, "Religião e festas nas fazendas"; SCHWARCZ, Lilia Moritz. *op. cit.* capítulo X, "O Império das festas e as festas do Império"; AGOSTINI, Camilla. *Africanos no cativeiro e a construção de identidade no além-mar: Vale do Paraíba, séc XIX, op. cit.* p. 85-132. O estudo das festas e da religião e sua associação com as rebeliões escravas foi objeto de investigação da historiografia. Ver, por exemplo, REIS, João José. "Nas Malhas do poder escravista: a invasão do candomblé do Accú". In: REIS, João José; SILVA, Eduardo. *Negociação e conflito: a resistência negra no Brasil escravista, op. cit.*, p. 32-61. Ver também REIS, João José. *Rebelião escrava no Brasil: a história do levante dos malês (1835), op. cit.* e PIROLA, Ricardo Figueiredo. *Senzala insurgente: malungos, parentes e rebeldes nas fazendas de Campinas (1832).* Campinas: Ed. da Unicamp, 2011.

78 DELLE, James A., *op. cit.*, p. 38-39.

minar a frequência desses festejos e nem saber se houve punição, a partir do que estava disposto nas posturas, às práticas que eram apontadas nos diplomas municipais. De qualquer modo, é possível concluir que o divertimento dos escravos significou o momento em que os cativos puderam entrar em contato com homens e mulheres escravizados de outros proprietários e também com diversas outras pessoas. O que se pode afirmar é que essas festas existiram e foram praticadas pelos escravos e por homens livres. Não é difícil encontrar na documentação pesquisada a referência a esses divertimentos. É o que nos mostra o caso envolvendo o escravo Félix, pertencente ao Visconde de São Launrindo. No dia 6 de dezembro de 1885, um domingo, as testemunhas Antonio Rabelo da Silva, Benedita Vitalmo Maria de Jesus, Alfredo Julio Montes e Francisco Antonio de Oliveira, entre outras, disseram que retornavam de um cateretê quando se depararam com "dois pretos" em frente à casa de negócios de Francisco da Rosa Furtado, localizada à rua da Boa Vista. Os "dois pretos" eram os escravos Adão e Félix que, segundo Silva, eram suspeitos de serem fugitivos porque se encontravam em frente a uma casa de negócio em um horário inadequado – cerca de três horas da madrugada. Em depoimento prestado no dia 30 de janeiro de 1886, Adão disse que alguns escravos estavam se dirigindo da fazenda denominada Chácara para a fazenda das Antinhas quando ele e seu parceiro Félix "aproveitaram a ocasião e passaram na casa de negócio de Francisco Furtado, à rua da Boa Vista, para comprarem alguns objetos". Os escravos do Visconde faziam uma movimentação autorizada e rotineira quando dois desses escravos resolveram "escapar" em direção à casa de Furtado para comprar "alguns objetos". Por se encontrarem às três horas e meia da madrugada em frente a uma casa de negócio, os praças que voltavam de um pagode suspeitaram dos dois escravos e tentaram prendê-los. Adão foi logo subjugado e Félix resistiu à prisão e correu, ferindo com uma faca o policial Francisco Antonio de Oliveira. O policial Alfredo Julio Montes, que acompanhava Oliveira, disse que suspeitou dos dois escravos e que pensou que eles eram fugitivos. Afirmou ainda que tinha "ordem das autoridades para prender escravos que andassem fora de hora pelas ruas".[79] "Andar fora de hora pelas ruas" pode ser entendido como um componente intrínseco do "sistema agrário" vigente na agricultura do café, cujo elemento fundamental foi a disciplina. Mas também esse movimento pode ser visto como resultado

---

79 MMN, Caixa 50/ n° de ordem 1045.

do momento histórico de crise da instituição escravista. Era necessário utilizar de todos os meios para evitar as ações de resistência dos escravos e os questionamentos à ordem escravista. O controle do movimento era um desses meios.

As fugas que os escravos faziam para se entregar às autoridades foram outra das formas de resistência típicas deste momento histórico de questionamentos da ordem escravista e de lutas acirradas lideradas pelos abolicionistas. Num universo de 146 processos criminais pesquisados, nove referem-se a esse tipo de ação, sendo um da década de 1860, três da de 1870 e cinco que aconteceram no período final da escravidão.[80] O número relativo de processos é pequeno, mas a tendência de aumento crescente fica estabelecida, permitindo concluir que o contexto mais amplo de crise da escravidão, associado a uma circulação maior das notícias oriundas do mundo exterior às fazendas fizeram os escravos, em número sempre crescente, procurarem as autoridades para se queixar de maus tratos. Dos nove processos relativos a esse tipo de evento, todos envolvem punições sofridas pelos escravos que procuraram na fuga e na Justiça uma alternativa para escapar dos rigores do cativeiro. Para Maria Helena P. T. Machado, esse tipo de ação relacionava-se ao fato de que a Justiça apresentava-se com uma imagem mais benigna do que o poder pessoal dos senhores.[81] De qualquer modo, nas décadas de 1870 e 1880, o contexto político de discussões sobre a questão do elemento servil facultou a muitos escravos uma ação que contestava a violência, a excessiva exploração e o controle desmedido. Por isso que a ação de Paulina aponta para regularidades que permitem tornar inteligível o modo como os escravos reagiam a esse contexto político turbulento.

Os processos criminais envolvendo escravos nessa situação mostram como eles agiam dentro das circunstâncias impostas de controle e coação e expõem a barbárie da escravidão e as assimetrias de poder existentes no funcionamento da exploração escravista. É o que se pode entrever, por exemplo, do curto processo criminal envolvendo a escrava Claudina. No dia 30 de outubro de 1868, essa escrava, que pertencia

---

80 Esse número refere-se a processos de escravos que não cometeram crimes, mas que foram punidos por seus senhores ou por feitores e fugiram, entregando-se às autoridades. Existem outros processos criminais de escravos que cometeram crimes e se entregaram à Justiça, como o caso do escravo Manoel, anteriormente citado. Também se deve lembrar o caso de Constantino que, apesar de saber que era liberto, trabalhava sob coação e teve de sair escondido para "procurar justiça".

81 MACHADO, Maria Helena Pereira Toledo. *Crime e escravidão: trabalho, luta e resistência nas lavouras paulistas: 1830-1888, op. cit.*, p. 77.

aos órfãos do finado José Lourenço da Silva, achava-se presa na cadeia da Cidade com "algumas contusões e ferimentos".[82] Sem dúvida, Claudina fugiu da propriedade em que trabalhava e dirigiu-se às autoridades como forma de procurar uma saída para sua situação. Segundo a perícia, a escrava apresentava, "em diversos lugares do corpo contusões e escoriações de tamanhos e formas variadas (...)". O processo em questão não apresenta nenhum depoimento. No entanto, a sentença do delegado, o major Antônio de Pádua Machado, reflete bem o contexto político da década de 1860, bem como a insensibilidade e a brutalidade do regime de trabalho escravo. Essa autoridade julgou improcedente o auto do corpo de delito "por entender serem as ofensas daquelas que a Lei permite ao Senhor a respeito de escravos como no presente caso". Por fim, o tutor dos órfãos deveria pagar as custas do processo.[83]

Em outro processo típico dessa natureza, o padeiro Antônio Ferreira Guimarães puniu seu escravo Joaquim, um homem casado e com quarenta e seis anos de idade. Em seu depoimento, o escravo disse que estava trabalhando numa noite de sábado para domingo quando "saiu para verter águas". Quando voltou, "seu senhor lhe disse que o tinha chamado, ao que ele respondeu não ter ouvido, então seu senhor, zangado por isso, lançou mão da guia de amassar [pão] e com ela deu uma cacetada no braço esquerdo e outra na cabeça, apesar de ter o empregado da padaria de nome Elpídio o apadrinhado". No dia seguinte, Guimarães ordenou que Joaquim fosse como se encontrava, machucado, vender pão e, por esse motivo, o escravo apresentou-se à cadeia por não poder "fazer serviços na padaria como exige seu senhor".[84] O motivo frívolo que provocou a violência contra o escravo permite entender porque o historiador Walter Johnson pensou na categoria de "humanidade escravizada". Mesmo as

---

82 Conforme convocação dos peritos para procedimento do auto do corpo de delito assinada pelo delegado de polícia primeiro suplente em exercício, o major Antônio de Paula Machado.

83 Sentença proferida em 31 de outubro. MMN, Caixa 28/ nº de ordem 632. O Código Criminal do Império do Brasil, em seu artigo 14, parágrafo 6º, previa a aplicação do castigo moderado pelos pais em seus filhos, pelos senhores em seus escravos e pelos mestres em seus discípulos. PIERANGELI, José Henrique. *Códigos Penais do Brasil: evolução histórica*. São Paulo: Ed. Revista dos Tribunais, 2004. p. 238-239. Para Andrei Koerner, "do ponto de vista da organização social, o escravismo implicava uma distribuição espacial do poder estatal, em que uma parte deveria ser exercida diretamente pelos senhores e reconhecida como legítima pelo poder imperial. Aos senhores cabia o exercício do poder nos limites do seu domínio territorial, controlando seus escravos e outros subordinados". KOERNER, Andrei. "O impossível 'panóptico tropical-escravista': práticas prisionais, política e sociedade no Brasil do século XIX", *op. cit.*, p. 211-224.

84 Conforme depoimento prestado no dia 26 de agosto de 1873. MMN, Caixa 34/ nº de ordem 741.

necessidades humanas mais básicas eram passíveis de serem controladas e podiam ser motivos para a punição.[85] E no caso de Joaquim, não se deve levar em conta apenas sua necessidade de "verter águas", mas também, a dar-se crédito às suas palavras, ao fato de ele não ter ouvido o chamado de seu senhor.

Outros processos criminais dessa natureza revelam elementos brutais da escravidão. Mais uma vez o capitão Faustino José Correa, citado anteriormente, teve um de seus escravos envolvidos com a Justiça. A escrava Paulina fugiu da propriedade de seu senhor com seus dois filhos, Sebastiana e José, e se dirigiu para o centro da cidade para procurar as autoridades. A escrava afirmou em depoimento prestado no dia 17 de janeiro de 1881 que havia sido castigada "rigorosamente" por Correa e que seu senhor lhe maltratava e lhe tomava os domingos e dias santos. Vendo-se desesperada, a escrava não encontrou alternativa senão fugir para queixar-se à polícia. E Antonia, pertencente ao dr. Antônio Pinto Coelho de Barros, também procurou a Justiça reclamando do feitor da fazenda. No auto do corpo de delito, os peritos verificaram que a escrava estava vestindo "camisa e saia de algodão extremamente emporcalhadas". Além de diversos ferimentos e tumores, o exame encontrou "sinais de sevícias antigas nas nádegas". Essa foi umas das reclamações da escrava contra o feitor. Em depoimento, Antonia disse que fugiu da propriedade de seu senhor "porque a judiação era demais". Mencionando ter sido punida com o relho, o bacalhau e o tronco, a escrava disse que o feitor João Soares a castigava "quase diariamente, sem o menor motivo". Além disso, ela reclamava de ter sido seviciada em uma noite pelo mesmo feitor e que não conseguiu evitar "o ataque devido à grande debilidade em que se achava". Malgrado esse fato, no dia seguinte ela foi enviada ao sertão com seus parceiros para plantar milho. Nessa ocasião, a escrava disse que se encontrava com as nádegas feridas e que conseguiu se recuperar com a aplicação de "toucinho cozido". Alguns dias depois, quando se achavam novamente no sertão, o feitor mandou os escravos debulharem o milho, "impondo a cada um a obrigação de dar um alqueire de milho". Como "ela respondente ainda se conservava fraca em virtude dos castigos recebidos e tinha o braço esquerdo [ilegível], não pode por isso debulhar o alqueire de milho pelo que o feitor ameaçou-a de castigá-la no dia seguinte". Foi então que Antonia fugiu e se conservou no mato "por alguns dias".[86] Após esses dias, apresentou-se à Justiça.

---

85   JOHNSON, Walter. "On Agency"., *op. cit.*

86   Depoimento realizado no dia 26 de outubro de 1886. MMN, Caixa 51/ nº de ordem 1065.

Os processos criminais envolvendo punições e fugas, com a consequência de os escravos aparecerem no centro da cidade para se entregarem à Justiça, são curtos e desfavoráveis aos cativos. Esses casos representam uma síntese das condições de trabalho e de vida dos escravos, sujeitos a longas jornadas de trabalho, vivendo sujos e maltrapilhos, recebendo punições físicas de toda ordem e sendo vítimas de homens igualmente rudes. Eis a dura realidade da escravidão em um mundo em que os escravos foram entendidos, do ponto de vista jurídico, com a condição de propriedade e de personalidade. Consoante Perdigão Malheiro,

> em relação à lei penal, o escravo, *sujeito* do delito ou agente dele, não é *coisa*, é *pessoa*, na acepção lata do termo, é um ente humano, um homem enfim, igual pela natureza aos outros homens livres seus semelhantes. Responde, portanto, pessoal e diretamente pelos delitos que cometa; o que sempre foi sem questão. *Objeto* do delito, porém, ou paciente, cumpre distinguir. O mal de que ele pessoalmente possa ser vítima não constitui o crime de *dano*, e sim *ofensa física*, para ser punido como tal, embora o ofensor fique sujeito a indenizar o senhor; nesta última parte, a questão é de *propriedade*, mas na outra é de *personalidade*.[87]

Sendo um sujeito criado, como afirmou Malheiro, pela "ficção da lei" e tendo atributos ora de personalidade ora de propriedade vinculados à sua pessoa, o escravo, socialmente, movimentou-se e atuou dentro de uma mecânica de poder que esteve inscrita na paisagem, na arquitetura e nas práticas dos sujeitos responsáveis pela dominação e pelo controle, fossem eles os próprios senhores, os administradores, os feitores ou as autoridades públicas. Todos esses elementos aparecem nos depoimentos dos escravos. O mato como local de abrigo para os fugitivos; as plantações de milho, café, entre outras; as tarefas agrícolas que deveriam ser cumpridas; a brutalidade das punições; as condições precárias de vida; a vigilância; a submissão a prepostos grosseiros e violentos etc.

Em um regime de trabalho que se pautou pelo desejo de controlar a locomoção e o tempo dos cativos, que se apoiou na vontade de determinar os espaços permiti-

---

87 MALHEIRO, Perdigão, *op. cit.*, v. 1, p. 49. Para um estudo mais detalhado acerca de Perdigão Malheiro, ver PENA, Eduardo Spiller. *Pajens da casa imperial: jurisconsultos, escravidão e a lei de 1871*. Campinas: Ed. da Unicamp, 2001.

dos e proibidos, na tentativa de distribuir os indivíduos no espaço de plantação, na constante fiscalização e nos métodos que objetivavam o controle da movimentação dos escravos, a mobilidade e o conhecimento da espacialidade constituíram-se como ferramentas importantes para que os escravos realizassem suas experiências e seus desejos pessoais. As ações dos cativos realizaram-se, em muitos momentos, longe da supervisão dos senhores e feitores. Nesse sentido, a agência escrava pode ser compreendida em termos de uma geografia construída pelos escravos porque diz respeito às práticas de espaço que efetivavam apropriações dos objetos, das técnicas, das construções, da natureza, do tempo, enfim, do mundo que cercava a vida dos sujeitos escravizados em uma realidade marcada pelo controle e pela coação. Os escravos agiram sob circunstâncias diretamente presentes em suas vidas e que foram, na grande maioria das vezes, desfavoráveis a eles.

Na documentação pesquisada, foi possível perceber que as relações sociais cotidianas dos escravos com homens livres em geral e com outros escravos aconteceram, em muitos momentos, a partir do conhecimento adquirido pelos cativos dos espaços e dos tempos permitidos e proibidos. Os cativos procuraram se apropriar do tempo e do espaço que lhes eram tomados pela mecânica do poder senhorial. Muitos processos criminais informam que a resistência escrava foi uma consequência das avaliações feitas das possibilidades de usos alternativos do tempo e do espaço. Essas estratégias permitiram que muitos cativos pudessem acionar, em momentos não permitidos (tais como as fugas, os furtos de café etc.), as redes de relacionamentos que foram construídas ao longo da vivência cotidiana. Essa, como se vê, é uma discussão que nos direciona para o conceito de autonomia. Maria Helena P. T. Machado definiu a autonomia escrava como a existência de "possibilidades de [os escravos] usufruir[em] de períodos de tempo livre para a concretização de uma organização social e econômica independente do sistema de *plantation*". Nesse sentido, sem dúvida que a possibilidade de ações autônomas dos escravos foi, de fato, uma realidade. Contudo, é necessário balizar melhor o conceito. Nem toda ação escrava deve ser considerada uma ação autônoma e, por conseguinte, nem toda ação autônoma deve remeter para a formação de uma comunidade escrava.[88] Os casos citados nesse

---

88 Para uma discussão a respeito da autonomia escrava, ver MACHADO, Maria Helena P. T. "Em torno da autonomia escrava: uma nova direção para a história social da escravidão", *op. cit*. A última citação encontra-se à página 153. Para um instigante contraponto, ver também o trabalho já citado de Anthony

capítulo mostraram que os escravos utilizavam-se do conhecimento que tinham do espaço para efetivar suas ações. Veja-se, por exemplo, o caso dos furtos de café. Sem que houvesse um conhecimento das possibilidades de uso da espacialidade, qualquer furto estaria condenado ao fracasso. Nota-se também que os escravos realizavam seus furtos às escondidas, à noite, "depois de fechadas as portas da senzala", conforme se expressou Stanley Stein. Tal fato já seria suficiente para relativizar a autonomia escrava, afinal não se pode considerar como autônoma uma ação que acontece à noite e a desoras. Sem dúvida os escravos foram agentes cognoscitivos. Contudo, suas ações estavam vinculadas a uma série de fatores determinantes, como sua função no processo produtivo, suas redes de relacionamentos desenvolvidas para além da propriedade senhorial, suas possibilidades de êxito nos usos da espacialidade. Só a referência à autonomia não pode explicar a ação dos escravos.

Os escravos teceram relações distintas com a espacialidade. As diversas construções existentes em uma propriedade rural cafeeira, as tulhas, o terreiro, a casa de vivenda, as senzalas, os caminhos entre o local de trabalho e o espaço externo à propriedade rural, os rios, os morros com os pés de café plantados, foram todos locais de relacionamentos sociais e, possivelmente, de representação simbólica. Em uma sociedade marcada pela brutal desigualdade social, o controle do espaço foi uma necessidade premente para buscar refúgios e elaborar separações.[89] Homens e mulheres escravizados relacionaram-se de modo diferente com a espacialidade. Construíram, portanto, conhecimentos e usos diversos dos espaços.[90]

E. Kaye. Sheila de Castro Faria realizou um balanço bibliográfico a respeito da questão da "comunidade escrava" e de outras categorias correlatas e observou que os autores que trabalhraam com esse conceito não realizaram uma definição do termo, usando-o "como se houvesse um consenso sobre seu significado". Ver a esse respeito FARIA, Sheila de Castro. "Identidade e comunidade escrava: um ensaio", *op. cit.*

89 DELLE, James A., *op. cit.*, p. 23-43.

90 Em seu livro sobre as plantations do Sul dos Estados Unidos, Stephanie Camp afirmou que "the geography of containment did not hold women and men in the same ways, nor to the same degree, and it did not impose the same toll on all. Neither did it entirely enclose bondpeople of either sex". Ver CAMP, Stephanie M. H. *Closer to Freedom: Enslaved Women & Everyday Resistance in the Plantation South, op. cit.*, p. 34.

CONSIDERAÇÕES FINAIS

> Um homem se confunde, gradualmente, com a forma de seu destino; um homem é, afinal, suas circunstâncias (Jorge Luis Borges, no conto "A Escrita do Deus").

Este trabalho procurou analisar a questão do espaço, da arquitetura rural das fazendas cafeeiras, da estrutura fundiária e dos usos dos espaços de plantação para entender o controle senhorial e a resistência escrava. A leitura dos processos criminais demonstrou que a organização da espacialidade das propriedades rurais em um município cuja economia era baseada, fundamentalmente, na produção do café, foi um dos elementos centrais nas estratégias senhoriais de contenção e vigilância e, por outro lado, os usos dos espaços de plantação foram uma das ferramentas que os escravos usaram para resistir e buscar meios para reagir aos rigores do cativeiro. Nesse sentido, procurou-se realizar uma leitura dos processos criminais prestando atenção nas questões geográficas presentes nos depoimentos das testemunhas. O objetivo foi entender a resistência escrava e o funcionamento do poder senhorial a partir dos embates entre uma geografia senhorial, marcada por uma espacialidade de contenção e vigilância, e uma geografia dos escravos, caracterizada pelos usos alternativos do tempo e dos espaços de plantação.

A análise dos processos criminais em termos de uma geografia da escravidão permitiu o entendimento dos embates ocorridos entre o poder senhorial e os escravos no cotidiano das relações sociais. Permitiu, outrossim, uma nova leitura da resistência escrava. Como se viu, essa dimensão geográfica não se restringiu à espacialidade das fazendas, mas se estendeu à vizinhança e ao município, palco para que muitos escravos construíssem suas redes de relacionamentos. Claro que os cativos tiveram um espaço de atuação mais restrito se comparado aos homens livres, especialmente os de maior projeção política. Mas, dependendo de sua função no processo produtivo, os cativos podiam ampliar sua movimentação, como é o caso dos escravos tropeiros, que costumavam viajar para transportar o café para os portos de embarque ou dos quitandeiros, que se movimentavam para a cidade, o espaço urbano. Dessas movimentações autorizadas surgiam outras, não autorizadas.

Viu-se também que a ação de muitos escravos e homens livres nas décadas finais da escravidão foi conformada pelo contexto histórico mais amplo de crise do escravismo. Casos narrados neste livro mostraram que as ações senhoriais de controle e contenção e a resistência escrava foram objetos de uma incessante politização e movimentaram a opinião pública. Os usos do espaço de plantação e os investimentos feitos nos corpos dos escravos foram componentes importantes para o funcionamento do poder senhorial: ao mesmo tempo que serviu para facilitar a disciplina e o controle da escravaria, a organização da espacialidade foi fonte geradora de conflitos. Esses conflitos se potencializaram devido ao momento de crise nacional da escravidão. Com essa situação nacional de crise política, especialmente após a virada conservadora de 1868, a escravidão, como não podia deixar de ser, foi elemento crucial nos debates políticos e nas disputas partidárias. Foi também foco central de tensões nas relações de poder construídas para garantir a "perfeita ordem", o "trabalho intenso" e a "produção e riqueza" senhoriais.

O questionamento – e as mudanças – da dimensão espacial estudada nesta pesquisa foi uma decorrência direta da crise da escravidão e da abolição. Uma demonstração disso pode ser lida no *Correio Paulistano* de 5 de maio de 1888. Às vésperas do 13 de maio, esse periódico publicou trechos do *Relatório do Presidente de Província*, Rodrigues Alves, que tratava dos núcleos coloniais. Mencionando diversos municípios como os de Bananal e Cruzeiro, o *Relatório* definiu esses núcleos como "centros de trabalhadores-proprietários, ou foco de atração de imigrantes, como se diz vulgarmente". Mas, esclareceu, esses núcleos coloniais não se destinariam exclusivamente aos imigrantes, sendo que os trabalhadores nacionais deveriam ser igualmente contemplados. Nesse sentido, é bastante significativa a sugestão de mudança da espacialidade das propriedades rurais que se pode entrever, tendo em vista o contexto de crise do trabalho escravo. Diz o documento que "é tempo de cuidar o fazendeiro no desmembramento de sua propriedade, pela divisão em lotes, para serem vendidos aos pequenos cultivadores. Darão assim valor à parte que reservarem para si, e terão à mão trabalhadores para auxiliarem-nos no cultivo de sua lavoura".[1] Essa nova configuração da espacialidade, anunciando um novo contexto que se avizinhava, já foi sugerida por João Luis Ribeiro Fragoso em seu trabalho sobre Paraíba do Sul. Nos inventários pós-1888, esse autor verificou que as senzalas estavam dando lugar às "casas de colonos" e que os pastos cada vez mais ocupavam o lugar dos cafezais. A formação da pecuária em municípios como os de Paraíba do Sul (e também de Bananal) não aconteceu de forma abrupta. As características do sistema agrário vigente na agricultura de exportação fez aumentar a quantidade de terras em capim, que precederam a prática da pecuária.[2] A persistência do quadrado, porém sem a necessidade de fechadura, e o aproveitamento das senzalas pelos colonos já indicavam a destruição em grande escala das moradias dos escravos.[3] Das várias consequências da crise nacional que levou à Lei Áurea, pode-se mencionar a necessidade de uma reconfiguração da espacialidade das fazendas cafeeiras, com vistas à acomodação de novas relações de trabalho.

A geografia da escravidão entrou em crise com o recrudescimento do abolicionismo e das lutas políticas entre os partidos imperiais. Essa crise foi decorrência de uma série de fatores, alguns estruturais, como a concentração e a defesa intransigente da escravidão nas províncias cafeeiras do Sudeste. A reconfiguração da espacialidade das fazendas cafeeiras, anunciada ainda na década de 1880, foi uma das consequências da crise do sistema agrário que se baseava no uso intensivo de escravos. Em seu apogeu, a espacialidade das fazendas cafeeiras funcionou de modo eficiente para garantir a tríade exposta por Eloy de Andrade. Malgrado as estratégias de resistência dos escravos, esse modelo organizacional teve sua eficácia. Contudo, com a crise da escravidão, todo o aparato que dava sustentação às relações sociais e políticas começou a desmoronar, anunciando uma nova configuração da espacialidade das fazendas no período posterior ao 13 de maio.

---

1   *Correio Paulistano*, n. 9504, 5 maio 1888, p. 2.

2   FRAGOSO, João Luis Ribeiro, op. cit., p. 140-155.

3   Como no exemplo citado por MATTOS, Hebe Maria. *Das cores do silêncio: os significados da liberdade no Sudeste escravista – Brasil, século XIX, op. cit.,* p. 224-225.

FONTES E BIBLIOGRAFIA

A) FONTES MANUSCRITAS

Museu Histórico e Pedagógico Major Novaes – Cruzeiro/SP

PROCESSOS CRIMINAIS — DÉCADA DE 1850

1. Localização: Caixa 07/ nº de ordem 202. Natureza da ocorrência: furto de café da propriedade do Comendador Antônio Barbosa da Silva. Réu: Manoel Bahia e João Mina. Data da ocorrência: agosto de 1851.

2. Localização: Caixa 08/ nº de ordem 238. Natureza da ocorrência: furto de café da propriedade do Major Candido Ribeiro Barbosa feito pelos escravos do mesmo. Réu: Manuel Ferreira Gonçalves. Data da ocorrência: junho de 1853.

3. Localização: Caixa 10/ nº de ordem 268. Natureza da ocorrência: assassinato de Manoel, escravo do capitão Claudino José de Almeida. Réu: Camilo, escravo de José Joaquim Pereira da Silva. Data da ocorrência: 5 de maio de 1855.

4. Localização: Caixa 10/ nº de ordem 277, 278 e 282. Natureza da ocorrência: furto de um relógio de ouro do filho do comendador. Réu: Francisco, escravo do comendador Antonio José Nogueira Data da ocorrência: junho de 1855.

PROCESSOS CRIMINAIS — DÉCADA DE 1860

1. Localização: Caixa 17/ nº de ordem 422. Natureza da ocorrência: injúrias verbais. Réu: Maria Alexandrina do Carmo e Jacintha, escrava da mesma. Data da ocorrência: 25 de setembro de 1860.

2. Localização: Caixa 18/ nº de ordem 425. Natureza da ocorrência: furto na casa de negócio de José Lourenço China. Réu: Jerônimo, escravo de José Antonio baptista Hermida. Data da ocorrência: 5 de novembro de 1860.

3. Localização: Caixa 18/ nº de ordem 428; e Caixa 19/ nº de ordem 462. Natureza da ocorrência: furto na casa de Antonio Ramos da Silva. Réu: José Venâncio e Fiel, escravos do dr. José Eloy Machado. Data da ocorrência: 26 de novembro de 1860.

4. Localização: Caixa 19/ nº de ordem 444. Natureza da ocorrência: escravo preso às 11:30 da noite com um punhal. Não tinha licença das autoridades e nem bilhete de seu senhor. Réu: Alexandre, escravo de André de Mello e Silva. Data da ocorrência: 18 de julho de 1861.

5. Localização: Caixa 19/ nº de ordem 446. Natureza da ocorrência: escravo preso porque jogava búzio. Braz estava com um canivete e Joaquim com uma espingarda. Braz é forro condicional. Réu: Braz e Joaquim. Data da ocorrência: 28 de julho de 1861.

6. Localização: Caixa 19/ nº de ordem 449. Natureza da ocorrência: escravo preso porque se encontrava com uma faca de ponta "forçando algumas mulheres". Réu: Evaristo. Data da ocorrência: 2 de agosto de 1861.

7. Localização: Caixa 19/ nº de ordem 459. Natureza da ocorrência: João Dias de Freitas acusa Benedito João da Silva de afogar seu escravo, Eugênio, no Rio Bananal. Vítima: Eugênio. Réu: Benedito João da Silva. Data da ocorrência: 13 de janeiro de 1862.

8. Localização: Caixa 20/ nº de ordem 488; e Caixa 21/ nº de ordem 489. Natureza da ocorrência: assassinato de senhor. Vítima: Prudente Moreira Pena. Réu: Mathias, escravo do mesmo. Data da ocorrência: 1 de junho de 1862.

9. Localização: Caixa 20/ nº de ordem 477. Natureza da ocorrência: furto de café da propriedade de Maria Joaquina de Almeida. Vítima: Maria Joaquina de Almeida. Réu: José Cabinda e Eugênio. Data da ocorrência: novembro de 1862.

10. Localização: Caixa 21/ nº de ordem 490-A; Caixa 22/ nº de ordem 521; e Caixa 23/ nº de ordem 523. Natureza da ocorrência: assassinato de Benedito, escravo do major Candido Ribeiro Barbosa, de José Maria, camarada do mesmo major e de Antônio Rita. Réus: Antônio José, Antônio Ferreira e Pedro, todos pertencentes ao major Candido. Data da ocorrência: janeiro/fevereiro de 1863.

11. Localização: Caixa 22/ nº de ordem 522. Natureza da ocorrência: tentativa de assassinato de José Joaquim do Nascimento, conhecido por José Mulatinho, pelo escravo Francisco, pertencente a José Antônio de Oliveira Guimarães. Data da ocorrência: 9 de outubro de 1863.

12. Localização: Caixa 21/ nº de ordem 502. Natureza da ocorrência: suicídio de escravo. Vítima: Manoel Antonio, pertencente ao tenente Coronel José de Magalhães Couto. Data da ocorrência: 14 de novembro de 1863.

13. Localização: Caixa 22/ nº de ordem 510. Natureza da ocorrência: suicídio de escravo. Vítima: Manoel, pertencente a Pedro Ramos Nogueira, o futuro Barão de Joatinga. Data da ocorrência: 31 de janeiro de 1864.

14. Localização: Caixa 22/ nº de ordem 511. Natureza da ocorrência: homicídio. Vítima: João Apolinário. Réu: José Rebelo dos Santos. Data da ocorrência: 31 de janeiro de 1864. Obs.: processo que envolve homens livres (vítima e réu). Contudo, como vários escravos prestam depoimentos, foi catalogado seguindo a metodologia de trabalho.

15. Localização: Caixa 23/ nº de ordem 540. Natureza da ocorrência: roubo. Vítima: José Faustino Mendes. Réus: João José de Magalhães Barros e seu escravo Salvador. Data da ocorrência: 22 de abril de 1864.

16. Localização: Caixa 23/ nº de ordem 537. Natureza da ocorrência: furto de café. Vítima: Domingos José da Silva Monteiro. Réus: Jacinto e Firmono, escravos do mesmo. Data da ocorrência: 2 de setembro de 1864.

17. Localização: Caixa 23/ nº de ordem 535. Natureza da ocorrência: roubo cometido pelos escravos Antônio e Manoel, pertencentes a Marcos de Oliveira Arruda. Data da ocorrência: 4 de dezembro de 1864.

18. Localização: Caixa 24/ nº de ordem 553. Natureza da ocorrência: homicídio. Vítima: Eleutério, escravo de Antonio Pinto da Silveira. Réu: Victor, escravo de Francisco da Silva Barreto. Data da ocorrência: 27 de setembro de 1865.

19. Localização: Caixa 25/ nº de ordem 575; e Caixa 26/ nº de ordem 585. Natureza da ocorrência: fuga do escravo Benedito, pertencente a Antônio Luiz de Almeida e assassinato de José Sincoral do Espírito Santo, morador nas terras de d. Maria Joaquina de Almeida. Réu: Benedito, escravo de Antônio Luiz de Almeida. Data da ocorrência: 6 de março de 1865.

20. Localização: Caixa 25/ nº de ordem 576. Natureza da ocorrência: fuga de Alexandre, escravo de Rodrigo Ribeiro de Miranda, de Domingos, de Marcos de Oliveira Arruda e de Justina, do Capitão Henrique José da Silva e roubo na casa do negociante João Baptista de Oliveira. Réus: os escravos mencionados e o preto forro José. Data da ocorrência do roubo: 14 de novembro de 1865.

21. Localização: Caixa 26/ nº de ordem 586. Natureza da ocorrência: escravo armado com faca. Réu: Francisco, escravo de D. Maria Luiza de Almeida Godoy. Data da ocorrência: 27 de maio de 1866.

22. Localização: Caixa 26/ nº de ordem 590. Natureza da ocorrência: furto de café. Vítima: Braz de Oliveira Arruda. Réus: Faustino, Leocádio, Silvestre e Francisco Caboclo. Data da ocorrência: 5 para 6 de agosto de 1866.

23. Localização: Caixa 26/ nº de ordem 591. Natureza da ocorrência: furto de café. Vítima: major Antônio José Nogueira. Réu: Mariano, escravo do mesmo. Data da ocorrência: 19 para 20 de agosto de 1866.

24. Localização: Caixa 26/ nº de ordem 593. Natureza da ocorrência: morte de escrava (não se pode determinar se houve suicídio ou se ela morreu devido

às punições). Vítima: Atília, escrava de Antonio Mauricio Gonçalves. Data da ocorrência: 14 de setembro de 1866.

25. Localização: Caixa 26/ nº de ordem 601. Natureza da ocorrência: suicídio. Vítima: Paulo, escravo de d. Vicência Zeferina de Carvalho Nogueira. Data da ocorrência: 7 de janeiro de 1867.

26. Localização: Caixa 26/ nº de ordem 602. Natureza da ocorrência: agressão e espancamento. Vítima: José Joaquim Tavares, por alcunha Biscoito. Réu: Joaquim Antonio, escravo de Antonio Caetano de Oliveira Carvalho. Data da ocorrência: 7 de janeiro de 1867.

27. Localização: Caixa 26/ nº de ordem 606. Natureza da ocorrência: acidente (escravo dado a bebidas espirituosas). Vítima: João pedreiro, escravo de Manoel Venâncio Campos da Paz. Data da ocorrência: 9 de abril de 1867.

28. Localização: Caixa 27/ nº de ordem 615. Natureza da ocorrência: tentativa de assassinato. Vítima: Roberto, escravo de Manoel de Aguiar Vallim. Réu: Desconhecido. Data da ocorrência: de 31 de agosto para 01 de setembro de 1867.

29. Localização: Caixa 26/ nº de ordem 617. Natureza da ocorrência: suicídio coletivo. Vítimas: Prisco, Victalina e duas filhas da mesma, sendo uma recém-nascida. Todos eram escravos do Tenente Antonio Luis Carlos de Toledo. Data da ocorrência: 10 de outubro de 1867.

30. Localização: Caixa 26/ nº de ordem 632. Natureza da ocorrência: fuga para se entregar às autoridades. Escrava: Claudina, órfãos do finado José Lourenço da Silva. Data da ocorrência: 30 de outubro de 1868.

31. Localização: Caixa 30/ nº de ordem 665; e Caixa 31/ nº de ordem 674. Natureza da ocorrência: assassinato do menino Theodoro José Ferreira. Réu: Saturnino, escravo do Tenente Coronel José de Magalhães Couto. Data da ocorrência: 18 de agosto de 1869.

PROCESSOS CRIMINAIS — DÉCADA DE 1870

1. Localização: Caixa 31/ nº de ordem 673. Natureza da ocorrência: infanticídio. Réu: Leocádia, escrava de Virgínia Maria da Conceição e Joana, pertencente a Leandro Rodrigues dos Ouros. Data da ocorrência: 16 de fevereiro de 1870.

2. Localização: Caixa 31/ nº de ordem 676. Natureza da ocorrência: indeterminado no processo. Vítima: Bento, escravo de Antonio Mauricio Gonçalves. Data da ocorrência: 13 de abril de 1870.

3. Localização: Caixa 31/ nº de ordem 685. Natureza da ocorrência: tentativa de suicídio. Vítima: Benedito, escravo de Manoel Rebello Rosa. Data da ocorrência: 24 de outubro de 1870.

4. Localização: Caixa 32/ nº de ordem 695. Natureza da ocorrência: ferimentos e outras ofensas físicas. Réu: Pedro, escravo do Capitão Luiz Manoel de Freitas. Data da ocorrência: 16 de agosto de 1871.

5. Localização: Caixa 32/ nº de ordem 703; e Caixa 32/ nº de ordem 704. Natureza da ocorrência: assassinato da escrava Martha e fuga do escravo Francisco, ambos pertencentes ao major Candido Ribeiro Barbosa. Réu: Francisco. Data da ocorrência: 26 de janeiro de 1872.

6. Localização: Caixa 33/ nº de ordem 708. Natureza da ocorrência: Ferimentos e outras ofensas físicas. Réu: Manoel, vulgo Dandy. Vítima: Francisco, escravo do dr. David Gomes Jardim. Data da ocorrência: 31 de agosto de 1872.

7. Localização: Caixa 33/ nº de ordem 724. Natureza da ocorrência: suicídio. Vítima: Gregório, escravo de Ana Maria de Jesus. Data da ocorrência: 31 de maio de 1873.

8. Localização: Caixa 33/ nº de ordem 727. Natureza da ocorrência: furto de dois escravos. Réu: Hipólito José de Andrade. Data da ocorrência: 24 de abril de 1873.

9. Localização: Caixa 33/ nº de ordem 728. Natureza da ocorrência: suicídio Vítima: Luiz, escravo do dr. Braz Barbosa da Silva. Data da ocorrência: 5 de maio de 1873.

10. Localização: Caixa 34/ nº de ordem 741. Natureza da ocorrência: fuga para se entregar às autoridades. Réu: Joaquim, escravo de Antonio Ferreira Guimarães Francisco. Data da ocorrência: 24 para 25 de agosto de 1873.

11. Localização: Caixa 35/ nº de ordem 767; e Caixa 36/ nº de ordem 788. Natureza da ocorrência: furto. Réu: Simão, escravo de Luiz Vianna de Hermógenes. Data da ocorrência: 12 de setembro de 1873.

12. Localização: Caixa 34/ nº de ordem 744. Natureza da ocorrência: suicídio. Vítima: Mariano, escravo de Joaquim Afonso de Carvalho. Data da ocorrência: 28 de setembro de 1873.

13. Localização: Caixa 34/ nº de ordem 745. Natureza da ocorrência: fuga para se entregar às autoridades. Escravo: Honorato, escravo de Luiz Vianna de Hermógenes. Data da ocorrência: 5 de outubro de 1873.

14. Localização: Caixa 35/ nº de ordem 768; e Caixa 37/ nº de ordem 796. Natureza da ocorrência: homicídio de escravo. Réu: Manoel, escravo de Faustino José Correa Junior. Data da ocorrência: 9 para 10 de fevereiro de 1874.

15. Localização: Caixa 35/ nº de ordem 756. Natureza da ocorrência: ferimentos e outras ofensas físicas. Vítima: Francisco, escravo do dr. David Gomes Jardim. Réu: indeterminado no processo. Data da ocorrência: 16 de março de 1874.

16. Localização: Caixa 35/ nº de ordem 762. Natureza da ocorrência: suicídio por enforcamento. Vítima: Maria Rosa, escrava de João Ferreira da Silva. Data da ocorrência: 4 de junho de 1874.

17. Localização: Caixa 35/ nº de ordem 763. Natureza da ocorrência: suicídio por enforcamento. Vítima: Antonio, escravo de d. Vicencia Zeferina de Carvalho Nogueira. Data da ocorrência: 10 de junho de 1874.

18. Localização: Caixa 35/ nº de ordem 764. Natureza da ocorrência: suicídio por enforcamento. Vítima: Abelardo, escravo de Manoel José Gomes da Costa. Data da ocorrência: 2 de julho de 1874.

19. Localização: Caixa 35/ nº de ordem 766. Natureza da ocorrência: ferimentos e outras ofensas físicas. Réu: Liberto Raimundo, que espancou o escravo José Capitão, pertencente ao tenente Victorino Pedro de Alcantara Peixoto. Data da ocorrência: 21 de julho de 1874.

20. Localização: Caixa 36/ nº de ordem 775; e Caixa 37/ nº de ordem 798. Natureza da ocorrência: assassinato de feitor. Réus: Basílio e Simão, escravos de Luiz José Guedes. Data da ocorrência: 8 de setembro de 1874.

21. Localização: Caixa 35/ nº de ordem 770. Natureza da ocorrência: ferimentos e outras ofensas físicas. Réu: Venancio, escravo de Joaquim José de Alvarenga, senhor em Rezende. Data da ocorrência: 20 de setembro de 1874.

22. Localização: Caixa 36/ nº de ordem 778. Natureza da ocorrência: suicídio. Vítima: Amaro, escravo de Francisco Ramos Nogueira. Data da ocorrência: 25 de novembro de 1874.

23. Localização: Caixa 37/ nº de ordem 791. Natureza da ocorrência: suicídio. Vítima: José Caboré, escravo de José de Aguiar Vallim Filho. Data da ocorrência: 15 de maio de 1875.

24. Localização: Caixa 37/ nº de ordem 799; e Caixa 37/ nº de ordem 802. Natureza da ocorrência: homicídio (de feitor escravo). Réu: Leandro, escravo do capitão Manoel Rebello Rosa. Data da ocorrência: 15 de maio de 1875.

25. Localização: Caixa 37/ nº de ordem 793. Natureza da ocorrência: suicídio. Vítima: Augusto, escravo do Barão de Bela Vista. Data da ocorrência: 26 de maio de 1875.

26. Localização: Caixa 37/ nº de ordem 794. Natureza da ocorrência: tentativa de fuga da cadeia provocando ferimentos e outras ofensas físicas. Réus: Manoel e Basílio, escravos de Faustino José Correa Junior e Luiz José Guedes. Data da ocorrência: 27 de maio de 1875.

27. Localização: Caixa 37/ nº de ordem 803. Natureza da ocorrência: assassinato. Réu: Joaquim, escravo de Luiz Vianna de Hermógenes. Data da ocorrência: 9 de junho de 1875.

28. Localização: Caixa 37/ nº de ordem 806. Natureza da ocorrência: tentativa de homicídio. Vítima: José Ferrão, escravo de Bento Antonio Vieira. Data da ocorrência: 27 de novembro de 1875.

29. Localização: Caixa 37/ nº de ordem 807. Natureza da ocorrência: suicídio. Vítima: Pedro, escravo do Dr. José Ramos da Silva. Data da ocorrência: 16 de dezembro de 1875.

30. Localização: Caixa 37/ nº de ordem 808. Natureza da ocorrência: ferimentos e outras ofensas físicas. Réu: Hermenegildo, escravo de Joaquim José Domingues. Data da ocorrência: 19 de janeiro de 1876.

31. Localização: Caixa 37/ nº de ordem 811. Natureza da ocorrência: fuga para se entregar às autoridades. Vítima: Manoel, escravo de José Alves de Souza Pereira. Data da ocorrência: 14 de março de 1876.

32. Localização: Caixa 37/ nº de ordem 813. Natureza da ocorrência: ferimentos e outras ofensas físicas. Réu: Antonio, escravo de d. Candida Maria de Jesus. Data da ocorrência: 20 de março de 1876.

33. Localização: Caixa 38/ nº de ordem 814. Natureza da ocorrência: ferimentos e outras ofensas físicas. Vítima: José Macuá, escravo de Augusto Ferreira Bastos. Data da ocorrência: 06 de abril de 1876.

34. Localização: Caixa 38/ nº de ordem 829. Natureza da ocorrência: ferimentos e outras ofensas físicas. Réu: Francisco Pinto Gomes, vulgo Chico Formigueiro. Vítima: Angélica, escrava do dr. Francisco de Paula Ferreira. Data da ocorrência: 30 de setembro de 1876.

35. Localização: Caixa 38/ nº de ordem 825. Natureza da ocorrência: suicídio. Vítima: Thereza, pertencente a Maria Joaquina de Almeida. Data da ocorrência: 3 de outubro de 1876.

36. Localização: Caixa 38/ nº de ordem 823. Natureza da ocorrência: suicídio. Vítima: Candido, escravo de Laurindo José de Almeida. Data da ocorrência: 8 de outubro de 1876.

37. Localização: Caixa 38/ nº de ordem 824. Natureza da ocorrência: fuga e posterior suicídio. Vítima: Gonçalo, pertencente ao major Candido Ribeiro Barbosa (filho). Data da ocorrência: 10 de outubro de 1876.

38. Localização: Caixa 38/ nº de ordem 828. Natureza da ocorrência: suicídio Vítima: Ana, escrava de Bento Antonio Vieira. Data da ocorrência: 22 de novembro de 1876.

39. Localização: Caixa 38/ nº de ordem 832. Natureza da ocorrência: suicídio Vítima: Romão, escravo do tenente Manoel Francisco da Silva Veiga. Data da ocorrência: 3 de fevereiro de 1877.

40. Localização: Caixa 38/ nº de ordem 833. Natureza da ocorrência: acidente (morte por afogamento) Vítima: Florentina, escrava da d. Alda Cardoville Barbosa de Souza Arruda. Data da ocorrência: 25 de novembro de 1877.

41. Localização: Caixa 38/ nº de ordem 837. Natureza da ocorrência: homicídio (de escravo). Réu: Antonio, escravo de Sebastião José da Silva. Data da ocorrência: 2 de abril de 1877.

42. Localização: Caixa 39/ nº de ordem 840. Natureza da ocorrência: acidente (tiro acidental de pistola). Vítima: Manoel, escravo de Joaquim Ribeiro da Silva. Data da ocorrência: 29 de julho de 1877.

43. Localização: Caixa 39/ nº de ordem 846; e Caixa 39/ nº de ordem 848. Natureza da ocorrência: homicídio. Réus: Isidoro, Francisco e Manoel, escravos de João Vidal das Chagas. Data da ocorrência: 12 de novembro de 1877.

44. Localização: Caixa 40/ nº de ordem 860. Natureza da ocorrência: acidente (queda acidental). Vítima: Germano, escravo dos herdeiros da falecida d. Rita Thereza dos Santos. Data da ocorrência: 30 de novembro de 1878.

45. Localização: Caixa 40-A/ nº de ordem 864-F. Natureza da ocorrência: suicídio. Vítima: Matheus, escravo de d. Vicencia Zeferina de Carvalho. Data da ocorrência: 6 de abril de 1879.

46. Localização: Caixa 40-A/ nº de ordem 864-I. Natureza da ocorrência: acidente (com cavalo). Vítima: Elias, escravo do órfão Joaquim, filho de d. Ignácia Gonçalves de Aguiar. Data da ocorrência: 06 de junho de 1879.

47. Localização: Caixa 40-A/ nº de ordem 864-Z. Natureza da ocorrência: acidente (ou suicídio?). Vítima: Clemência, escrava de João de Oliveira Guimarães. Data da ocorrência: 12 de setembro de 1879.

48. Localização: Caixa 40-A/ nº de ordem 864-AC. Natureza da ocorrência: suicídio. Vítima: Diogo, escravo do Visconde de Aguiar Toledo (antigo Barão de Bella Vista). Data da ocorrência: 18 de setembro de 1879.

49. Localização: Caixa 40-B/ nº de ordem 864-AI. Natureza da ocorrência: prisão de escravo por desrespeito ao toque de recolhida. Réu: Joaquim, escravo de Victorino Pedro de Alcântara Peixoto. Data da ocorrência: 23 de novembro de 1879.

50. Localização: Caixa 40-B/ nº de ordem 864-AG. Natureza da ocorrência: homicídio. Réu: Eustácio, escravo de Candido Ribeiro Barbosa. Data da ocorrência: 1879 [O processo criminal não foi encontrado, somente a execução criminal].

51. Localização: Caixa 40-B/ nº de ordem 864-AK. Natureza da ocorrência: Suicídio. Vítima: Jacintho, escravo de Pedro Ramos Nogueira de Gouvêa. Data da ocorrência: 9 de dezembro de 1879.

52. Localização: Caixa 40-B/ nº de ordem 864-AL. Natureza da ocorrência: ferimentos e outras ofensas físicas. Vítima: Silvestre, escravo de Marcos Diniz Hilário Nogueira. Data da ocorrência: 25 de dezembro de 1879.

PROCESSOS CRIMINAIS — DÉCADA DE 1880

1. Localização: Caixa 43/ nº de ordem 921. Natureza da ocorrência: homicídio. Réu: Amaro, escravo de Mariana Gonçalves Vilarinho. Data da ocorrência: 17 de fevereiro de 1880.

2. Localização: Caixa 41/ nº de ordem 877. Natureza da ocorrência: suicídio. Vítima: Elias, escravo de Francisco Gomes Nogueira de Sá. Data da ocorrência: Abril de 1880.

3. Localização: Caixa 41/ nº de ordem 882. Natureza da ocorrência: suicídio. Vítima: João Benguela, escravo de Luciano José de Aguiar Vallim. Data da ocorrência: 28 de maio de 1880.

4. Localização: Caixa 41/ nº de ordem 885. Natureza da ocorrência: suicídio. Vítima: Manoel, escravo de Bento Antonio Vieira. Data da ocorrência: 19 de junho de 1880.

5. Localização: Caixa 42/ nº de ordem 890; e Caixa 43/ nº de ordem 908. Natureza da ocorrência: homicídio. Réu: Francisco, escravo de Pedro Ramos Nogueira de Gouveia. Data da ocorrência: 1 de julho de 1880.

6. Localização: Caixa 42/ nº de ordem 887. Natureza da ocorrência: morte por afogamento da escrava Florinda, pertencente a Lourenço Justiniano da Silva Data da ocorrência: 3 de julho de 1880.

7. Localização: Caixa 42/ nº de ordem 888. Natureza da ocorrência: suicídio do escravo Custódio, pertencente a Luiz Pereira Leite Data da ocorrência: 12 de julho de 1880.

8. Localização: Caixa 43/ nº de ordem 899. Natureza da ocorrência: Assassinato de Joaquim Benguela. Réu: Mauricio, escravo do dr. Braz Barbosa da Silva. Data da ocorrência: 15 de outubro de 1880.

9. Localização: Caixa 42/ nº de ordem 897. Natureza da ocorrência: suicídio. Réu: Victorino, escravo do Alferes Victorino Gonçalves Pereira. Data da ocorrência: 3 de novembro de 1880.

10. Localização: Caixa 43/ nº de ordem 905. Natureza da ocorrência: acidente (morte por afogamento). Vítima: Thomé, escravo do tenente Coronel Joaquim Silvério Nogueira Cobra. Data da ocorrência: 8 de dezembro de 1880.

11. Localização: Caixa 43/ nº de ordem 906. Natureza da ocorrência: acidente (morte por afogamento) Vítima: Marciano, escravo do comendador Antonio Luiz de Almeida. Data da ocorrência: 28 de dezembro de 1880.

12. Localização: Caixa 43/ nº de ordem 912. Natureza da ocorrência: fuga para se entregar às autoridades Escrava: Paulina, escrava do capitão Faustino José Correa. Data da ocorrência: 17 de janeiro de 1881.

13. Localização: Caixa 43/ nº de ordem 913. Natureza da ocorrência: indeterminado (escravo vítima de uma apoplexia fulminante) Vítima: Cipião, escravo de Antonio Manoel de Oliveira. Data da ocorrência: 22 para 23 de janeiro de 1881.

14. Localização: Caixa 43/ nº de ordem 918. Natureza da ocorrência: ferimentos e outras ofensas físicas Vítima: Gertrudes, escrava de José Antonio Fernandes. Data da ocorrência: 14 de fevereiro de 1881.

15. Localização: Caixa 45/ nº de ordem 949. Natureza da ocorrência: homicídio de escrava. Réu: Barnabé, escravo de Joaquim José Domingues. Data da ocorrência: 19 de junho de 1881.

16. Localização: Caixa 44/ nº de ordem 937. Natureza da ocorrência: Fuga do escravo. Réu: Marcolino, pertencente ao Major José Ildefonso Pereira. Data da ocorrência: 14 de julho de 1881.

17. Localização: Caixa 46/ nº de ordem 970. Natureza da ocorrência: homicídio de escravo. Réu: Matheus, pertencente a José Leite de Figueiredo. Data da ocorrência: 28 de agosto de 1881.

18. Localização: Caixa 45/ nº de ordem 950. Natureza da ocorrência: homicídio de senhor. Réu: Felicio, pertencente a Francisco José da Silva. Data da ocorrência: 1 de setembro de 1881.

Geografia da escravidão no Vale do Paraíba cafeeiro

19. Localização: Caixa 44/ nº de ordem 943. Natureza da ocorrência: ferimento com faca. Réu: Marcolino, pertencente a dona Domiciana Maria de Almeida Vallim. Data da ocorrência: 19 de setembro de 1881.

20. Localização: Caixa 44/ nº de ordem 945. Natureza da ocorrência: ferimentos e outras ofensas físicas. Réu: José Músico, pertencente à Viscondessa de Ariró. Data da ocorrência: 23 de outubro de 1881.

21. Localização: Caixa 43/ nº de ordem 916. Natureza da ocorrência: ferimentos e outras ofensas físicas. Réu: Ciriaco, pertencente a José de Sousa Queirós (proprietário de Resende). Data da ocorrência: 31 de janeiro de 1882.

22. Localização: Caixa 46/ nº de ordem 971; e Caixa 48/ nº de ordem 1004. Natureza da ocorrência: homicídio de escravo. Réus: Sebastião e Benedito, escravos de Domiciano Moreira de Oliveira. Data da ocorrência: 4 de março de 1882.

23. Localização: Caixa 46/ nº de ordem 958. Natureza da ocorrência: suicídio. Vítima: Damoz, escravo de Domiciano Pereira Leite. Data da ocorrência: 4 de maio de 1882.

24. Localização: Caixa 46/ nº de ordem 959. Natureza da ocorrência: ferimentos e outras ofensas físicas (feito nos escravos David e Zacarias, pertencentes a Manoel Rebello Rosa). Réu: Francisco Rodrigues, Honorio de Tal, Joaquim de Tal e Antonio Brabo. Data da ocorrência: 12 de junho de 1882.

25. Localização: Caixa 46/ nº de ordem 964. Natureza da ocorrência: morte do escravo sem que se pudesse determinar a razão. Vítima: Manoel Rodrigues, escravo de Henrique José da Silva. Data da ocorrência: junho de 1882.

26. Localização: Caixa 48/ nº de ordem 996. Natureza da ocorrência: ferimentos e outras ofensas físicas. Réu: Cipriano, escravo de tenente Coronel Antonio de Padua Machado. Data da ocorrência: 22 de setembro 1882.

27. Localização: Caixa 46/ nº de ordem 972. Natureza da ocorrência: suicídio. Vítima: Benedito, escravo de José Leite de Figueiredo. Data da ocorrência: 15 de outubro de 1882.

28. Localização: Caixa 47/ n° de ordem 976. Natureza da ocorrência: fuga e confissão de assassinato. Réu: Casemiro Bernardo, escravo do dr. Braz Barbosa da Silva. Data da ocorrência: novembro de 1882.

29. Localização: Caixa 46/ n° de ordem 974. Natureza da ocorrência: suicídio. Vítima: Elizário, escravo pertencente ao espólio de Maria Joaquina de Almeida. Data da ocorrência: 28 de novembro de 1882.

30. Localização: Caixa 47/ n° de ordem 977. Natureza da ocorrência: acidente. Vítima: Guilherme, escravo do Capitão Luiz Manoel de Freitas. Data da ocorrência: 8 de janeiro de 1883.

31. Localização: Caixa 47/ n° de ordem 980. Natureza da ocorrência: suicídio. Vítima: Benedito, escravo de Mariana de Souza Pereira. Data da ocorrência: 22 de fevereiro de 1883.

32. Localização: Caixa 47/ n° de ordem 987. Natureza da ocorrência: assassinato do administrador da fazenda do Resgate, Antônio Rodrigues de Castro. Réu: Sebastião, escravo de d. Domiciana Maria de Almeida Vallim. Data da ocorrência: 26 de fevereiro de 1883.

33. Localização: Caixa 47/ n° de ordem 981. Natureza da ocorrência: Acidente (morta por afogamento). Vítima: Anna, liberta. Data da ocorrência: 01 de março de 1883.

34. Localização: Caixa 47/ n° de ordem 986. Natureza da ocorrência: acidente (queda). Vítima: escravo Fermino, pertencente ao comendador Antônio José Nogueira. Data da ocorrência: 20 de maio de 1883.

35. Localização: Caixa 48/ n° de ordem 989. Natureza da ocorrência: Castigo do feitor em Constantino que havia sido libertado pelo Fundo de Emancipação. Data da ocorrência: 3 de julho de 1883.

36. Localização: Caixa 48/ n° de ordem 991. Natureza da ocorrência: suicídio por enforcamento de um "preto desconhecido". Data da ocorrência: julho de 1883.

37. Localização: Caixa 48/ nº de ordem 992. Natureza da ocorrência: tentativa de suicídio. Vítima: Marçal, escravo de Rodrigo da Costa Almeida Miranda. Data da ocorrência: 17 de julho de 1883.

38. Localização: Caixa 53/ nº de ordem 1117; e Caixa 54/ nº de ordem 1127. Natureza da ocorrência: homicídio. Réu: Nazário, escravo de dona Zelina Maria da Conceição. Data da ocorrência: 5 de agosto de 1883.

39. Localização: Caixa 48/ nº de ordem 999. Natureza da ocorrência: fuga, captura e falecimento do escravo Fortunato, pertencente a d. Domiciana Maria de Almeida Vallim. Data da ocorrência: 20 de fevereiro de 1884.

40. Localização: Caixa 48/ nº de ordem 1000. Natureza da ocorrência: fuga. Réu: Paulina, escrava pertencente ao dr. Braz Barbosa da Silva. Data da ocorrência: 20 de março de 1884.

41. Localização: Caixa 48/ nº de ordem 1001. Natureza da ocorrência: suicídio. Vítima: Pilatos, escravo de Antonio Pinto Coelho de Barros. Data da ocorrência: 6 de abril de 1884.

42. Localização: Caixa 49/ nº de ordem 1007. Natureza da ocorrência: acidente (queda no rio Bananal). Vítima: Lourenço, escravo de João Ferreira da Silva. Data da ocorrência: 22 para 23 de fevereiro de 1885.

43. Localização: Caixa 49/ nº de ordem 1013. Natureza da ocorrência: fuga para se entregar às autoridades. Escrava: Maria, escrava de Antonio Manoel de Oliveira. Data da ocorrência: julho de 1885.

44. Localização: Caixa 49/ nº de ordem 1021. Natureza da ocorrência: acidente (um pau atinge a escrava na tempestade). Vítima: Ana, escrava do tenente Coronel Pedro Ramos Nogueira. Data da ocorrência: setembro de 1885.

45. Localização: Caixa 49/ nº de ordem 1020. Natureza da ocorrência: suicídio. Vítima: Augusto, escravo de José Alvares Rubião. Data da ocorrência: 15 de setembro de 1885.

46. Localização: Caixa 49/ nº de ordem 1022. Natureza da ocorrência: ferimentos e outras ofensas físicas. Réus: Manoel e Pedro, escravos de João Venâncio Alves de Macedo. Data da ocorrência: 3 de outubro de 1885.

47. Localização: Caixa 49/ nº de ordem 1025. Natureza da ocorrência: ferimentos e outras ofensas físicas. Réu: Pedro, escravo de Ana Maria Ramos de Paula. Data da ocorrência: 25 de outubro de 1885.

48. Localização: Caixa 50/ nº de ordem 1045. Natureza da ocorrência: prisão do escravo Adão e tentativa de prisão do escravo Felix, ambos pertencentes ao Visconde de São Laurindo. Data da ocorrência: 6 de dezembro de 1885.

49. Localização: Caixa 49/ nº de ordem 1026. Natureza da ocorrência: dois libertos presos com raízes venenosas. Réu: Fortunato e José Maria. Data da ocorrência: 19 de dezembro de 1885.

50. Localização: Caixa 50/ nº de ordem 1036. Natureza da ocorrência: acidente (escravo morto por um tiro). Vítima: Romão, escravo de Rodrigo da Costa Almeida Miranda. Data da ocorrência: 10 de abril de 1886.

51. Localização: Caixa 50/ nº de ordem 1056; e Caixa 51/ nº de ordem 1057. Natureza da ocorrência: habeas corpus (libertos que se achavam debaixo da pressão do cativeiro). Data da ocorrência: 06 de agosto de 1886.

52. Localização: Caixa 50/ nº de ordem 1054; e Caixa 50/ nº de ordem 1055. Natureza da ocorrência: habeas corpus (Caetano e Ana, escravos do Dr. João Venâncio Alves de Macedo). Data da ocorrência: 10 de agosto de 1886.

53. Localização: Caixa 50/ nº de ordem 1046. Natureza da ocorrência: ação de liberdade (vários libertos que se achavam debaixo da pressão do cativeiro). Data da ocorrência: 1886.

54. Localização: Caixa 51/ nº de ordem 1064. Natureza da ocorrência: Ferimentos e outras ofensas físicas. Escravo: João Monjolo. Data da ocorrência: 27 de setembro de 1886.

55. Localização: Caixa 51/ nº de ordem 1065. Natureza da ocorrência: fuga para se entregar às autoridades. Escrava: Antonia, escrava do dr. Antonio Pinto Coelho de Barros. Data da ocorrência: outubro de 1886.

56. Localização: Caixa 52/ nº de ordem 1076. Natureza da ocorrência: suicídio por enforcamento. Vítima: Valentim, pertencente ao Visconde de São Laurindo. Data da ocorrência: 12 de fevereiro de 1887.

57. Localização: Caixa 52/ nº de ordem 1077. Natureza da ocorrência: Margarida, escrava do Visconde de São Laurindo, morre de uma "descarga elétrica" ao atravessar o terreiro em meio a uma tempestade. Local da ocorrência: Fazenda das Antinhas. Data da ocorrência: 15 de fevereiro de 1887.

58. Localização: Caixa 53/ nº de ordem 1118; e Caixa 54/ nº de ordem 1122. Natureza da ocorrência: homicídio (de feitor). Réu: Alexandre, escravo de Maria Plácida de Aguiar Magalhães. Data da ocorrência: 7 de setembro de 1887.

59. Localização: Caixa 53/ nº de ordem 1119; e Caixa 54/ nº de ordem 1123. Natureza da ocorrência: ferimentos e outras ofensas físicas. Réu: Abel escravo do capitão Antero Celso de Camargo. Data da ocorrência: 19 de novembro de 1887.

CARTÓRIO DE 1º OFÍCIO

1. Caixa 60/nº de ordem 1168. 1º Ofício. Inventário de Antonio Gonçalves Ribeiro de 1850.

2. Caixa 65/nº de ordem 1294. 1º Ofício. Inventário de Joaquim Valadão de Freitas de 1851.

3. Caixa 70/nº de ordem 1426. 1º Ofício. Inventário de Tomás da Silva Lisboa de 1854.

4. Caixa 70/nº de ordem 1419. 1º Ofício. Inventário de João Batista da Câmara de 1853.

5. Caixa 71/n° de ordem 1434. 1° Ofício. Inventário de Antonio Ribeiro da Silva de 1854.

6. Caixa 72/ n° de ordem 923. Inventário de Luciano José de Almeida. 1854.

7. Caixa 73/n° de ordem 1456. 1° Ofício. Inventário do tenente José Joaquim dos Santos de 1854.

8. Caixa 74/ n° de ordem 1459. Inventário de padre Bento José Duarte. 1855.

9. Caixa 74/n° de ordem 1487. 1° Ofício. Inventário de Joaquim Pinto do Nascimento de 1855.

10. Caixa 75/n° de ordem 1507. 1° Ofício. Inventário de Izidoro José da Gama de 1855.

11. Caixa 76/n° de ordem 1521. 1° Ofício. Inventário de Manoel Correia Leme de 1855.

12. Caixa 76/n° de ordem 1532. 1° Ofício. Inventário de Mariana Dias da Silva de 1855.

13. Caixa 77/n° de ordem 1566. 1° Ofício. Inventário de José Pinto Cabral de 1856.

14. Caixa 85/n° de ordem 1762. 1° Ofício. Inventário de Manoel Antonio de Carvalho de 1858.

15. Caixa 86/n° de ordem 1769. 1° Ofício. Inventário de Jeronimo Alves da Silva de 1858.

16. Caixa 103/ n° de ordem 2219. Ação de escravidão movida pelo comendador Antônio Barbosa da Silva contra Alexandrina: 1862.

17. Caixa 141/ n° de ordem 2977. Inventário de Manoel Braz de Souza Arruda de 1869.

18. Caixa 143/ n° de ordem 3019. Inventário de Maria Arruda Barbosa de 1870.

19. Caixa 160/ nº de ordem 3342. Inventário de Luiz Vianna de Hermógenes de 1875.

20. Caixa 161/ nº de ordem 3344. Inventário de Antonio Barbosa da Silva de 1875.

21. Caixa 161/ nº de ordem 3396. Inventário do major Candido Ribeiro Barbosa de 1875.

22. Caixa 170/ nº de ordem 3472. Inventário de Manoel de Aguiar Vallim de 1878.

23. Caixa 181/ nº de ordem 3707. Inventário de Francisco José da Silva. 1881.

24. Caixa 181/ nº de ordem 4067. Inventário da Viscondessa de Ariró. 1880.

25. Caixa 183/ nº de ordem 3725. Inventário de dona Maria Joaquina de Almeida de 1882.

26. Caixa 183/ nº de ordem 4103. Inventário de Alda Cardoville Barbosa de Souza Arruda de 1881.

27. Caixa 183/ nº de ordem 3725. Inventário de Maria Joaquina de Almeida. 1882.

CÓDIGO DE POSTURAS

1. Código de Posturas da Câmara Municipal da Cidade do Bananal. 4 de Maio de 1865.

2. Código de Posturas da Câmara Municipal da Cidade do Bananal. 8 de Junho de 1886.

LIVRO DAS FAMÍLIAS ESCRAVAS PARA SEREM LIBERTADOS PELO FUNDO DE EMANCIPAÇÃO

1. Livro não catalogado e que se encontra na Prefeitura do Município de Bananal. O texto que abre o livro é o seguinte: "Esse Livro servirá no Município do Bananal para o lançamento do quadro das classificações das Famílias escravas que, na forma do § 1 do Art. 27 do Regulamento geral aprovado pelo Decreto nº 5.135, de 13 de novembro de 1872, forem libertados pelo fundo de emancipação".

"Suas folhas são numeradas e rubricadas pelo Empregado a quem dei comissão na conformidade do art. 31 do citado Regulamento. Tesouraria de Fazenda de São Paulo, 21 de Março de 1873."

Arquivo Público do Estado de São Paulo (AESP)

1. Ofícios diversos de Bananal 1835-1837. Caixa 28. Pág. 2. Docs. 62 e 62-A.

2. Ofícios diversos de Bananal 1835-1837. Caixa 29. Ordem 823. Docs 19 e 19-A.

3. Ofícios diversos de Bananal 1869-1891. Caixa 36. Ordem 829. Pasta 1. Doc. 36.

Arquivo da Mitra Diocesana de Lorena

1. Livro de Casamentos Bananal – Escravos (1836-1890). Livro 2.

B) FONTES ESCRITAS

ALMANAK ADMINISTRATIVO, MERCANTIL E INDUSTRIAL DO IMPÉRIO DO BRAZIL PARA 1885. Rio de Janeiro: Laemmert & C., 1885.

ALMEIDA, Candido Mendes de. *Atlas do Imperio do Brazil comprehendendo as respectivas divisões administrativas, ecclesiasticas, eleitoraes e judiciarias: dedicado a Sua Magestade o Imperador o Senhor D. Pedro II, destinado à instrucção publica do Imperio, com especialidade á dos alumnos do Imperial Collegio de Pedro II.* Rio de Janeiro: Lithographia do Instituto Philomathico, 1868.

ASSIS, Machado de. "Pai contra mãe". In: _____. *Contos: uma antologia.* São Paulo: Companhia das Letras, 1998.

BARRETO, Lima. *Os bruzundangas.* São Paulo: Ática, 1985.

COLLECÇÃO DAS LEIS DO IMPÉRIO DO BRASIL. 1842, tomo 5°, parte 2ª, seção 8.

DEBRET, Jean-Baptiste. *Viagem pitoresca e histórica ao Brasil.* São Paulo: Martins; Edusp, 1972. Tomo II, v. 3.

Discussão da Reforma do Estado Servil na Câmara dos Deputados e no Senado. v. 2, Apêndice, p. 151-154.

LUNÉ, Antônio José Baptista de; FONSECA, Paulo Delfino da. *Almanak da Província de São Paulo para 1873*. São Paulo: Typographia Americana, 1873.

MALHEIRO, Perdigão. *A escravidão no Brasil: ensaio histórico, jurídico, social*. Petrópolis: Vozes; Brasília: INL, 1976. 2 v.

PATROCÍNIO, José do. *Campanha abolicionista: coletânea de artigos*. Rio de Janeiro: Fundação Biblioteca Nacional, Departamento Nacional do Livro, 1996.

Relatório apresentado à Assembléia Geral Legislativa na Primeira Sessão da Décima Quarta Legislatura pelo Ministro e Secretário de Estado dos Negócios da Agricultura, Comércio e Obras Públicas, Joaquim Antão Fernandes Leão. Rio de Janeiro: Typ. Do Diário de Rio de Janeiro, 1869.

Relatório apresentado à Assembléia Geral Legislativa na Primeira Sessão da Décima Sexta Legislatura pelo Ministro e Secretário de Estado dos Negócios da Agricultura, Comércio e Obras Públicas, Thomaz José Coelho de Almeida. Rio de Janeiro: Typ. Perseverança, 1877.

Relatório apresentado à Assembléia Geral na Terceira Sessão da Décima Sétima Legislatura pelo Ministro e Secretário de Estado dos Negócios da Agricultura, Comércio e Obras Públicas, Manoel Buarque de Macedo. Rio de Janeiro: Typ. Nacional, 1880.

SAINT-HILAIRE, Auguste de. *Viagem pelas províncias do Rio de Janeiro e Minas Gerais*. Belo Horizonte: Itatiaia; São Paulo: Edusp, 1975.

_____. *Segunda viagem do Rio de Janeiro a Minas e a São Paulo (1822)*. Belo Horizonte: Itatiaia; São Paulo: Edusp, 1974.

SOARES DE SOUZA, Francisco Belisário. *O sistema eleitoral no Império*. Brasília: Senado Federal, 1979.

SÍTIOS CONSULTADOS

1. The Geography of slavery in Virginia: <www2.vcdh.virginia.edu/gos/>.

2. Biblioteca Brasiliana Guita e José Mindlin: <www.bbm.usp.br/>.

3. Gallica: Bibliothèque Numèrique: <gallica.bnf.fr/?lang=PT>.

4. Open Library: <openlibrary.org/>.

5. Museu da Casa Brasileira: <www.mcb.org.br/>.

6. Arquivo Público Estado de São Paulo: <www.arquivoestado.sp.gov.br/>.

7. Instituto Cidade Viva: <www.institutocidadeviva.org.br/>.

PERIÓDICOS CONSULTADOS

O Paiz

Correio Paulistano

Gazeta da Tarde

Gazeta de Notícias

A Actualidade

A Reforma

BIBLIOGRAFIA

ABREU, Martha. "O caso Bracuhy". In: CASTRO, Hebe Maria Mattos de; SCH-NOOR, Eduardo (orgs). *Resgate: uma janela para o oitocentos*. Rio de Janeiro: Topbooks, 1995.

AGOSTINI, Camilla. *Africanos no cativeiro e a construção de identidades no além--mar: Vale do Paraíba, século XIX*. Dissertação (Mestrado em História) – IFCH-Unicamp, Campinas, 2002.

_____. (org.). *Objetos da escravidão: abordagens sobre a cultura material da escravidão e seu legado*. Rio de Janeiro: 7Letras, 2013.

_____. "Estrutura e liminaridade na paisagem cafeeira do século XIX". In: AGOSTINI, Camilla (org.). *Objetos da escravidão: abordagens sobre a cultura material da escravidão e seu legado*. Rio de Janeiro: 7Letras, 2013.

ANDRADE, Eloy de. *O Vale do Paraíba*. Rio de Janeiro: Real Gráfica, 1989.

ANDRADE, Marcos Ferreira de. "Rebelião escrava na comarca do Rio das Mortes, Minas Gerais: o caso de Carrancas", *Afro-Ásia*, Salvador, n. 21-22, 1998-1999, p. 45-82.

AZEVEDO, Celia Maria Marinho. *Onda negra, medo branco: o negro no imaginário das elites, século XIX*. São Paulo: Annablume, 2004.

AZEVEDO, Elciene. *O direito dos escravos: lutas jurídicas e abolicionismo na província de São Paulo*. Campinas: Ed. da Unicamp, 2010.

AZEVEDO, Juan Dyego Marcelo. *Café e escravidão no Caminho Novo da Piedade: estrutura fundiária de Bananal (1840-1850)*. Iniciação Científica (História Social) – FFLCH-USP, 2007.

BACELLAR, Carlos de Almeida Prado. "Os compadres e as comadres de escravos: um balanço da produção historiográfica brasileira". In: *Simpósio Nacional de História – ANPUH*, n. 26, 2011, São Paulo, USP, 2011. p. 1-11.

BARCIA, Manuel. *Seeds of Insurrection: Domination and Resistance on Western Cuban Plantations, 1808-1848*. Baton Rouge(LA): Lousiana State University Press, 2008.

BENINCASA, Vladimir. *Fazendas paulistas: arquitetura rural no ciclo cafeeiro*. Tese (Doutorado em Arquitetura e Urbanismo) – EESC-USP, São Carlos, 2007. 2 v.

BOSI, Alfredo. "A escravidão entre dois liberalismos", *Estudos Avançados*, São Paulo, v. 2, n. 3, set./dez. 1988, p. 4-39.

BROWN, Vincent. "Spiritual Terror and Sacred Authority: The Power of the Supernatural in Jamaican Slave Society". In: BAPTIST, E.; CAMP, M. H. *New Studies in the History of American Slavery*. Athens (GA): The University of Georgia Press, 2006, p. 179-210.

CAMP, Stephanie M. H. "'I Could not Stay There': Enslaved Women, Truancy and the Geography of Everyday Forms of Resistance in the Antebellum Plantation South". *Slavery & Abolition*, Londres, v. 23, n. 3, 2002, p. 1-20.

_____. *Closer to Freedom: Enslaved Women & Everyday Resistance in the Plantation South*. Chapel Hill; Londres: The University of North Carolina Press, 2004.

CARRILHO. Marcos José. *As fazendas de café do caminho novo da Piedade*. Dissertação (Mestrado em Arquitetura) – FAU- USP, São Paulo, 1994.

_____. "Fazendas de café oitocentistas no Vale do Paraíba". *Anais do Museu Paulista*, São Paulo, v. 14, n.1, jan./jun. 2006, p. 59-80.

CARDOSO, Ciro Flamarion S. *Escravo ou camponês? O protocampesinato negro nas Américas*. São Paulo: Brasiliense, 2004.

_____. *Capitalismo e escravidão no Brasil meridional: o negro na sociedade escravocrata do Rio Grande do Sul*. São Paulo: Difusão Europeia do Livro, 1962.

CARVALHO, José Murilo de. *A construção da ordem: a elite política imperial/ Teatro de sombras: a política imperial*. Rio de Janeiro: Civilização Brasileira, 2008.

_____. "Mandonismo, coronelismo, clientelismo: uma discussão conceitual". *Dados*, Rio de Janeiro, v. 40, n. 2, 1997, p. 229-250.

_____. "Entre a autoridade e a liberdade". In: _____. (org.). *Visconde do Uruguai*. São Paulo: Ed. 34, 2002, p. 11-47.

_____. "As conferências radicais do Rio de Janeiro: novo espaço de debate". In: _____. (org.). *Nação e cidadania no Império: novos horizontes*. Rio de Janeiro: Civilização Brasileira, 2007, p. 17-41.

_____. *Liberalismo, radicalismo e republicanismo nos anos sessenta do século dezenove*. Oxford: Universty of Oxford, s/d, p. 1-22.

CASTRO, Hebe Maria Mattos de. *Ao sul da História*: lavradores pobres na crise do trabalho escravo. São Paulo: Brasiliense, 1987.

CASTRO, Hebe Maria Mattos de.; SCHNOOR, Eduardo. (orgs). *Resgate: uma janela para o oitocentos*. Rio de Janeiro: Topbooks, 1995.

COELHO, Lucinda Coutinho de Mello. *Ensaio sócio-econômico de áreas valeparaibanas*. Rio de Janeiro: Asa Artes, 1984.

CONRAD, Robert. *Os últimos anos da escravatura no Brasil: 1850-1888*. Rio de Janeiro: Civilização Brasileira, 1978.

COSER, Ivo. *Visconde do Uruguai: centralização e federalismo no Brasil, 1823-1866*. Belo Horizonte: Editora da UFMG; Rio de Janeiro: Iuperj, 2008.

COSTA, Emília Viotti da. *Da senzala à colônia*. São Paulo: Brasiliense, 1989.

_____. "Brasil: a era da reforma, 1870-1889". In: BETHELL, Leslie (org.). *História da América Latina: de 1870 a 1930*. São Paulo: Edusp/Imprensa Oficial do Estado; Brasília: Fundação Alexandre de Gusmão, 2002, v. 5, p. 705-760.

DELLE, James A. *An Archaeology of Social Space: Analyzing Coffee Plantations in Jamaica's Blue Mountains*. Nova York: Plenum Press, 1998.

DOLHNIKOFF, Miriam. *O pacto imperial: origens do federalismo no Brasil*. São Paulo: Globo, 2005.

_____. "Império e governo representativo: uma releitura". *Cadernos CRH*. Salvador, v. 21, n. 52. jan./abr. 2008, p. 13-23.

ERMAKOFF, George. *O negro na fotografia brasileira do século XIX*. Rio de Janeiro: G. Ermakoff Casa Editorial, 2004.

FARIA, Sheila Siqueira de Castro. "Fortuna e família em Bananal no século XIX". In: CASTRO, Hebe Maria Mattos de; SCHNOOR, Eduardo. (orgs). *Resgate: uma janela para o oitocentos*. Rio de Janeiro: Topbooks, 1995.

_____. "Identidade e comunidade escrava: um ensaio", *Tempo*, Rio de Janeiro, v. 22, 2006, p. 122-146.

FERNANDES, Florestan. *A integração do negro na sociedade de classes: o legado da "raça branca"*. São Paulo: Globo, 2008. 2 v.

FERRARO, Marcelo. "As práticas de controle e punição na sociedade escravista cafeicultora do Brasil oitocentista: uma análise à luz do pensamento de Michel Foucault", *Epígrafe*, São Paulo, Edição Zero, 2013, p. 7-42.

FERREIRA, Jackson. "'Por hoje se acaba a lida': suicídio escravo na Bahia (1850-1888)", *Afro-Ásia*, Salvador, n. 31, 2004, p. 197-234.

FERREIRA, Ricardo Alexandre. *Senhores de poucos escravos: cativeiro e criminalidade num ambiente rural (1830-1888)*. São Paulo: Editora UNESP, 2005.

FLORENTINO, Manolo. *Em costas negras: uma história do tráfico de escravos entre a África e o Rio de Janeiro*. São Paulo: Companhia das Letras, 1997.

FLORY, Thomas. *El juez de paz y el jurado em el Brasil imperial*. México: Fondo de Cultura Económica. 1986.

FOUCAULT, Michel. *Vigiar e punir: nascimento da prisão*. Petrópolis: Vozes, 1987.

FRAGINALS, Manuel Moreno. *O engenho: complexo sócio-econômico açucareira cubano*. São Paulo: Hucitec/Ed. da Unesp; Brasília: CNPq, 1989.

FRAGOSO, João Luis Ribeiro. *Sistemas agrários em Paraíba do Sul (1850-1920): um estudo de relações não capitalistas de produção*. Dissertação (Mestrado em História) – IFCS-UFRJ, Rio de Janeiro, 1983.

FRANCO, Maria Sylvia de Carvalho. *Homens livres na ordem escravocrata*. São Paulo: Ed. da Unesp, 1997.

GENOVESE, Eugene D. *A terra prometida: o mundo que os escravos criaram*. Rio de Janeiro: Paz e Terra; Brasília (DF): CNPq. 1988.

GOMES, Flávio dos Santos. *Histórias de quilombolas: mocambos e comunidades de senzalas no Rio de Janeiro, século XIX*. São Paulo: Companhia das Letras, 2006.

_____. "Jogando a rede, revendo as malhas: fugas e fugitivos no Brasil escravista", *Tempo*, Rio de Janeiro, v. 1, abr. 1996, p. 67-93.

_____. "Outras cartografias da *plantation:* espaços, paisagens e cultura material no sudeste escravista". In: AGOSTINI, Camilla (org.). *Objetos da escravidão: abordagens sobre a cultura material da escravidão e seu legado*. Rio de Janeiro: 7Letras, 2013.

GORENDER, Jacob. *A escravidão reabilitada*. São Paulo: Ática, 1990.

GOULART, José Alípio. *Da fuga ao suicídio: aspectos da rebeldia dos escravos no Brasil*. Rio de Janeiro: Conquista; INL, 1972.

GOUVÊA, Maria de Fátima Silva. *O Império das Províncias: Rio de Janeiro, 1822-1889*. Rio de Janeiro: Civilização Brasileira, 2008.

GRAHAM, Richard. "Another Middle Passage? the Internal Slave Trade in Brazil". In: JOHNSON, Walter. *The Chattel Principle: the Internal Slave Trade in the Americas*. New Haven; London: Yale University Press, 2004, p. 291-324.

_____. *Clientelismo e política do Brasil no século XIX*. Rio de Janeiro: Ed. da UFRJ, 1997.

GRIFFIN, Rebecca J. "'Goin' Back Over There to See That Girl': Competing Social Spaces in the Lives of the Enslaved in Antebellum North Carolina". *Slavery & Abolition*, Londres, v. 25, n. 1, abr. 2004, p. 94-113.

HOLANDA, Sérgio Buarque de. O *Brasil Monárquico: do Império à República*. Rio de Janeiro: Bertrand Brasil, 1997. Tomo II, v. 5.

HÖRNER, Erik. *Em defesa da Constituição: a guerra entre rebeldes e governistas (1838-1844)*. Tese (Doutorado em História Social) – FFLCH-USP, São Paulo, 2010.

IGLÉSIAS, Francisco. "Vida política, 1848/1868". In: HOLANDA, Sérgio Buarque de. O *Brasil Monárquico: reações e transações*, Rio de Janeiro: Bertrand Brasil, 1987, tomo II, v. 3, p. 09-112.

JESUS, Alysson Luiz Freitas de. *No sertão das Minas: escravidão, violência e liberdade (1830-1888)*. São Paulo: Annablume; Belo Horizonte: Fapemig, 2007.

JOHNSON, Walter. "On Agency". *Journal of Social history*, Nova York, v. 37, n. 1, outono 2003, p. 113-124.

_____. *The River of Dark Dreams: Slavery and Empire in the Cottom Kingdom*. Cambridge; Londres: The Belknap Press of Havard University Press, 2013.

KAYE, Anthony. E. "Neighbourhoods and Solidarity in the Natchez District of Mississipi: Rethinking the Antebellum Slave Community". *Slavery & Abolition*, Londres, v. 23, n. 1, abr. 2002, p. 1-24.

_____. *Joining Places: Slave Neighborhoods in the Old South*. Chapel Hill (NC): The University of North Carolina Press, 2007.

KOERNER, Andrei. "O impossível 'panóptico tropical-escravista': práticas prisionais, política e sociedade no Brasil do século XIX", *Revista Brasileira de Ciências Criminais*, São Paulo, n. 35, jul.-set. 2001, p. 211-224.

_____. "Punição, disciplina e pensamento penal no Brasil do século XIX". *Lua Nova*, São Paulo, n. 68, 2006, p. 205-242.

LARA, Silvia Hunold. *Campos da violência: escravos e senhores na capitania do Rio de Janeiro, 1750-1808*. Rio de Janeiro: Paz e Terra, 1988.

_____; PACHECO, Gustavo (orgs). *Memória do Jongo: as gravações históricas de Stanley J. Stein*. Rio de Janeiro: Folha Seca; Campinas: CECULT, 2007.

LE GOFF, Jacques. "A História nova". In: LE GOFF, Jacques. *A História nova*. São Paulo: Martins Fontes: 2001, p. 25-64.

LEMOS, Carlos A. C. *Casa paulista: história das moradias anteriores ao ecletismo trazido pelo café*. São Paulo: Edusp, 1999.

LEVY, Carlos Roberto Maciel. "Johann Georg Grimm e as fazendas de café". Disponivel em: <institutocidadeviva.org.br>. Acesso em, 19 de jan. 2014.

LIMA, Tania Andrade. "Keeping a Tight Lid: The Architecture and Landscape Design of Coffee Plantations in Nineteenth-Century Rio de Janeiro, Brazil", *Review – Fernand Braudel Center*, Binghamton, v. 34, n. 1-2, p. 193-215, 2011.

LOURENÇO, Thiago Campos Pessoa. *O Império dos Souza Breves nos oitocentos: política e escravidão nas trajetórias dos comendadores José e Joaquim Breves*. Dissertação (Mestrado em História) – ICHF-UFF, Rio de Janeiro, 2010.

LUNA, Francisco Vidal; KLEIN, Herbert S. *Evolução da sociedade e economia escravista de São Paulo, de 1750 a 1850*. São Paulo: Ed. da Universidade de São Paulo, 2005.

_____; COSTA, Iraci del Nero da; KLEIN, Herbert S. *Escravismo em São Paulo e Minas Gerais*. São Paulo: Edusp; Imprensa Oficial do Estado de São Paulo, 2009.

MCCANN, Bryan Daniel. "The Whip and the Watch: Overseers in the Paraíba Valley, Brazil". *Slavery & Abolition*, London, v. 18, n. 2, 1997, p. 30-47.

MACHADO Maria Helena Pereira Toledo. *Crime e escravidão: trabalho, luta e resistência nas lavouras paulistas: 1830-1888*. São Paulo: Brasiliense, 1987.

_____. "Em torno da autonomia escrava: uma nova direção para a história social da escravidão". *Revista Brasileira de História*. São Paulo, v. 8, n. 16, mar.-ago. 1988, p. 143-160.

_____. *O plano e o pânico: os movimentos sociais na década da Abolição*. Rio de Janeiro: Ed. da UFRJ, 1994.

MAGALHÃES, Juliana de Paiva. *Moçambique e Vale do Paraíba na dinâmica do comércio de escravos: diásporas e identidades étnicas, século XIX*. Dissertação (Mestrado em História Social) – FFLCH-USP, São Paulo, 2010.

MARCÍLIO, Maria Luíza. *Crescimento demográfico e evolução agrária paulista: 1700-1836*. São Paulo: Hucitec; Edusp, 2000.

MARCONDES, Renato Leite. "A propriedade escrava no Vale do Paraíba paulista durante a década de 1870", *Estudos Históricos*, Rio de Janeiro, v. 1, n. 29, 2002, p. 51-74.

MARINS, Paulo César Garcez. "A vida cotidiana dos paulistas: moradias, alimentação, indumentária". In: SETUBAL, Maria Alice. *Modos de vida dos paulistas: identidades, famílias e espaços domésticos*. São Paulo: Cenpec; Imprensa oficial, 2004. (Coleção Terra paulista: histórias, arte, costumes, v. 2).

MARQUESE, Rafael de Bivar. *Feitores do corpo, missionários da mente: senhores, letrados e o controle dos escravos nas Américas, 1660-1860*. São Paulo: Companhia das Letras, 2004.

_____. "Moradia escrava na era do tráfico ilegal: senzalas rurais no Brasil e em Cuba, c. 1830-1860". *Anais do Museu Paulista*, São Paulo, v. 13, n. 2, jul./dez. 2005, p. 165-188.

_____. "Revisitando casas-grandes e senzalas: a arquitetura das *plantations* escravistas americanas no século XIX", *Anais do Museu Paulista*, São Paulo, v. 14, n. 1, jan./jun, 2006, p. 11-57.

_____. "Diáspora Africana, escravidão e a paisagem da cafeicultura no Vale do Paraíba oitocentista", *Almanack Braziliense*, n. 7, 2008, p. 138-152. Disponível em: <revistas.usp.br/alb/article/view/11686/13457>. Acesso em: 13 jul. 2011.

_____. "Espacio y poder em la cafeicultura esclavista de las Americas: el Vale del Paraíba em perspectiva comparada, 1760-1860". In: PIQUERAS, José Antonio (ed.). *Trabajo libre y trabajo coactivo em sociedades de plantación*. Madrid: Siglo XXI, 2009, p. 215-252.

_____. "O Vale do Paraíba cafeeiro e o regime visual da segunda escravidão: o caso da Fazenda Resgate", *Anais do Museu Paulista*, São Paulo, v. 18, n. 1, jan./jun 2010, p. 83-128.

_____. "Capitalismo, escravidão e a economia cafeeira do Brasil no longo século XIX". *Saeculum – Revista de História*, João Pessoa, n. 29, jul.-dez. 2013, p. 289-321.

_____; TOMICH, Dale. "O Vale do Paraíba escravista e a formação do mercado mundial do café no século XIX". In: GRINBERG, Keila; SALLES, Ricardo (org.). *O Brasil Imperial, v. 2: 1831-1870*. Rio de Janeiro: Civilização Brasileira, 2011, p. 339-383.

MATTOS, Hebe Maria. *Das cores do silêncio: os significados da liberdade no Sudeste escravista – Brasil, século XIX*. Rio de Janeiro: Nova Fronteira, 1998.

MATTOS, Hebe; ABREU, Marta. "Jongos, registros de uma história". In: LARA, Silvia Hunold; PACHECO, Gustavo (orgs.). *Memória do Jongo: as gravações históricas de Stanley J. Stein*. Rio de Janeiro: Folha Seca; Campinas: Cecult, 2007.

MATTOS, Ilmar Rohloff de. *O tempo saquarema*. São Paulo: Hucitec, 2004.

MATTOSO, Kátia de Queirós. *Ser escravo no Brasil*. São Paulo: Brasiliense, 1990.

MELLO, Geraldo C. de. *Os Almeidas e os Nogueiras de Bananal*. São Paulo: Instituto Genealógico Brasileiro, s/d, p. 55-73

MENDONÇA, Joseli Maria Nunes. *Entre a mão e os anéis: a lei dos sexagenários e os caminhos da abolição no Brasil*. Campinas: Ed. da Unicamp, 2008.

MENESES, Ulpiano T. Bezerra de. "A cultura material no estudo das sociedades antigas", *Revista de História*, São Paulo, n. 115, jul./dez. 1983, p. 103-17.

MILLIET, Sérgio. *Roteiro do café e outros ensaios: contribuição para o estudo da história econômica e social do Brasil*. São Paulo: Hucitec; Brasília: INL/MEC, 1982. (Coleção Departamento de Cultura, 25)

MORENO, Breno Aparecido Servidone. *Café e escravidão no Caminho Novo da Piedade: a estrutura de posse de escravos em Bananal (1830-1888)*. Iniciação Científica (História Social) – FFLCH-USP, São Paulo, 2008.

_____. *Demografia e trabalho escravo nas propriedades rurais cafeeiras de Bananal, 1830-1860*. Dissertação (Mestrado em História Social) – FFLCH-USP, São Paulo, 2013.

MOTTA, José Flávio. *Corpos escravos, vontades livres: posse de cativos e família escrava em Bananal (1801-1829)*. São Paulo: Fapesp; Annablume, 1999.

_____. *Escravos daqui, dali e de mais além: o tráfico interno de cativos na expansão cafeeira paulista.* São Paulo: Alameda, 2012.

MOTTA, Márcia Maria Menendes. *Nas fronteiras do poder: conflito e direito à terra no Brasil do século XIX.* Rio de Janeiro: Vício de Leitura, 1998.

MOURA, Clovis. *Dicionário da escravidão negra no Brasil.* São Paulo: Edusp, 2004.

MUAZE, Mariana. *As memórias da Viscondessa: família e poder no Brasil Império.* Rio de Janeiro: Jorge Zahar, 2008.

MUNIZ, Célia Maria Loureiro. *Os donos da terra: um estudo sobre a estrutura fundiária do Vale do Paraíba fluminense no século XIX.* Dissertação (Mestrado em História) – ICHF-UFF, Niterói, 1979.

NORMAN JR., William C. Van. *Shade-grown Slavery: the Lives of Slaves on Coffee Plantations in Cuba.* Nashville, (TN): Vanderbilt University Press, 2013.

PANG, Laura Jarnagin. *The State and Agricultural Clubs of Imperial Brazil, 1860-1889.* (Doutorado de Filosofia em História) – Vanderbilty University, Nashville, 1980.

PAPALI, Maria Aparecida C. R. *Escravos, libertos e órfãos: a construção da liberdade em Taubaté (1871-1895).* São Paulo: Annablume; Fapesp, 2003.

PARRON, Tâmis. *A política da escravidão no Império do Brasil, 1826-1865.* Rio de Janeiro: Civilização Brasileira, 2011.

PENA, Eduardo Spiller. *Pajens da casa imperial: jurisconsultos, escravidão e a lei de 1871.* Campinas: Ed. da Unicamp, 2001.

PIERANGELI, José Henrique. *Códigos Penais do Brasil: evolução histórica.* São Paulo: Revista dos Tribunais, 2004.

PIROLA, Ricardo Figueiredo. *Senzala insurgente: malungos, parentes e rebeldes nas fazendas de Campinas (1832).* Campinas: Ed. da Unicamp, 2011.

PORTO, L. de A. Nogueira. "Fazendas do Bananal". In: RODRIGUES, Píndaro de Carvalho. *O caminho novo: povoadores do Bananal.* São Paulo: Governo do Estado, 1980, p. 169-178.

QUEIROZ, Jonas Marçal de. *Da senzala à República: tensões sociais e disputas parti-*

dárias em São Paulo (1869-1889). Dissertação (Mestrado em História) – IFCH-
-Unicamp, Campinas, 1995. 2v.

RAMOS, Agostinho. *Pequena história do Bananal*. São Paulo: Sangirard, 1975.

REDE, Marcelo. "História a partir das coisas: tendências recentes nos estudos de cultura material". *Anais do Museu Paulista*, São Paulo, v. 4, n. 1, jan./dez. 1996, p. 265-282.

REIS, João José. *Rebelião escrava no Brasil: a história do levante dos malês (1835)*. São
Paulo: Brasiliense, 1986.

_____; SILVA, Eduardo. *Negociação e conflito: a resistência negra no Brasil escravista*.
São Paulo: Companhia das Letras, 1989.

RIBEIRO, Fábia Barbosa. *Caminho da Piedade, caminhos de devoção: as irmandades
de pretos no Vale do Paraíba – século XIX*. Tese (Doutorado em História Social) –
FFLCH-USP, São Paulo, 2010.

RIOS, Ana Lugão; MATTOS, Hebe. *Memórias do cativeiro: família, trabalho e cidadania no pós-abolição*. Rio de Janeiro: Civilização Brasileira, 2005.

RODRIGUES, Jaime. *O infame comércio: propostas e experiências no final do tráfico de
africanos para o Brasil (1800-1850)*. Campinas: Ed. da Unicamp/Cecult, 2000.

RODRIGUES, Píndaro de Carvalho. *O caminho novo: povoadores do Bananal*. São
Paulo: Governo do Estado, 1980.

SALLES, Ricardo. *E o Vale era o escravo: Vassouras, século XIX. Senhores e escravos no
coração do Império*. Rio de Janeiro: Civilização Brasileira: 2008.

_____. "Abolição no Brasil: resistência escrava, intelectuais e política (1870-
1888)", *Revista de Índias*, Madrid, v. 71, n. 251, 2011, p. 259-284.

_____. "O Império do Brasil no contexto do século XIX. Escravidão nacional, clas-
se senhorial e intelectuais na formação do Estado", *Almanack: revista eletrônica
semestral*, Guarulhos, n. 4, nov. 2012, p. 5-45.

SANTOS, Marco Aurélio dos. "Geografia, História, Escravidão", *Anais do 6º Encontro
Escravidão e Liberdade no Brasil Meridional*. Florianópolis, 2013, p. 1-14. Disponível em: <labhstc.paginas.ufsc.br/files/2013/04/Marco-Aurelio-dos-Santos-
-texto.pdf>. Acesso em: 12 jul. 2013.

_____. "A dimensão espacial no estudo da escravidão". *GEOUSP: Espaço e Tempo,* v. 18, n. 1, abr. 2014, p. 140-151.

_____. "Lutas políticas, abolicionismo e a desagregação da ordem escravista: Bananal, 1878-1888", *Almanack: revista eletrônica semestral,* Guarulhos, n. 11, dez. 2015, p. 717-741.

SANTOS, Milton. *A natureza do espaço: técnica e tempo, razão e emoção.* São Paulo: Edusp, 2006.

SCHNOOR, Eduardo. "Das casas de morada às casas de vivenda". In: CASTRO, Hebe Maria Mattos de; SCHNOOR, Eduardo (orgs). *Resgate: uma janela para o oitocentos.* Rio de Janeiro: Topbooks, 1995.

SCHWARCZ, Lilia Moritz. *As barbas do imperador: d. Pedro II, um monarca nos trópicos.* São Paulo: Companhia das Letras, 1998.

SINGLETON, Theresa A. "Slavery and Spatial Dialectics on Cuban Coffee Plantations", *World Archaeology,* v. 33, n. 1, 2001, p. 98-114.

SOARES, Carlos Eugênio Líbano. *A capoeira escrava e outras tradições rebeldes no Rio de Janeiro (1808-1850).* Campinas: Ed. da Unicamp, 2004.

SOJA, Edward W. *Geografias pós-modernas: a reafirmação do espaço na teoria social crítica.* Rio de Janeiro: Jorge Zahar, 1993.

SLENES, Robert W. "Grandeza ou decadência? O mercado de escravos e a economia cafeeira da província do Rio de Janeiro, 1850-1888". In: COSTA, Iraci Del Nero da (org.). *Brasil: história econômica e demográfica.* São Paulo: Instituto de Pesquisas Econômicas, 1986.

_____. *Na senzala uma flor: esperanças e recordações na formação da família escrava – Brasil Sudeste, século XIX.* Rio de Janeiro: Nova Fronteira, 1999.

_____. "The Brazilian Internal Slave Trade, 1850-1888: Regional Economies, Slave Experience, and the Politics of a Peculiar Market". In: JOHNSON, Walter (org.). *The Chattel Principle: the Internal Slave Trade in the Americas.* New Haven; Londres: Yale University Press, 2004, p. 325-370.

STEIN, Stanley J. *Grandeza e decadência do café no Vale do Paraíba – com referência especial ao município de Vassouras*. São Paulo: Brasiliense, 1961.

TAUNAY, Affonso de E. *História do café no Brasil*. Rio de Janeiro: Departamento Nacional do Café, 1939. 15 v.

THOMPSON, Edward P. *Senhores e caçadores: a origem da Lei Negra*. Rio de Janeiro: Paz e Terra, 1987.

TOMICH, Dale. *Through the Prism of Slavery: Labor, Capital, and World Economy*. Boulder (CO): Rowman & Littlefield, 2004.

TOPLIN, Robert Brent. *The Abolition of Slavery in Brazil*. Nova York: Atheneum, 1975.

VELLASCO, Ivan de Andrade. *As seduções da ordem: violência, criminalidade e administração da justiça, Minas Gerais, século 19*. Bauru (SP): Edusc, São Paulo: Anpocs, 2004.

VITORINO, Artur José Renda; SOUSA, Eliana Cristina Batista de. "O pássaro e a sombra: instrumentalização das revoltas escravas pelos partidos políticos na província de São Paulo nas últimas décadas da escravidão", *Estudos Históricos*, Rio de Janeiro, v. 21, n. 42, jul./dez. 2008, p. 303-322.

WISSENBACH, Maria Cristina C. *Sonhos africanos, vivências ladinas: escravos e forros em São Paulo (1850-1880)*. São Paulo: Hucitec, 1998.

Esta obra foi impressa em São Paulo na primavera de 2016. No texto, foi utilizada a fonte Arno Pro em corpo 11 e entrelinha de 16,5 pontos.